Sanford Meisner/Dennis Longwell, Schauspielen

Sanford Meisner (1905–1997) schloss sich 1931 dem Group Theatre an und wirkte als Schauspieler und Regisseur an zahlreichen Produktionen mit. Von 1935 bis 1990 unterrichtete er Schauspiel am Neighborhood Playhouse in New York. Zu seinen Schülern gehörten u.a. Gregory Peck, Grace Kelly, Steve McQueen, Peter Falk, Sydney Pollack und Diane Keaton.

Dennis Longwell studierte Schauspiel bei Sanford Meisner in den 1960er Jahren. Er war u.a. als Schauspieler, Lehrer, Kurator und Autor tätig.

Sanford Meisner/Dennis Longwell

Schauspielen

Die Sanford-Meisner-Technik

Mit einem Vorwort von Sydney Pollack

Aus dem Amerikanischen
von Tanja Handels

Alexander Verlag Berlin

Für James Carville

Editorischer Hinweis: Zitate wurden übersetzt, wenn keine offizielle deutsche Übersetzung vorlag.

Deutsche Erstausgabe
Vierte Auflage 2025

Die Originalausgabe *Sanford Meisner on acting* erschien 1987 bei Vintage Books; Random House, New York.

Postfach 19 18 24, D-14008 Berlin
www.alexander-verlag.com | info@alexander-verlag.com

Lektorat/Redaktion: Christin Heinrichs-Lauer.
Dank an Lorenz Kabas.
Grafik/Layout/Umschlaggestaltung: Antje Wewerka
Printed in the EU (July) 2025
ISBN 978-3-89581-406-8

»Ich wünschte nur, dass das Theater so schmal wäre als der Draht eines Seiltänzers, damit sich kein Ungeschickter hinaufwagte …«
– Johann Wolfgang von Goethe, *Wilhelm Meisters Lehrjahre,* Viertes Buch, Zweites Kapitel*

Dieses Zitat hing gerahmt an der Wand in Sanford Meisners Büro.

---

* In: Johann Wolfgang Goethe, *Werke in sechs Bänden*, Bd. 4: *Die Leiden des jungen Werther – Wilhelm Meisters Lehrjahre.* Frankfurt am Main 1993, S. 296.

Danken möchte ich Kent Paul, der mir als Erster vorschlug, dieses Buch zu schreiben, und der mich mit seinen freundschaftlichen Ermunterungen bei der Stange gehalten hat, als das Ziel noch in weiter Ferne lag. Ich danke ihm auch dafür, dass er mir sein Archivmaterial über das Group Theatre zur Verfügung gestellt und die biographischen Teile des vorliegenden Buches damit sehr bereichert hat, sowie für die großzügige Erlaubnis, Material aus der Transkription des hervorragenden, von ihm produzierten Dokumentarfilms *Sanford Meisner: The Theater's Best Kept Secret* zu verwenden.

Außerdem geht mein Dank an Dorothy L. Swerdlove, die Verwalterin der Billy Rose Theater Collection, die mir selbst die schwierigsten Fragen immer blitzschnell beantwortet hat, sowie an ihre Kollegen aus dem Mitarbeiterstab des Performing Arts Research Center der New York Public Library im Lincoln Center für ihre ausdauernde Hilfsbereitschaft. Auch von der Belegschaft der John Jermain Memorial Library in Sag Harbor, New York, habe ich große Unterstützung erhalten, indem sie mir Dutzende dringend benötigter Bücher aus verschiedenen Bibliotheken im Bundesstaat New York beschafft haben.

Sanford Meisner schließt sich meiner tiefen Wertschätzung für James Carville an, der mit Führungsstärke und Disziplin der Klarheit treu bleibt, in der die Technik ihren Ausdruck findet. Bewunderung und Dank hegen wir auch für unsere unermüdliche Agentin Connie Claussen und unseren einfühlsamen Lektor Joseph Fox.

Dennis Longwell,
Sag Harbor, New York, Oktober 1986

INHALT

VORWORT

Wir nannten ihn Sandy, obwohl sich das immer genauso gewagt und gefährlich anfühlte, als würde man als Sechzehnjähriger, der vorgibt, schon einundzwanzig zu sein, nachts in einer Bar einen Martini bestellen. Für die Vertraulichkeit eines Vornamens flößte er einfach viel zu viel Respekt ein. Man schrieb das Jahr 1952, ich war achtzehn Jahre alt und eher zufällig in seinen Unterricht am Neighborhood Playhouse in New York geraten. Nichts hatte mich auf die Intensität dieser Erfahrung vorbereitet. Er war keineswegs schroff oder bösartig – er war einfach nur so erschreckend genau. Man hatte den Eindruck, als könnte er jeden Gedanken, jeden Impuls und jedes Gefühl in den Köpfen seiner Schüler lesen, als besäße er die Fähigkeit, uns bis auf den Grund unseres Daseins zu durchleuchten, sodass wir uns nirgends mehr verstecken konnten. Jedes Mal, wenn er vom Schauspielen sprach, kristallisierten sich dabei Ideen heraus, von denen man instinktiv wusste, dass es sie gab, auch wenn sie einem vorher nie in den Sinn gekommen waren – so wie ein Physiker, der neue Teilchen entdeckt, einfach weil ihre Existenz schon in der Theorie so wunderschön ist. Wenn Sandy sprach, fiel es oft schwer, nicht aufzuspringen und zu rufen: »Richtig! Das stimmt! Das stimmt haargenau!« Es war einfach überwältigend, wie er einem diese Blitze direkt ins Hirn schleuderte. Einmal konnte sich ein armer Kerl einfach nicht beherrschen und platzte tatsächlich heraus: »Mein Gott, das stimmt!« Sandy brummte nur: »Besten Dank, du hast soeben die letzten fünfundzwanzig Jahre meiner Arbeit bestätigt!«

Sanford Meisners Arbeit bestand darin, seinen Schülern einen strukturierten Ansatz zur Gestaltung echten und wahrhaftigen

Verhaltens innerhalb der imaginären Gegebenheiten des Theaters zu vermitteln. Genau wie seine Mitstreiter aus dem Group Theatre hat auch er das Gesicht der amerikanischen Schauspielkunst verändert, seit er in den Dreißigerjahren erstmals mit den Ideen Konstantin Stanislawskis in Berührung kam. Harold Clurman, Lee Strasberg, Stella Adler, Bobby Lewis und Sanford Meisner, allesamt aus dem Group Theatre hervorgegangen, waren die einflussreichsten Vermittler dessen, was als *The Method* bekannt wurde, eine Art bequemer Sammelbegriff für nahezu die gesamte zeitgenössische amerikanische Schauspielkunst. Im Grunde hat aber jede dieser Lehrerpersönlichkeiten ihre eigene »Methode« entwickelt, ihren Ansatz im Lauf der Jahre verdichtet und individuell gestaltet. Und obwohl sie alle außergewöhnliche Lehrer waren, erschien mir Sandys Ansatz doch immer als der einfachste, direkteste, bodenständigste und effektivste.

Das Neighborhood Playhouse bot einen zweijährigen Intensivkurs an, der alle Bereiche des Theaters abdeckte. So etwas gab es sonst nirgends, und obwohl sich das Kollegium mit Koryphäen wie Martha Graham, Jane Dudley und Pearl Lang brüsten konnte, war es doch Sandys täglicher Schauspielunterricht, der uns zwei Jahre lang Adrenalin durch die Adern pumpte. Nachdem ich im Frühjahr 1954 meinen Abschluss gemacht hatte, durfte ich schon im darauffolgenden Herbst mit einem Stipendium als Sandys Assistent zurückkehren und bekam dadurch die einmalige Gelegenheit, noch für weitere sechs Jahre von ihm zu lernen, bis ich 1960 nach Kalifornien ging, um mich der Regie zu widmen. Ursprünglich hatte ich gar nicht den Ehrgeiz, selbst zu unterrichten, und erst recht nicht Regie zu führen, doch die Chance, Meisner weiter zu beobachten und von ihm zu lernen, konnte ich mir unmöglich entgehen lassen. Wenn die Wahrheiten über eine Kunstform nur tief genug gehen, werden sie auch zu Wahrheiten über alle anderen Künste, und so kam es, dass

Sandy sich zwar nur der Schauspielkunst widmete, ich mir aber, ohne es zu merken, die Grundlagen aneignete, die sich später zu einem ganz spezifischen Regieansatz entwickeln sollten. Tatsache ist, dass jeder Bereich, in den ich mich als Regisseur einbringe – Drehbuch, Szenenbild, Kostüme, Besetzung, Inszenierung, Kameraführung, sogar der Schnitt –, von den Prinzipien und Ideen dominiert und beeinflusst wird, die ich von Meisner gelernt habe.

Sandy sagte immer: »Es dauert zwanzig Jahre, bis man Schauspieler ist.« Wir dachten, er übertreibe. Aber wir hätten es besser wissen sollen, er übertrieb nämlich kein bisschen. Er meinte damit den Zeitpunkt, falls der überhaupt jemals kam, zu dem man sämtliche Prinzipien und Ideen so weit zerkaut und verdaut hatte, dass sie zu einer Art Schauspielinstinkt werden konnten, einer Technik, die praktisch von alleine funktionierte. Dabei wollte er nie, dass es bei der Arbeit vorrangig um Technik ging. Man lernte bei ihm die Technik als Mittel zum Zweck, niemals als Selbstzweck. Kaum zu glauben, wie viele Schauspiellehrer das nicht verstanden haben.

1981 kehrte ich nach New York zurück, um Meisners Unterricht für einen Dokumentarfilm aufzunehmen. Wir drehten in einem kleinen Theater in Downtown Manhattan, das uns der Theaterproduzent Joe Papp zur Verfügung stellte. Es war einundzwanzig Jahre her, seit ich Sandy zuletzt in Aktion erlebt hatte. Natürlich war er gealtert. Er hatte sich einer Laryngektomie, einer Kehlkopfentfernung, unterziehen müssen, war von einem Lastwagen angefahren worden, der ihm die Hüfte zerschmettert hatte, er hatte zwei Grauer-Star-Operationen hinter sich und trug eine dicke Brille mit einem Mikrofon daran, das seine neu erlernte Art zu sprechen, indem er die Luft in die Speiseröhre drückte, verstärkte. Doch unter seinen Schülern herrschte immer noch das gleiche »High«, die gleiche intensive Konzentration und das Gefühl, kopfüber in neue Bereiche der Erkenntnis und

Erfahrung gestürzt zu werden. Es waren auch ein paar ehemalige Mitschüler von mir dabei, alte Hasen, die diese Pilgerfahrt zurück noch einmal unternommen hatten, um wieder Unterricht zu nehmen. Sie waren ihm gegenüber immer noch genauso nervös wie früher – und sie lernten immer noch genauso viel von ihm. Der einzige wirklich greifbare Unterschied bestand für mich darin, dass weniger Worte fielen, weil Sandy das Sprechen große Mühe bereitete. Aber wenn sie dann doch fielen, glichen seine Worte einer gehaltvollen, aufs Wesentliche reduzierten Bouillon. (Während ich das schreibe, fällt mir eine Bemerkung ein, die Maxim Gorki einmal über Tschechow machte: »In Tschechows Gegenwart verspürte jeder den Wunsch, einfacher, wahrhaftiger, mehr er selbst zu sein.«)

Dieses Buch handelt vom Schauspielen. Es handelt außerdem von den vielen anderen Aspekten eines Mannes, der sein Leben damit verbracht hat, alles Überflüssige auszusondern, und der versucht hat, diesem Prozess, die Vorstellungskraft der Schauspieler zu entzünden und die Wahrhaftigkeit ihres Verhaltens zu zähmen, seine Mystik zu nehmen. Als Erstes wird Ihnen auffallen, dass es keinen Fachjargon gibt, keine hermetische, elitäre Haltung zur Theorie. Manches mag schlicht erscheinen. Doch der Eindruck trügt, so wie immer bei Sandys Technik. Sie ist nicht schlicht; das liegt nur an der Klarheit, mit der er sie vermittelt. Wer jemals versucht hat, wahrhaftig und unbefangen auf einer Bühne oder vor einer Kamera zu agieren, der weiß, dass daran gar nichts Schlichtes ist – zumindest nicht während der ersten zwanzig Jahre.

Ich glaube, dass es nur sehr wenige Menschen gibt, die die Technik des Schauspielens wahrhaft unterrichten können. Die meisten sind intelligent und sehr belesen, und sie verwechseln die eigene Fähigkeit, sich dem Gegenstand intellektuell und theoretisch zu nähern, mit der Fähigkeit, echtes Wachstum im

Schauspieler zu fördern. Es gibt nur wenige gute Bücher über das Schauspielen. Dieses Buch gehört zu den besten. Ich beneide jeden, der Sandy hier vielleicht zum ersten Mal entdeckt.

Sydney Pollack

PROLOG

Wenn Menschen, die das Theater lieben, aber nicht am Theater arbeiten, hören, dass ich Schauspiellehrer bin, fragen sie mich oft, was man den hoffnungsvollen jungen Anwärtern denn beibringt, damit sie irgendwann zu ausgebildeten Schauspielern werden.

»Eine ordentliche Aussprache natürlich«, mutmaßen sie dann selber. »Und Atemtechnik und körperliche Anmut. Aber was noch – gibt es da überhaupt noch mehr?«

Und ob. Die anderen Elemente der Ausbildung, die einen Menschen als Schauspieler oder Schauspielerin unverwechselbar und spannend machen, sind die filigransten Faktoren, die man als Lehrer überhaupt vermitteln kann. Wenn man jemanden zum Anwalt, Arzt, Architekten, Chemiker und so gut wie jedem anderen Beruf ausbildet, kann man auf Leitsätze und Lehrbücher zurückgreifen. Nicht so beim Theater. In den meisten Berufen verwenden alle, die sie ausüben, die gleichen Werkzeuge und Techniken, doch das wichtigste Werkzeug des Schauspielers ist er selbst. Und da kein Mensch dem anderen gleicht, gibt es auch keine universelle Regel, die sich auf einen Schauspieler genauso anwenden ließe wie auf einen anderen.

Ich habe einmal vier wunderschöne Monate auf Puerto Rico verbracht, in einem kleinen Haus am Strand, mit dem ganz konkreten Ziel, über diese Fragen ein Buch zu schreiben. Ich schrieb zwei Kapitel. Als ich sie später wieder las, verstand ich sie nicht mehr, und dachte, damit wäre das Buch am Ende. Ein kreatives Lehrbuch über das Schauspielen erschien mir wie ein Widerspruch in sich, und ich fand es unsinnig, sogar falsch, etwas Derartiges schreiben zu wollen.

Dann allerdings überzeugten mich vertrauenswürdige Freunde, dass meine Erfahrungen damit, jungen Schauspielern ihr Handwerk beizubringen, doch wertvoll seien und es vielleicht mit Hilfe eines Koautors möglich wäre, aus meinen Überlegungen ein Buch zu machen. Ein Koautor wurde gefunden, ein Buch wurde geschrieben, und ich war von dem Ergebnis bitterlich enttäuscht. Zwar waren meine Grundprinzipien jetzt niedergeschrieben, aber paradoxerweise wurde nicht ausreichend ersichtlich, auf welche ganz spezielle Weise ich diese Gedanken vermittelte. Auch meine Schüler kamen auf diesen Seiten nicht vor, genauso wenig wie der Unterrichtsraum, in dem wir Woche für Woche miteinander agierten. Und schließlich – das war der größte Mangel – fehlte auch die Dramatik, die unseren Interaktionen innewohnt, wenn die Schüler mühsam lernen, was ich ihnen mühsam beizubringen versuche. Mir wurde klar, dass die Art, wie ich lehre, von der schrittweisen Entwicklung jedes einzelnen meiner Schüler bestimmt wird.

Das damalige Buch wurde nie veröffentlicht. Das hätte mein Theaterinstinkt mir gleich sagen müssen. Der Beichtmodus lässt sich im Theater, einer Arena, in der Menschen als Persönlichkeiten in der Realität des Handelns aufeinandertreffen, nicht dauerhaft aufrechterhalten. Wenn wir an die Figuren aus einem Theaterstück denken, tun wir das automatisch auf aktive, objektive Weise. Ödipus ist ein Er. Phädra eine Sie. Lear und der Narr gehen ab.

Diese ganze Vorgeschichte dient dazu, den Lesern zu erläutern, welche Form die vorliegende, neuerliche Zusammenarbeit genommen hat. In diesem Buch erscheine ich nicht als »Ich«, sondern als »Er«. Anders gesagt, ich erscheine als das, was ich bin: ein Lehrer, umringt von talentierten Schülern, der eine schwierige und letztlich unerklärbare Kunst unterrichtet, die Kunst des Schauspielens. George Bernard Shaw, den ich für den größten

Theaterkritiker seit Aristoteles halte, hat einmal geschrieben: »Selbst-Verrat, so weit vergrößert, dass er der Optik des Theaters entspricht: Darin besteht die ganze Schauspielkunst.« Mit »Selbst-Verrat« meinte Shaw die reine, unbefangene Art, mit der ein talentierter Schauspieler seinem Publikum sein innerstes, intimstes Wesen enthüllt. Auf den folgenden Seiten enthüllen sich die Schauspielschüler durch die diversen Anforderungen der Übungen, um so die Selbsterkenntnis zu erreichen, die für die Umsetzung der Grundprinzipien meines Schauspielansatzes nötig ist. Auch ich »verrate« mich, denn um das zu vermitteln, was ich weiß, muss ich zwangsläufig sehr viel mehr von mir preisgeben, als jeder vernünftige Mensch seinem Priester beichten würde.

Eine letzte Bemerkung noch: Falls ich mich der Kritik aussetze, indem ich mich zum Hauptakteur der folgenden Aufzeichnungen mache, so tue ich das nur im Namen der Kunst der Selbst-Enthüllung auf dem Theater, denn das ist genau die Rolle, die ich in meinen Unterrichtsstunden spiele. Und zwar mitten auf der Bühne!

Sanford Meisner,
New York City, Oktober 1986

I.

DIE WEICHEN STELLEN: DAS ERRÖTEN DER DUSE

> »Alles soll genauso sein wie im richtigen Leben.«
> Anton Tschechow zum Ensemble bei der Uraufführung seines Stückes *Die Möwe*, St. Petersburg 1896

Auf den ersten Blick unterscheidet sich der Raum kaum von jedem anderen kleinen Unterrichtsraum überall im Land – bis auf die beiden Betten. Die weiß verputzte Decke, die mattgelben, holzgetäfelten Wände und der blank polierte, asphaltschwarze Fliesenboden erinnern an den Campus eines Lehramt-Colleges irgendwo im Mittleren Westen oder, in aller klösterlichen Ruhe, an das Klassenzimmer einer Zwergschule am frühen Morgen.

Links der Raummitte steht ein großes graues Pult aus Holz schräg vor einer Schiefertafel – eindeutig der Platz des Lehrers. Links davon eröffnet eine Fensterwand den Blick auf einen Innenhof, von dem durch die Jalousien aber nur die Baumwipfel zu sehen sind. Unter den Fenstern stehen auf einem schlichten Podest zwei Reihen Klappstühle, insgesamt etwa zwanzig, für die Schüler bereit. Rechts und links von der Tafel hängen zwei gerahmte Sinnsprüche, sorgfältig im Stil illuminierter Manuskripte kalligraphiert. »Sei konkret!«, so lautet der eine, »Ein

Gramm VERHALTEN wiegt schwerer als ein Kilo WORTE«, der andere.

Der Raum wirkt ganz normal, bis auf die beiden Betten, die jemand an die Wand gegenüber den Fenstern geschoben hat. Die Betten sind eigens aus Kantholz angefertigt, sie sind niedrig und breit, mit Sechs-Zoll-Stahlbolzen verschraubt, und sie scheinen stabil genug, um das Gewicht einer kompletten Fußballmannschaft zu tragen. Die gestreiften Drillich-Bezüge beider Matratzen sind zum Teil von einem zerwühlten grünen Baumwollüberwurf und einem Kissen ohne Kissenbezug verdeckt. Die Bettgestelle sind im selben Panzergrau gestrichen wie das Lehrerpult. Sie muten ein wenig surreal an. Vielleicht liegt es an ihrer übertriebenen Robustheit oder auch an der funktionellen Farbe, dass sie mehr wie Trampoline aussehen oder, so wie sie jetzt nebeneinanderstehen, wie der mit Zeltplane bespannte Boden eines Boxrings.

Andere, zunächst unauffällige Gegenstände verstärken den Magritte-haften Surrealismus der Betten: ein Bücherregal mit einem schwarzen Tischtelefon und zwei leeren Whiskeyflaschen im obersten Fach; ein Kleiderständer, dem eines seiner drei Beine fehlt; eine Fernsehtruhe ohne Inhalt; ein gegen die Wand gelehnter Spiegel, der das Abbild des Himmels zurückwirft; ein langer, ebenfalls grau gestrichener Holztisch. Zusammen machen sie die karge Einrichtung komplett.

In diesem ganz besonderen New Yorker Unterrichtsraum an der Neighborhood Playhouse School of the Theatre gibt Sanford Meisner Schauspielunterricht, so wie er es seit den frühen Dreißigern in Dutzenden ganz ähnlicher Räume getan hat.

Die Gesamtzahl seiner Schüler während dieser fünfzig Jahre ist nicht bekannt, geht aber sicherlich in die Tausende. Obwohl kein Einzelner für alle sprechen kann, bringt vielleicht Joanne Woodward, die zunächst bei Sandy (so nannten ihn ausnahmslos alle seine Schüler) studierte und als Erwachsene noch einmal zu ihm zurückkehrte, auf den Punkt, was er den meisten von ihnen bedeutet hat. »Ich bin zu Sandy zurückgekehrt, weil er für mich ein Lehrer war«, erinnerte sie sich unlängst. »Für mich war er der *einzige* Lehrer. Damals hatte ich bereits *The Three Faces of Eva (Eva mit den drei Gesichtern)* gedreht und einen Oscar dafür bekommen. Es war 1959, und es war wie eine Offenbarung für mich. Ein gravierender Wendepunkt in meiner Entwicklung als Schauspielerin.«

Auch der amerikanische Dramatiker David Mamet, der bei Meisner am Neighborhood Playhouse Schauspielunterricht genommen hat, äußerte sich zu seiner Bedeutung. »Da war dieser Mann, der tatsächlich Bescheid wusste, vor allem aus der Sicht meiner Generation in den Sechzigern. Vielleicht die erste authentische Person, der ich und die meisten von uns im Leben begegnet sind. Sicher, er war ziemlich despotisch bei den Dingen, an die er glaubte, denn er wusste ja um ihre Wahrheit. Und wir wussten, dass wir es mit der Wahrheit zu tun hatten – beziehungsweise mit etwas absolut Anwendbarem, das absolut funktionierte und das wir unbedingt lernen wollten.«*

Sanford Meisner kam am 31. August 1905 in Greenpoint zur Welt, einem Stadtteil des New Yorker Bezirks Brooklyn, als ältestes Kind von Herman und Bertha Meisner. Wenige Monate nach der Geburt des Sohnes zogen die Meisners, beide jüdische Emigranten aus Ungarn – sie war als Baby nach New York gekommen, er als sechzehnjähriger Junge –, in die südliche Bronx, um sich dem Antisemitismus der polnischen Einwanderer in Greenpoint

* Die Zitate von Woodward und Mamet sind aus den Interviews transkribiert, die für den Dokumentarfilm *Sanford Meisner: The Theater's Best Kept Secret* geführt wurden (produziert von Kent Paul, Verleih: Columbia Pictures).

zu entziehen. Sie bezogen ein Haus in der Honeywell Avenue, wo zwei Jahre später ein zweiter Sohn, Jacob, geboren wurde. Während einer Reise in die Catskill Mountains, die als Kuraufenthalt für den kränklichen dreijährigen Sanford gedacht war, bekam der kleine Jacob versehentlich Rohmilch zu trinken, mit der fatalen Folge, dass er sich mit Rindertuberkulose infizierte, einer verheerenden Krankheit, von der sich der Zweitgeborene nie mehr erholte.

»Ich habe umfassende Erfahrungen mit der Psychoanalyse«, erzählte Meisner unlängst einem Journalisten, »ich weiß also sehr genau, dass der Tod meines Bruders, als ich fünf und er drei Jahre alt war, der beherrschende emotionale Einfluss in meinem Leben war, dem ich mich auch nach all den Jahren nicht entziehen konnte. Als ich in die Schule kam – und auch nach der Schule, eigentlich ständig –, lebte ich in einem Zustand der Isolation, als wäre ich so etwas wie ein moralisch Aussätziger, weil ich von meinen Eltern, die gute, aber nicht sonderlich gebildete Menschen waren, dauernd zu hören bekam, dass sie ja schließlich nur meinetwegen aufs Land gefahren seien, wo mein kleiner Bruder sich die Krankheit zugezogen hatte, an der er starb. Die Schuldgefühle, die sie damit auslösten, waren entsetzlich. Als Kind hatte ich kaum Freunde. Ich lebte in einer Phantasiewelt, und ich fürchte, das tue ich immer noch.«

Eine Schwester, Ruth, der Meisner sehr nahestand – sie starb 1983 –, und ein weiterer Bruder, Robert, der geboren wurde, als Meisner sechzehn und die Familie nach Flatbush, Brooklyn, gezogen war – später verlor Meisner den Kontakt zu ihm –, machten den Haushalt komplett.

Meisner erinnert sich, bereits seiner Grundschullehrerin erzählt zu haben, er wolle »Schauspieler werden«, wenn er groß sei, und schon als Jugendlicher inszenierte er mit diversen Cousins und Cousinen Tableaux Vivants, lebende Bilder, in denen es um

Tod und Ehre ging und die auf den Aufnahmen amerikanischer Soldaten im Ersten Weltkrieg aus der Wochenschau basierten. Doch den Großteil seiner Kindheit und Jugend hindurch diente ihm das Familienklavier als emotionaler Ausgleich. Nach dem Abschluss an der Erasmus Hall High School 1923 schrieb er sich am Damrosch Institute of Musical Art ein, das später Teil der Juilliard School wurde, um dort ein Jahr lang Klavier und verwandte Fächer zu studieren. Doch der Gedanke, professioneller Schauspieler zu werden, ließ ihn nicht los, und mit neunzehn setzte er ihn in die Tat um.

»Ich wollte schon immer Schauspieler werden«, erinnert er sich. »Ich hatte einen Freund – damals lebte ich noch in Flatbush –, der auch Schauspieler werden wollte. Er hieß Monkey Tobias. Er erzählte mir, dass es da eine Einrichtung namens Theatre Guild gebe, die junge Leute engagiere, also ging ich dorthin. Philip Loeb und Theresa Hellburn führten ein Gespräch mit mir, und ich weiß noch, dass ich über meine Theatervergangenheit sehr kunstvoll gelogen habe; soweit ich mich erinnere, fing sie mit Salvini an. Ich weiß noch, dass sie lachten, aber sie lachten mich nicht aus. Ich bekam eine Statistenrolle in Sidney Howards Stück *They Knew What They Wanted*, die Hauptrolle spielte die großartige Pauline Lord. Die war ein Genie, schlicht und einfach. Sie saß hinter der Bühne und löste ihre Kreuzworträtsel. ›Welches Wort mit fünf Buchstaben bezeichnet eine Kopfbedeckung für Männer?‹, fragte sie. ›Mütze, Kappe?‹ Wie sollte sie das entscheiden? So schlicht und einfach war sie. Aber ein Genie. Sie hat die erste Anna Christie* gespielt, und ich fand es wunderbar, sie spielen zu sehen. Damals erkannte ich allmählich, dass ich nach einer Art des Schauspielens suchte, die mich wirklich berührt.«

* Pauline Lord übernahm 1921 am Broadway die Titelrolle in Eugene O'Neills gleichnamigem Theaterstück. (Anm. d. Red.)

Herman Meisner war nach seiner Ankunft aus Ungarn Kürschner geworden, ein Beruf, den er mehr als fünfzig Jahre lang ausübte. Sein Sohn gibt eine wunderbar komische Parodie zum Besten, in der Herman einer jungen Frau im Nerzmantel vorgestellt wird, ihr galant die Hand küsst und dabei geschickt auf ihren Mantelärmel pustet, um Qualität und Wert des Pelzes zu bestimmen. Der Vater hatte ausdrücklich eine Laufbahn in der Bekleidungsbranche für seinen Sohn vorgesehen, und so arbeitete Meisner ihm zuliebe eine Zeit lang als Regalauffüller bei einem Hosenhersteller und in einem Kurzwarenladen. Das war vor seinem Erfolg bei der Theatre Guild. Auf die neue Laufbahn seines Sohnes reagierte der alte Meisner zunächst mit betroffenem Schweigen. »Ich habe es ihnen beim Abendessen erzählt«, erinnert sich Meisner. »Ich verkündete, ich sei jetzt Schauspieler. Totenstille. Keiner sagte ein Wort. Weder mein Vater noch meine Mutter noch meine Schwester. Dann, beim Nachtisch, fragte mein Vater: ›Was zahlen sie dir?‹ Ich antwortete: ›Also, wenn das Stück nach den ersten vier Wochen ein Erfolg ist, bekommt man zehn Dollar pro Woche.‹ Da war die Hölle los! Das Chaos, der Aufschrei am Tisch, die Ausbrüche, als ich zehn Dollar sagte – es war unbeschreiblich! Aber ich habe trotzdem weitergemacht!«

Meisner erhielt ein Stipendium für das Studium an der Theatre Guild School of Acting, die damals von Winifred Lenihan geleitet wurde, einer amerikanischen Schauspielerin, die als Erste Shaws *Saint Joan (Die heilige Johanna)* in New York gespielt hatte. Meisner beurteilte sie als »Technikerin des Repertoiretheaters« und die Schule selbst als »sehr mittelmäßig«. Zu dieser Zeit machte ein befreundeter Musiker Meisner mit Aaron Copland bekannt, einem jungen Komponisten, der gerade vom Studium aus Paris zurückgekehrt war und der Meisner wiederum einem ehemaligen Kommilitonen von der Sorbonne vorstellte, seinem Freund Harold Clurman, der, wie Copland erkannt hatte, eine ebenso große Leidenschaft für das Theater hegte wie Meisner. Clurman wurde bald als Inspizient und dann als Stückeleser bei der Theatre Guild engagiert. Durch diese Freundschaft lernte Meisner einen weiteren jungen Theaterbegeisterten kennen: Lee Strasberg. »Strasberg hatte einen großen und beflügelnden Einfluss auf mich«, erinnert sich Meisner. »Er hat mich mit hochkarätigen Schauspielern und Künstlern jeder Sparte bekannt gemacht, was enorm dazu beigetragen hat, mich emotional zu festigen. Ich habe viel von ihm gelernt. Mit seiner Hilfe konnte ich meinen natürlichen Interessen und Vorlieben nachgehen und sie stärken. Wir gingen beispielsweise zusammen in die Metropolitan Opera und erlebten dort den großen russischen Sänger Schaljapin. Er war überragend in seiner formalen Theatralität und seiner tiefen emotionalen Wahrhaftigkeit.«

Clurman und Strasberg taten sich mit Cheryl Crawford zusammen, die ebenfalls bei der Theatre Guild arbeitete, und 1931, nach einer dreijährigen Gesprächs- und Finanzierungsphase, wählte dieses Triumvirat achtundzwanzig Schauspieler aus, um mit ihnen das legendäre Group Theatre zu gründen. Obwohl es nur zehn Jahre bestand, sollte das Group Theatre enormen Einfluss auf die Entwicklung der amerikanischen Schauspielkunst haben. Der damals erst fünfundzwanzigjährige Meisner war Gründungsmitglied. Eine glückliche Fügung. »Ohne das Group Theatre«, so Meisner, »wäre ich in der Pelzbranche gelandet.«

Einen Einblick in die Bedeutung des Group Theatre für das künstlerische Leben in den Vereinigten Staaten der Dreißigerjahre bietet der Dramatiker Arthur Miller:

»Das Gefühl der Verbundenheit mit dem Theater entstand erst, als ich mir die Inszenierungen des Group Theatre ansah«, schreibt Miller im Vorwort zu seinen *Collected Plays* (die 1957 erschienen, dreißig Jahre nach der Auflösung des Group Theatre).

»Das lag nicht nur an dem brillanten Ensemblespiel, das meiner Meinung nach in Amerika bis heute unerreicht geblieben ist, sondern auch an der Atmosphäre der Einheit zwischen Schauspielern und Zuschauern. Hier war die Verheißung eines prophetischen Theaters zu spüren, die vor meinem geistigen Auge die Situation im alten Griechenland heraufbeschwor, als Religion und Glaube das Herzstück des Dramas bildeten. Ich sah mir die Vorstellungen des Group Theatre für 75 Cent von meinem Platz im Rang an, und in der Pause konnte man die Erregung und die Begeisterung von Menschen spüren, die sich nicht nur in ihrem Herzen, sondern auch geistig angesprochen fühlten. Auch wenn ich sagen muss, dass ich als Schriftsteller an den Stücken etwas auszusetzen hatte, so soll das nicht von der Tatsache ablenken, dass mich fast alle Vorstellungen begeisterten …«*

Als das Group Theatre 1938 mit seiner erfolgreichsten Inszenierung, *Golden Boy* von Clifford Odets, in London gastierte (Meisner übernahm darin die Rolle des gemeinen Gangsters Eddie Fuseli), schrieb James Agate, der Kritiker der Londoner *Times*, einfach nur: »Hier wird ein schauspielerisches Niveau erreicht, von dem wir in dieser Form nicht die geringste Ahnung haben.«

Die schauspielerische Qualität des Group Theatre fußt auf dem berühmten Moskauer Künstlertheater sowie auf der von dessen Mitbegründer Konstantin Stanislawski entwickelten Schauspieltheorie und -praxis, dem Stanislawski-System. Stanislawski prägte das Group Theatre auf doppelte Weise. Zum einen war er der Lehrer von Richard Boleslavski und Maria Ouspenskaya gewesen, zwei wichtigen Schauspielern des Moskauer Künstlertheaters, die nach New York ausgewandert waren und dort 1923 mit dem American Laboratory Theatre ihre eigene Schauspielschule

---

* Die deutsche Fassung des Vorworts findet sich in: Arthur Miller, *Stücke 1*. Frankfurt am Main 2009, S. 23. Übersetzt von Harriet Fricke. (Anm. d. Ü.)

gegründet hatten. In den sechs Jahren ihres Bestehens vermittelte diese Schule mehreren Hundert amerikanischen Schauspielern und Regisseuren eine frühe Version des Stanislawski-Systems. Die Schauspielerinnen Stella Adler, Ruth Nelson und Eunice Stoddard nahmen dort Unterricht und waren Mitglieder im festen Ensemble des »Lab«, bis sie zum Group Theatre wechselten. Auch Lee Strasberg war 1924 Schüler am »Lab« und hatte, zusammen mit Harold Clurman, dort auch Regie studiert.

Clurman schrieb später in seinem Buch *The Fervent Years*, einer Geschichte des Group Theatre: »Die erste Auswirkung [des Stanislawski-Systems] auf die Schauspieler war wie ein Wunder. [...] Da war er endlich, der Schlüssel zu diesem schwer fassbaren Element des Bühnenlebens: den wahrhaftigen Emotionen. Und Strasberg [der in den Anfangsjahren des Group Theatre bei fast allen Inszenierungen Regie führte] war ein echter Fanatiker, wenn es um wahrhaftige Emotionen ging. Alles andere war Nebensache. Er forschte mit der Geduld eines Inquisitors danach, empörte sich über trickreiche Ersatzmittel, und wenn es ihm dann gelungen war, die Emotionen zu wecken, hegte und pflegte er sie, nährte sie und bot ihnen Schutz. Für die meisten Schauspieler war das etwas Neues, etwas sehr Grundlegendes, fast schon Heiliges. Es war eine Offenbarung für das Theater, und Strasberg war sein Prophet.«

Stanislawskis zweiter Kontakt mit dem Group Theatre war um einiges direkter. Im Frühjahr 1934 trafen sich Harold Clurman und Stella Adler mit dem russischen Regisseur in Paris, und Stella Adler arbeitete mehr als fünf Wochen lang mit ihm, um jene Aspekte des Systems (in der Version, die Strasberg ihr beigebracht hatte) zu klären, die ihr und den anderen Group-Mitgliedern Schwierigkeiten bereiteten. Das Ergebnis dieser Arbeit, das sie dem Group Theatre im Sommer desselben Jahres präsentierte, bestand darin, dem »affektiven Gedächtnis«, das Strasberg sehr in den Vordergrund stellte – und das vielleicht als bewusster Versuch des Schauspielers verstanden werden kann, sich an die genauen Umstände eines emotionsgeladenen Ereignisses aus seiner realen Vergangenheit zu erinnern, um damit ein Gefühl zu aktivieren, das er auf der Bühne verwenden kann –, etwas von seiner Bedeutung zu nehmen. Stattdessen, so Stella Adler, sei Stanislawski inzwischen der Ansicht, dass der Schlüssel zu den wahrhaftigen Emotionen in einem vollständigen Verständnis der »gegebenen Umstände« – der menschlichen Probleme also – im Stück selbst liege. Diese Verlagerung des Schwerpunkts erwies sich als kontrovers und war der direkte Auslöser dafür, dass Strasberg an Einfluss auf die Schauspieltruppe verlor und sich 1935 schließlich vom Group Theatre verabschiedete. Meisner schlug sich in der Streitfrage auf die Seite Stella Adlers, die später eine angesehene Schauspiellehrerin und enge Freundin werden sollte, und so spielt das affektive oder emotionale Gedächtnis bei der von Meisner entwickelten Technik keine Rolle.

Auf die Frage, wie er mit dem Stanislawski-System in Kontakt gekommen sei, antwortete Meisner ganz offen: »Über das Group Theatre unter der wegweisenden Leitung von Harold Clurman und Lee Strasberg, über Stella Adler, die mit Stanislawski selbst gearbeitet hat und der ich mit Aufmerksamkeit und großem Gewinn gelauscht habe, und über den Schauspieler Michael Tschechow, der mir klargemacht hat, dass Wahrheit, wie beim Naturalismus, immer weit entfernt ist von der ganzen Wahrheit. Bei ihm durfte ich eine aufregende theatrale Form ohne inneren Bedeutungsverlust beobachten, und da wusste ich, das wollte ich auch. Und schließlich noch über den luziden und objektiven Ansatz [Ilja J.] Sudakovs und [Josef M.] Rapoports« – zwei russische Theoretiker, deren Schriften die Bedeutung des realen Handelns, der Grundlage der Meisner-Technik, betonen und in den Dreißigern in einer englischen Übersetzung im Group-Ensemble die Runde machten.*

Im November 1936 hatte eine neue Inszenierung des Group Theatre Premiere: *Johnny Johnson (A Legend)* von Paul Green. Das Stück ist heute vor allem wegen seiner Musik bekannt, der ersten Arbeit des deutschen Emigranten Kurt Weill in den Vereinigten Staaten. Im Programmheft zum Stück veröffentlichte Sanford Meisner im Darstellerverzeichnis eine biographische Notiz, die in zweierlei Hinsicht bemerkenswert ist. Zum einen offenbart sie, wie er selbst seine Schauspielkarriere beurteilte, zum anderen kündigt der letzte Satz den Beginn einer neuen Karriere an: »Sanford Meisner (Captain Valentine) war so lange mit der Aufgabe des Fahnenträgers betraut, dass es wie ein großer – aber erfreulicher – Schock wirkte, ihn in *Gold Eagle Guy* [dem von Melvin Levy verfassten und 1934 aufgeführten Stück] in einer waschechten Charakterrolle zu erleben. Er hielt sowohl für die Theatre Guild, wo er seine Ausbildung absolvierte, als auch für das Group Theatre die Fahne hoch. Meisner stammt aus Brooklyn, hat allerdings dafür gesorgt, seine Schulbildung nach Manhattan zu verlegen. Er besuchte unter anderem das Damrosch-Konservatorium, das einen versierten Pianisten aus ihm machte. Seit *Gold Eagle Guy* ist er regelmäßig in größeren Rollen beim Group Theatre zu sehen. Er unterrichtet Schauspiel am Neighborhood Playhouse.«

Der Schritt vom Fahnenträger zum Schauspiellehrer ist eine amüsante Metapher. In Wirklichkeit stand Meisners Karriere als Schauspieler längst in voller Blüte. Allein in der vorangegangenen Spielzeit hatte er in zwei Stücken von Clifford Odets, dem Hausautor des Group Theatre, zwei von der Kritik gefeierte Rollen gespielt: Sam Feinschreiber in *Awake and Sing! (Wachet auf und rühmet!)* und Julie, den jüngeren Sohn aus *Paradise Lost*

---

* Paul Gray, »The Reality of Doing«, in: *Tulane Drama Review* (Sonderausgabe: »Stanislavsky in America«), Herbst 1964, S. 139.

(Verlorenes Paradies), der an der Schlafkrankheit leidet – die Rolle, die Meisner selbst für die beste seiner ganzen Laufbahn hält. Außerdem hatte er zusammen mit Odets bei dessen berühmtem Einakter *Waiting for Lefty (Warten auf Lefty)* Regie geführt. Künftig sollte Meisner noch weitere wichtige Rollen in Odets-Stücken wie *Rocket to the Moon* (*Brücke zum Mond*, 1938) und *Night Music* (1940) übernehmen und auch nach der Auflösung des Group Theatre 1941 weiterhin auf der Bühne stehen. Seine letzte Bühnenrolle war Norbert Mandel in *The Cold Wind and the Warm* von Samuel Nathaniel Behrman unter der Regie Harold Clurmans, das im Dezember 1958 Premiere hatte. Im Jahr darauf, nach dem Bruch mit der Leitung des Neighborhood Playhouse, wurde er Leiter der New Talent Division bei 20th Century Fox und zog nach Los Angeles, wo er eine vielversprechende Karriere als Filmschauspieler begann.

Das Unterrichten blieb jedoch das Einzige, das den älteren Meisner emotional ebenso tief zufriedenstellte, wie es das Klavierspielen in jüngeren Jahren getan hatte. »Nur, wenn ich unterrichte, bin ich ganz frei und empfinde Vergnügen«, hat er wiederholt geäußert. »Ich genieße es, Aspekte der Technik zu analysieren. Ich arbeite gern mit Menschen, die mit einer gewissen Ernsthaftigkeit und Tiefe an ihre Aufgabe herangehen. Wenn ich unterrichte, fühle ich mich lebendig und zugehörig. Für mich ist das ein emotionales Ventil.« Der Grund dafür lässt sich leicht nachvollziehen. »All meine Übungen«, erzählte er in einem Interview vor bald zehn Jahren, »sind dafür entwickelt worden, das Leitprinzip zu stärken, das ich im Group Theatre so nachdrücklich erlernt habe: dass die Kunst nämlich Ausdruck menschlicher Erfahrung ist, ein Prinzip, das ich nie aufgegeben habe und auch niemals aufgeben werde. Und jetzt, nach etwa vierzig Jahren, arbeite ich mit den Schauspielern auf eine Weise, die sich in der Praxis offenbar bewährt hat.«*

1962 kehrte Meisner nach New York zurück, um den Fachbereich Schauspiel der neu gegründeten American Musical Theatre Academy zu leiten. Zwei Jahre später kehrte er ans Neighborhood Playhouse zurück, wo er bis heute unterrichtet.** Das Playhouse ist inzwischen sein Heimathafen geworden, wie es das schon vor fünfzig Jahren war, als er erstmals dort unterrichtete und seine Berufung im Programmheft zu *Johnny Johnson* verkündete – vielleicht in ähnlicher Weise, wie er damals mit gerade einmal neunzehn Jahren seiner fassungslosen Familie beim Abendessen mitteilte, er wolle Schauspieler werden.

Heute, mehr als sechzig Jahre später, haben sein fortgeschrittenes Alter und einige Unfälle Meisner massive körperliche Einschränkungen auferlegt. Seit er sich wegen des Grauen Stars und Netzhautablösungen an beiden Augen mehreren Operationen unterziehen musste, trägt er eine dicke Brille. Noch verheerender waren die beiden Operationen, die er aufgrund von Kehlkopfkrebs über sich ergehen lassen musste, die erste davon bereits vor über zehn Jahren, und die ihn im wahrsten Sinne des Wortes sprachlos zurückließen. Unter großen Mühen lernte er danach das Sprechen wieder neu, indem er Luft in die Speiseröhre einatmet und diese als kontrolliertes Rülpsen wieder ausströmen lässt. Wenn man diese Ösophagussprache zum ersten Mal hört, kann sie verstörend wirken, doch man gewöhnt sich als Zuhörer schnell daran. Es klingt wie ein seltsam geisterhaftes, von explosiven Konsonanten und Knacklauten sowie gelegentlichen Hustenanfällen durchsetztes Keuchen. Wenn Meisner heute unterrichtet, wird seine »Stimme« mit Hilfe eines Mikrofons verstärkt, das am linken

---

* Suzanne Shepherd, »Sanford Meisner« in: *Yale/Theatre*, Vol. 8, Nr. 2 und 3, S. 42–43.

** Bei Erscheinen des Buches 1987 war Meisner 81 Jahre alt. Er unterrichtete bis 1990 am Neighborhood Playhouse. (Anm. d. Red.)

Brillenbügel befestigt und mit einem kleinen Sender verbunden ist. Dieser überträgt die Worte an einen Lautsprecher auf der anderen Seite des Raumes, gegenüber von Meisners Pult, was den geisterhaften Eindruck noch verstärkt. Und als wären das noch nicht genug Schicksalsschläge, wurde er vor drei Jahren auch noch beim Überqueren der Straße von einem außer Kontrolle geratenen Lieferwagen erfasst und trug einen zwölffachen Bruch am linken Oberschenkel und an der linken Hüfte davon. Nach den notwendigen Operationen kann er nur noch mit Hilfe eines Stockes gehen. Die Sommermonate und den tiefsten Winter verbringt er inzwischen nicht mehr in New York, sondern in einem Haus, das er sich zusammen mit seinem engen Freund James Carville vor zwanzig Jahren auf der Insel Bequia in der Karibik gebaut hat. Das warme Klima und Wasser der Tropen sind Balsam für ihn.

Und dennoch unterrichtet Meisner weiter. In seiner Vorstellung, so hat er es einmal in einem Interview erzählt, sieht er sich wie einen »bekannten Maler« (er meint damit den französischen Künstler Raoul Dufy, vermutlich so, wie er auf dem berühmten Foto von Brassaï* bei der Arbeit zu sehen ist). »Als er über achtzig war, hatte die Arthritis seine Hände derart verformt, dass er den Pinsel nicht mehr halten konnte. Da bat er jemanden, ihm den Pinsel irgendwie an der Hand zu befestigen, und hat weitergemalt. Ich kehre jetzt, mit all meinen Einschränkungen – ich kann schwer sprechen, ich sehe schlecht –, in diese eisige Stadt zurück, um wieder zu unterrichten! Manche glauben, man hätte mich dazu überredet. Aber das stimmt nicht. Man kann mich zu nichts überreden, was ich nicht will. Und ich will das. Wenn ich unterrichte, bin ich am glücklichsten.«**

---

* Brassaï (eigtl. Gyula Halász, 1899–1984), französischer Fotograf ungarischer Herkunft. (Anm. d. Red.)

** In: Shepherd, a. a. O.

Vielleicht liegt der Grund ja in dem Wunder, das Harold Clurman beschreibt, dem »fast schon heiligen« Wunder wahrhaftiger Emotionen. Oder er hat seine Wurzeln in Meisners Bemerkung über das Genie der Pauline Lord: »Durch sie erkannte ich allmählich, dass ich nach einer Art des Schauspielens suchte, die mich wirklich berührt.«

»Habe ich Ihnen schon mal die Geschichte von Eleonora Duse erzählt?«, fragte Meisner kürzlich einen Besucher in seinem Büro. »Wirklich nicht?« Nachdem er sich noch einmal versichert hatte, berichtete er von George Bernard Shaws Kritik über die legendäre italienische Schauspielerin 1895 in dem Stück *Heimat* von Hermann Sudermann (das Stück ist auch unter dem Titel *Magda* bekannt, der Rolle der Duse). Shaw schrieb damals Folgendes: »Magda ist plötzlich auf sich allein gestellt, weil sie, die Tochter, sich dem Willen ihres Vaters nicht fügen will, einem dieser abscheulichen Charaktere, die den eigenen Drang danach, jeden nach ihrer Pfeife tanzen zu lassen, mit den geheiligten Grundprinzipien des Familienlebens verwechseln. Sie macht harte Zeiten durch, feiert aber schließlich Erfolge als Opernsängerin, allerdings erst, nachdem ihr einsames Ringen sie trostsuchend in die Arme eines Mitstudenten getrieben hat, der sich alsbald aus dem Staub macht, während sie sich, so gut sie kann, mit der bevorstehenden Mutterschaft arrangieren muss. Auf dem Höhepunkt ihres Ruhmes kehrt sie in ihren Heimatort zurück und sucht, in einem Anfall von Heimweh, ihren Vater auf, der einwilligt, sie zu empfangen. Kaum ist sie wieder im Haus, muss sie feststellen, dass der Vater ihres Kindes inzwischen ein enger Freund der Familie ist. Im dritten Akt des Stückes wird ihr der Besuch angekündigt [...] In dem Augenblick, als das Dienstmädchen ihr die Visitenkarte reichte, wurde dem Zuschauer klar, was es für sie bedeutete, sich einer Begegnung mit diesem

Mann gegenüberzusehen. Es war interessant zu beobachten, wie sie es dann doch durchstand und wie es ihr im Großen und Ganzen auch recht gut gelang. Er machte seine Aufwartung und überreichte seine Blumen, sie nahmen Platz, und sie hatte offensichtlich das Gefühl, sicher darüber hinweg zu sein und sich eine gewisse Ungezwungenheit gestatten und ihn anschauen zu können, um zu sehen, wie sehr er sich verändert hatte. Doch dann geschah ihr etwas Furchtbares. Sie errötete, wurde sich dessen im nächsten Moment bewusst, und die Röte breitete sich langsam aus und wurde stärker, bis sie schließlich, nach einigen vergeblichen Versuchen, das Gesicht abzuwenden oder ihn davon abzulenken, ganz aufgab und ihr Erröten in den Händen barg. Nach dieser schauspielerischen Glanzleistung braucht mir niemand mehr zu erklären, weshalb die Duse keine zentimeterdicke Schminke verwendet. Ich konnte keinerlei Tricks erkennen: Es schien mir ganz und gar auf der Wirkung der dramatischen Vorstellungskraft zu beruhen [...] und ich muss mich zu der tiefempfundenen beruflichen Neugier bekennen, ob es wohl jedes Mal so spontan gelingt.«*

Meisners Zusammenfassung dieser Schilderung ist sehr viel kürzer, in den entscheidenden Details aber korrekt. Mehr noch, seine Begeisterung und sein echtes Staunen über Shaws Geschichte vom Erröten der Duse sind ansteckend, obwohl er die Geschichte schon hundert Mal erzählt hat. Es ist, als wäre die Zeit stehen geblieben und Sanford Meisner könnte sich auf ewig am Wunder dieses Augenblicks erfreuen. Und für einen Moment begreift man, wie dieser außergewöhnliche Mann ein so außergewöhnliches Leben führen konnte.

»Die Duse hat in einem Stück mit dem Titel *Magda* gespielt, und da gibt es diese eine Szene im letzten Akt. Als junge Frau

---

* George Bernard Shaw in der *Saturday Review*, 15. Juni 1895.

hatte sie eine Affäre mit einem Kerl, der aus dem gleichen Heimatort stammt, und bekam ein Kind von ihm. Etwa fünfundzwanzig Jahre später kehrt sie zurück, um ihre Eltern zu besuchen, die noch dort leben, und ihr früherer Geliebter macht seine Aufwartung. Sie nimmt seine Blumen – das habe ich alles von Shaw –, und sie setzen sich hin und plaudern. Aber plötzlich merkt sie, dass sie rot wird, und am Ende ist es so schlimm, dass sie den Kopf senkt und verlegen ihr Gesicht versteckt. Das nenne ich eine realistische Darstellung! Und Shaw bekennt sich zu der professionellen Neugier, ob das wohl jedes Mal so klappt, wenn sie diese Rolle spielt. Natürlich nicht. Aber dieses Erröten, das ist der Inbegriff wahrhaftigen Lebens unter imaginären Gegebenheiten, was meiner Definition von gutem Schauspiel entspricht. Dieses Erröten kam aus *ihr selbst*. Sie war ein Genie!«

2.

DAS FUNDAMENT LEGEN: DIE REALITÄT DES HANDELNS

MEISNER: Was passiert als Erstes, wenn man das World Trade Center bauen will – ihr kennt das Gebäude?
SCHÜLER: Man gräbt ein Loch.
MEISNER: Natürlich gräbt man ein Loch. Man kann es ja schlecht einfach auf den Bürgersteig kleben! *(Gelächter)* Was wurde beim Bau des Empire State Buildings als Erstes gemacht?
SCHÜLERIN: Als Erstes wurde ein Fundament gelegt.
MEISNER: Als Erstes wurde ein Fundament gelegt, auf dem …
SCHÜLERIN: … auf dem dann das Gebäude errichtet wurde.
MEISNER: … auf dem dann das Gebäude errichtet wurde.

29. September

»Das Fundament der Schauspielkunst ist die Realität des Handelns.«

Es ist die erste Unterrichtsstunde des Semesters, und Sanford Meisner wiederholt gleich mehrfach dieses scheinbar schlichte Leitmotiv. »Moment, sagen wir es noch einmal. *Das Fundament der Schauspielkunst ist die Realität des Handelns.* Die Realität des Handelns. Woher könnt ihr wissen, was das eigentlich bedeutet? Ich werde es euch erläutern.« Nach einer kurzen Pause fragt er: »Hört ihr zu? Hört ihr mir auch wirklich zu?«

»Ja, ja«, antworten die Schüler im Chor.

»Ihr tut nicht nur so, als würdet ihr zuhören, ihr hört zu. Ihr hört mir *wirklich* zu. Würdet ihr das so sagen?«

»Ja, ja.«

»*Das* ist die Realität des Handelns. Es muss völlig außer Frage stehen, was ich hier sage. Wenn ihr handelt, dann handelt ihr auch wirklich! Seid ihr heute Morgen die Treppe zu diesem Unterrichtsraum hochgegangen? Seid ihr sie nicht vielleicht hochgesprungen? Oder hochgehüpft? Nein? Ihr habt auch keine Pirouetten gedreht? Ihr seid diese Treppe wirklich hochgegangen.«

Er hält inne, um das kleine Mikrofon zurechtzurücken, das am linken Bügel seiner Brille befestigt ist. »Wie viele von euch hören mir jetzt gerade zu?« Sechzehn Hände recken sich folgsam in die Höhe. »Dann lauscht jetzt mal eine Minute lang. Horcht, jeder für sich, darauf, wie viele Autos ihr draußen hören könnt. Los geht's.«

Die Schüler, acht Männer und acht Frauen von Mitte zwanzig bis Anfang dreißig, beugen sich vor und versuchen, die Verkehrsgeräusche von New York wahrzunehmen, die durch das Surren der Klimaanlage hindurchsickern. Schon bald schließen einige die Augen. Eine Minute verstreicht.

»Gut«, sagt Meisner zu einem jungen Mann mit gepflegtem braunem Vollbart. »Wie viele Autos hast du gehört?«

»Gar keins«, antwortet der Schüler. »Ich habe ein Flugzeug gehört.«

»Ein Flugzeug ist kein Auto. Du hast also keines gehört. Ich will dir eine Frage stellen: Hast du als du selbst gelauscht, oder hast du irgendeine Rolle gespielt?«

»Als ich selbst.«

»Und du?«, wendet er sich an eine schlanke, dunkelhaarige junge Frau, die wie ein Model aussieht.

»Anfangs habe ich als Schülerin gelauscht.«

»Das ist eine Rolle ...«

»Und dann war ich verwirrt, weil ich keine Autos hören konnte und die Geräusche überhaupt so verwirrend waren. Dann habe ich etwas gehört, was ziemlich sicher ein Auto war, dann ist mir langweilig geworden, und dann habe ich noch ein Auto gehört. Also zwei Autos.«

»Auf die Langeweile gehen wir jetzt mal nicht näher ein.« Die Schüler lachen. »Als du gelauscht hast, wie du sagst, warst du da ... wie heißt du?«

»Anna.«

»Hast du als Anna gelauscht?«

»Am Ende schon.«

»Dann war ein Teil deines Spiels also echt, und zwei Drittel waren vorgetäuscht.«

»Ja.«

»Wie viele Autos hast du gehört?« Die Frage richtet sich an eine Frau Ende zwanzig mit üppigem, dunklem Haar.

»Ich war mir nicht sicher, welche Geräusche von Autos stammen.«

»Warst du es, die verwirrt war, oder war das Verwirrtsein Teil einer Rolle?«

»Ich weiß nicht. Es hat sich angefühlt, als würde ich eigentlich die ganze Zeit gar nichts machen.«

»Dann warst du also halb Schauspielerin.« Er wendet sich einem jungen Mann in Karohemd und Jeans zu. »Wie viele Autos hast du gehört?«

»Keins.«

»Keins. Und wie hast du gelauscht ...?«

»Ich habe einfach als ich selbst gelauscht, einfach als John.«

»Genau das wollte ich wissen. Ein schönes Gefühl. Gut, jetzt überlegt euch alle eine Melodie, die euch gefällt, und singt sie nur für euch – nur im Kopf, nicht laut. Alles klar? Dann los.«

Wieder schließen einige Schüler die Augen, und nach ein paar Sekunden der Konzentration bewegen manche den Kopf im Takt einer Melodie, die nur sie selbst hören können.

»Wie viele von euch haben es geschafft?«, fragt Meisner. »Und als ihr selbst oder als Schauspieler? Wer kann mir das beantworten?«

»Halb so, halb so.« Die Antwort kommt von der jungen Frau namens Anna.

»Du hattest also Schwierigkeiten. Was für Schwierigkeiten?«

»Mir war zu sehr bewusst, dass ich in einem Raum voller Leute sitze, die sich alle absichtlich unterschiedliche Melodien vorsingen. Etwa nach der Hälfte habe ich mich so über mich selbst geärgert, dass ich es vergessen konnte.«

»Und dann hast du gesungen?«

»Ja.«

»Da warst du gut.«

»Da habe ich es zumindest genossen. Ob ich gut war, weiß ich nicht.«

»Gut zu sein ist immer ein Genuss.« Meisner hält einen Moment inne und richtet den Blick dann auf einen stämmigen, blonden, jungenhaften Mann in der ersten Reihe. »Was ist mit dir?«

»Ich habe einfach vor mich hin gesungen.«

»So wie Hamlet?«

»Ich habe versucht, mich an der Melodie zu freuen.«

»Wirklich? Als du selbst, nicht als Hamlet?«

»Als ich selbst.«

Als Nächstes fordert Meisner die Klasse auf, die Glühbirnen im Raum zu zählen. Die Antworten variieren zwischen zwölf und sechzehn, je nachdem, ob man die rote Glühbirne über dem Hinweisschild für den Notausgang mitzählt oder die drei ausgeschalteten Scheinwerfer berücksichtigt, die an einem Balken in der Mitte der Decke hängen. Aber die Antworten sind unwesentlich; nicht das Ergebnis ist entscheidend, sondern dass die Aufgabe *ausgeführt* wird, die Glühbirnen tatsächlich *gezählt* werden. »Habt ihr in einer Rolle gezählt – also als Schauspieler«, will Meisner wissen, »oder habt *ihr selbst* gezählt?«

»Neunhunderteinunddreißig mal achtzehn – versucht das mal im Kopf auszurechnen«, fährt er dann fort. »Neunhunderteinunddreißig mal achtzehn.« Das korrekte Ergebnis lautet 16.758, und niemand kann es auch nur annähernd ausrechnen. Doch auch diesmal geht es gar nicht darum. »Ihr könnt richtigliegen oder falsch«, sagt Meisner. »So wie im Leben. Die Menschen kommen zu unterschiedlichen Ergebnissen. Darum sind die einen Demokraten und die anderen Republikaner. Aber wie viele von euch haben es auch wirklich *versucht*? Es ist völlig in Ordnung, falschzuliegen, aber es ist nicht in Ordnung, es nicht wenigstens zu *versuchen*.«

»Passt auf«, sagt Meisner, »schaut euch jetzt den Partner neben euch ganz genau an. Und wenn ich danach frage, beschreibt ihr mir alles, was ihr beobachtet habt.« Sechzehn Köpfe wenden sich demjenigen zu, der nun zum ersten Mal als »der Partner« bezeichnet wird.

Als die blonde junge Frau in der zweiten Reihe dazu aufgefordert wird, sagt sie über den jungen Mann rechts neben sich: »Ich habe rote Haare gesehen. Ich habe ein hellgrünes Hemd gesehen, mit Streifen in Rosa, Grau und Beige, Größe M. Ich habe gesehen, dass er eine Rötung am Hals hat. Er hat blaue Augen und kurze, dünne, helle Wimpern. Kleine Hände. Ziemlich kräftig. Er sitzt etwas vorgebeugt. Und er ist stämmig. Seine Hose ist grün. Die Schuhe sind braun – Lederschuhe, mit Gummisohle, glaube ich. Saubere Ohren und saubere Fingernägel. Schmale Lippen, die er geschlossen hält und eher nach innen zieht ...«

»Gut. Sind diese ganzen Beobachtungen von dir oder von einer Figur aus einem Stück?«

»Das kann ich nicht beantworten. Wenn ich ehrlich bin, kann ich das nicht richtig auseinanderhalten.«

»Sprichst du jetzt gerade mit mir, oder ist das Lady Macbeth, die mit mir redet?«

»Ich spreche mit Ihnen.«

»Das bist du. Das bist du ganz persönlich. Deine Beobachtungen waren reine, unverfälschte Beobachtungen. Was du wahrgenommen hast, das hast *du selbst* wahrgenommen und nicht eine Figur aus einem Stück.« Er wendet sich an John, den jungen Mann im Karohemd. »Schaust du mich gerade an?«

»Ja.«

»Als Othello?«

»Nein.«

»Als wer dann?«

»Als ich selbst wahrscheinlich.«

»Genau. Kannst du dir das merken?«

»Ich möchte euch eine Frage stellen, und ich möchte, dass ihr euch und mir zuliebe ganz ehrlich seid. Wie viele Leute in diesem Kurs können richtig gut hören?« Nach kurzer Verwirrung schnellen sechzehn Hände nach oben. »Ich nehme euch jetzt beim Wort. Jeder behauptet von sich, er oder sie könne hören. Ihr könnt also alle hören? Könnt ihr mich hören?«

»Ja«, antworten alle.

»Ich stelle euch jetzt noch eine Frage, die ein bisschen schwieriger ist. Ihr sagt, ihr könnt hören. Das ist gut. Aber könnt ihr das, was ihr hört, auch ganz genau *wiederholen*? Ich meine ganz einfache Sachen. Ich rede hier nicht von der Unabhängigkeitserklärung. Ich meine etwas wie: ›Trinken Sie gern Kaffee?‹ Könnt ihr das wiederholen?«

»Trinken Sie gern Kaffee?«, sagt eine junge Frau mit kurzem, braunem Stufenschnitt.

»Du hast es getan, also kannst du es. Aber wisst ihr auch alle, was ihr da zu mir sagt? Als Erstes erklärt ihr mir, ihr könntet hören. Ihr sagt mir auch, ihr könntet das, was ihr hört, wiederholen. Wenn ihr wollt, könnt ihr das jetzt noch zurücknehmen! Gut, dann akzeptiere ich das so.«

»Wir können die Wörter wiederholen«, sagt eine dunkelhaarige junge Frau mit breiten Schultern.

»Mehr will ich auch gar nicht – nicht den Geist, nur die Wörter.«

»Nein«, sagt die Frau. »Ich meine, wir können nicht *genau* das wiederholen, was wir hören. Wir können nur unsere eigene Vorstellung von den Wörtern wiederholen.«

»Ihr könnt genau das wiederholen, was ihr hört. Soll ich es dir beweisen?«

»Ich glaube Ihnen.«

»Wie heißt du?«

»Rose Marie.«

»Warum solltest du mir glauben, Rose Marie? ›Du hast lange Haare.‹ Wiederhol das mal.«

»Du hast lange Haare.«

»Du kannst es also doch! Und ich habe nicht den ersten Akt von *Onkel Wanja* zitiert, den du vielleicht zum ersten Mal hörst. Wer ist dein Partner?« John, der junge Mann im Karohemd, meldet sich. »Sieh sie dir an. Was beobachtest du an ihr? Ich meine nicht ihren Geist, sondern irgendetwas an ihr, das dich vielleicht interessiert.«

»Sie ist sehr … Eigentlich wollte ich sagen, sie wirkt sehr kess und offen.«

»Das ist eine emotionale Wahrnehmung. So schlau bin ich nicht. Ich sehe nur, dass sie einen rosa Pulli anhat.«

»Okay.«

»Soll ich dir was sagen? Du bist ein Denker.«

»Ich weiß«, sagt John. »Darum bin ich ja hier.«

»Dann hör sofort damit auf!« Die Schüler lachen. »Siehst du, dass sie einen rosa Pulli trägt? Siehst du, dass sie sich mal die Haare kämmen sollte? Siehst du, welche Farbe ihre Hose hat?«

»Ja.«

»Also, du hast mir gesagt, du könnest hören und das Gehörte wiederholen. Das heißt, du musst jetzt von etwas ausgehen, was auch existiert. Finde etwas, was dich an ihr interessiert, und äußere dich dazu. Dann wiederholst du, Rose Marie, genau das, was er gesagt hat, und du, John, wiederholst genau das, was *sie* sagt. Das macht ihr so lange, bis ich euch unterbreche.«

»Deine Haare glänzen«, sagt John.

»Deine Haare glänzen«, wiederholt Rose Marie.

»Deine Haare glänzen.«

»Deine Haare glänzen.«

»Deine *Haare* glänzen.«

»Deine *Haare* glänzen.«

»Deine Haare *glänzen*.«

»Nein«, unterbricht Meisner, »jetzt interpretiert ihr, damit es abwechslungsreicher wird. Lasst das. Macht es noch einmal mit einer anderen Beobachtung.«

Nach kurzem Schweigen sagt John: »Du hast einen kleinen Ohrring«, und Rose Marie sagt: »Du hast einen kleinen Ohrring.« Sie wiederholen den Satz fünf, sechs Mal, bis Meisner sie unterbricht.

»Gut, jetzt glaube ich euch, dass ihr beide hören könnt, und ich glaube euch auch, dass ihr das, was ihr hört, wiederholen könnt. Das ist zwar noch längst nicht alles, aber es ist immerhin ein Anfang. Du hast ihren Ohrring bemerkt. Du hast dich dazu geäußert. Und du hast wiederholt, was du gehört hast. Bis hierhin habt ihr einander zugehört und das Gehörte wiederholt. Genau darum hatte ich euch gebeten.«

Die Schüler schließen sich zu Zweiergruppen zusammen, und die Übung, die Meisner das »Wortwiederholungsspiel« nennt, wird ausgeführt, immer und immer wieder. Der jungenhafte blonde Mann, Philip, bildet ein Paar mit Sarah, der Brünetten mit dem Stufenschnitt. Sie wiederholen seine Bemerkung »Du hast blaue Augen« so lange, bis Meisner sie unterbricht.

»Gut«, sagt er. »Das kommt euch sicher wahnsinnig albern vor, oder? Aber es ist ein Anfang. Hört ihr einander zu? Wiederholt ihr das, was ihr hört? Genau das tut ihr.«

Nachdem ein anderes Paar einige Male den Satz »Du hast glitzernde Ohrringe« wiederholt hat, sagt Meisner: »Es ist mechanisch, es ist nicht menschlich, aber es ist die Grundlage für etwas anderes. Es ist eintönig, aber trotzdem ist es die Grundlage für etwas.«

Nachdem Anna und ihr Partner den Satz »Auf deinem Hemd sind neonpinke Buchstaben« ein gutes Dutzend Mal wiederholt haben, sagt Meisner: »Ja, genau. Es ist sinnentleert und gar nicht menschlich, stimmt's? Aber trotzdem passiert etwas. Es entsteht eine Verbindung. Hören sie sich nicht gegenseitig zu? Darin liegt die Verbindung. Eine Verbindung, die entsteht, weil man einander zuhört, die aber trotzdem keine menschliche Qualität hat. Noch nicht. Wenn ihr euch etwas dazu notieren wollt, dann schreibt: ›Es ist ein Pingpong-Spiel.‹ Es ist die Grundlage dessen, was einmal zum emotionalen Dialog werden wird.«

Meisner hält einen Moment inne. »Jetzt werde ich euch mal zeigen, wo die Schwierigkeiten anfangen.« Er wendet sich an eine junge Frau, die ihr braunes Haar zu einem dicken Zopf geflochten trägt. »Du trägst eine bestickte Bluse. Stimmt das?«

»Nein.«

»Wie lautet dann die Antwort?«

»Nein, ich trage keine bestickte Bluse.«

»Genau!«, sagt er. »So lautet die Wiederholung aus *ihrer* Sicht. Und sofort ist eine Verbindung zwischen zwei Menschen entstanden.« Er wendet sich an Sarah. »Du hast einen Stift dabei.«

»Ja, ich habe einen Stift dabei.«

»Ja, hast du.«

»Ja, habe ich.«

»Genau! Jetzt wird das Gespräch schon menschlicher, oder? Erst ist da nur die mechanische Wiederholung. Dann kommt die Wiederholung aus eigener Sicht.« Er sieht die junge Frau mit dem üppigen dunklen Haar an. »Du toupierst dir die Haare.«

»Ja, ich toupiere mir die Haare.«

»Ja, das tust du.«

»Ja, ich toupiere mir die Haare.«

»Ich sagte: ›Ja, das tust du.‹«

»Ja, das tue ich.«

»Ja, das sehe ich.«

»Ja, das sehen Sie.«

»Lassen wir es dabei bewenden. Das ist das Wortwiederholungsspiel aus *eurer* Sicht. Und es ist bereits ein menschliches Gespräch, stimmt's?« Dann sagt Meisner zu dem jungen Mann mit den neonpinken Buchstaben auf dem Hemd: »Du starrst mich an.«

»Ich starre Sie an.«

»Du starrst mich an.«

»Ich starre Sie an.«

»Du gibst es also zu?«

»Ich gebe es zu.«

»Du gibst es zu?«

»Ich gebe es zu.«

»Das gefällt mir nicht.«

»Das gefällt Ihnen nicht.«

»Das interessiert dich nicht?«

»Das interessiert mich nicht.«

»Es interessiert dich nicht?«

»Es interessiert mich nicht!«

Meisner streckt dem jungen Mann die Zunge heraus, und er und die anderen Schüler lachen.

»So geht das Wortwiederholungsspiel. Es darf nur nicht zu weit gehen, das würde ich nicht zulassen. Wenn ihr das jetzt zu Hause gemeinsam übt, macht die Übung erst mechanisch, so wie wir angefangen haben. Danach führt ihr sie aus eurer Sicht aus.«

»Ich habe die Stunde mit dem Satz eröffnet, dass das Fundament der Schauspielkunst die Realität des Handelns ist. Wie verhält sich diese Definition zu dem, was wir gemacht haben?«

John meldet sich. »Wenn wir etwas einfach nur tun, konzentrieren wir uns nicht auf uns selber.«

»Ihr befasst euch mit etwas, das außerhalb von euch selbst liegt«, ergänzt Meisner. »Was noch?«

»Wenn man etwas wirklich tut, dann hat man keine Zeit, sich beim Handeln zu *beobachten*. Man braucht alle Zeit und Energie für das Handeln an sich«, sagt Ray, der junge Mann mit dem gepflegten Bart.

»Das ist sehr gut für euer Spiel. Noch etwas?«

»Es waren alles sehr konkrete, ›mach‹bare Dinge«, sagt Sarah.

»Dann war also alles, wozu ich euch aufgefordert habe, konkret und ›mach‹bar? Was hat es mit dem Wort ›konkret‹ auf sich?«

»Na ja, es ist handfest. Man kann tatsächlich jemanden ansehen und seine Wimpern zählen, oder man kann die Glühbirnen zählen.«

»Es ist also etwas, das *wirklich und wahrhaftig*, ausdrücklich existiert«, sagt Meisner. »Was bedeutet also die ›Realität des Handelns‹?«

Ein ernst aussehender junger Mann, der bisher noch nichts gesagt hat, meldet sich. »Wenn man etwas tut, dann *tut* man es wirklich, anstatt nur so zu tun, als würde man es tun.«

»Und vor allem tut man es nicht als Rolle, als Figur. Wenn ihr Klavier spielen wollt, macht ihr dann erst den Deckel auf oder spielt ihr mit geschlossenem Deckel?«, fragt Meisner. »Aus musikalischer Sicht entspricht das Öffnen des Klavierdeckels der Realität des Handelns. Gibt es dazu Fragen?«

»Wir sollten lauter Dinge tun, die man auch wirklich tun kann: eine andere Person beobachten, nach Autos lauschen«, sagt Ray. »Und wenn man sich wirklich darauf konzentriert, ein Auto zu hören oder jemand anders anzusehen, dann braucht man sich keine Gedanken darüber zu machen, ob man eine Figur darstellt. Man tut einfach diese eine Sache und konzentriert sich ganz darauf.«

»Und genau das ist die Figur.«

»Das ist die Figur?«, fragt Ray.

»Ja.«

»Man muss die Figur also gar nicht spielen, sondern sie ist einfach da, indem man handelt?«

»Richtig. Habt ihr das alle verstanden? Jedes Stück, selbst wenn es von diesem Komödienschreiber ist... wie heißt er noch gleich?«

»Neil Simon?«

»Genau. Jedes Stück basiert auf der Realität des Handelns. Selbst wenn Lear die Faust gegen den Himmel erhebt – dann basiert das auf dem lautstarken Aufbegehren des Schauspielers gegen das Schicksal. Begreift ihr das?« Er hält kurz inne. »Das wird sich euch stärker einprägen, als ihr im Moment glaubt. Aber das ist in Ordnung. Es wird sich von selbst offenbaren. Nach und nach kommt es zum Vorschein. Das ist die Grundlage, das Fundament der Schauspielkunst.«

***

»Ein neuer Anfang. Dabei müsste ich doch eigentlich längst aufhören!«, sagt Meisner zu seinem Assistenten Scott Roberts, während sie auf den Aufzug warten, der Meisner in sein holzgetäfeltes

Büro ein Stockwerk tiefer bringen soll. »Man sollte mich erschießen wie einen alten Gaul.«

Scott nickt lächelnd.

»Aber das ist wirklich eine spannende Gruppe, sehr vielversprechend. Die Frage ist nur, wie viele von ihnen werden spielen lernen?«

Scott nickt wieder und drückt noch einmal auf den Knopf, um den Aufzug zu rufen. Unten im Erdgeschoss erwacht ein Motor brummend zum Leben.

»Ich unterrichte seit mehr als fünfzig Jahren, und in dieser halben Ewigkeit habe ich bestimmt einigen tausend jungen Menschen das Schauspielen beizubringen versucht. Und ich habe das auch gar nicht schlecht gemacht. Bei dir zum Beispiel war ich sehr erfolgreich.«

»Vielen Dank«, sagt Scott.

»Aber wenn ich mir meine gesamte Erfolgsrate vor Augen hielte, würde ich wahrscheinlich aufgeben. Darum lasse ich das lieber.«

Der Aufzug kommt, und sie steigen ein.

»Schauspielen ist eine Kunst. Und Schauspiel zu unterrichten ist auch eine Kunst, oder es kann zumindest eine Kunst sein. Am Ende ist es eine Frage von Talent – davon, wie ihr Talent und meines ineinandergreifen. Es wird sich zeigen. Aber ich muss sagen, es tut gut, noch einmal von vorn anzufangen.«

3.

DAS KNEIFEN UND DAS AUTSCH

> MEISNER: Wie fühlt es sich für dich an, Bruce, wenn du die Bewegungen deiner Partnerin nachmachst?
> BRUCE: Es entlastet mich.
> MEISNER: Wenn man sich entlasten kann, wie Bruce das gerade formuliert hat, wenn man die Konzentration auf etwas anderes als sich selber richten kann, dann hat man schon sehr viel gewonnen.

3. Oktober

»Also.« Meisner richtet sich an den jungen Mann, der in der letzten Unterrichtsstunde das Hemd mit den pinken Buchstaben anhatte. »Du bist Vincent, und deine Partnerin heißt ...?«

»Anna«, sagt die schlanke, dunkelhaarige Frau, die direkt vor ihm sitzt.

»Anna. Gut. Steht jetzt auf und dreht einander den Rücken zu.«

»So, dass wir uns berühren?«, fragt Vincent.

»Ohne Berührung. Vince, komm mal her.«

Vincent geht zu dem grauen Pult hinüber, an dem Meisner sitzt, und sie beraten sich kurz. Dann stellt sich Vincent wieder auf seinen Platz vorne im Raum, mit dem Rücken zu Anna. Er nimmt ein paar Münzen aus der Hosentasche und lässt sie zu Boden fallen.

»Hast du Münzen fallen lassen?«, fragt Anna.

»Ich habe Münzen fallen lassen.«

»Ja, du hast Münzen fallen lassen.«

»Ja, ich habe Münzen fallen lassen.«

»Gut, passt mal auf«, unterbricht Meisner das Wiederholungsspiel. »Vince, ich würde sagen, du hast inzwischen festgestellt, dass sie gute Ohren hat, und das hättest du ihr sagen können. Du hättest das gesagt, weil eine Handlung von ihr dich dazu *gebracht hat*. Und du, Anna, hättest deinerseits schon mit einem gewissen Recht behaupten können, dass er sorglos mit Geld umgeht, weil er die Münzen fallen gelassen hat.«

»Das wäre aber eine Vermutung«, wendet Vincent ein.

»Es wäre eine Vermutung, die du bestreiten könntest. ›Ich gehe *nicht* sorglos mit Geld um!‹ Kannst du das nachvollziehen?«

»Ja.«

»Gut. Dann überlegt euch etwas Neues und fangt noch einmal an, ganz langsam.«

Kurz darauf stößt Anna Vincent den Ellbogen in den Rücken.

»Du hast mich in den Rücken geboxt!«

»Ich habe dich in den Rücken geboxt.«

»Du hast mich in den Rücken geboxt.«

»Ja, ich habe dich in den Rücken geboxt.«

»Ja, du hast mich in den Rücken geboxt.«

»Ja«, sagt sie, belustigt über seinem ungehaltenen Ton, »ich habe dich in den Rücken geboxt.«

»Was ist daran witzig?«, faucht er.

»Was ist daran witzig?«

»Was ist daran witzig?«, wiederholt er.

»Was ist daran witzig?«

»*Was* ist daran witzig?« Vincent betont das erste Wort unnatürlich stark. Sofort bricht Meisner ab.

»Nein! Das ist Interpretation! Bis dahin war alles sehr gut, aber ›*Was* ist daran witzig?‹ war der Versuch, etwas zu variieren. Ich zeige euch mal was. Es gibt einen Punkt, an dem sich der verbale Kontakt zwischen euch verändert, und der beruht auf Instinkt. *Instinkt.* Ich zeige euch gleich, was ich damit meine. Stell dir vor, Vince, du gehst mit einem guten Freund in ein Kaufhaus und sagst: ›Siehst du die Krawatte da? Die will ich haben!‹ Oder du gehst auf eine Party, siehst dort ein Mädchen und sagst dir: ›Die schnappe ich mir!‹ Da meldet sich dein Instinkt. Kannst du das nachvollziehen? In dieser Übung ändern sich die Wörter also so, wie euer Instinkt es euch diktiert. Ich zeige euch, wie das funktioniert.« Er beugt sich zu Vincent hinüber und sagt leise zu ihm: »Egal, worum ich dich bitte, Vince, die Antwort ist immer ›Nein‹.« Dann sagt er, wieder laut: »Kannst du mir zwanzig Dollar leihen?«

»Kann ich Ihnen zwanzig Dollar leihen?«

»Kannst du mir zwanzig Dollar leihen?«

»Nein, ich kann Ihnen keine zwanzig Dollar leihen.«

»Du kannst mir keine zwanzig Dollar leihen?«

»Ich kann Ihnen keine zwanzig Dollar leihen.«

»Nein?«

»Nein.«

»Nein?«

»Nein!«

»Du bist ein Scheißkerl!«

»Ich bin ein Scheißkerl!«

»Das habe *ich* doch schon gesagt!« Die Schüler lachen, und als das Gelächter wieder abebbt, fügt Meisner noch hinzu: »Diese Veränderung kam durch den Instinkt.«

Nach kurzem Schweigen schaut er Anna an und mustert sie mit übertrieben lüsternem Blick durch seine dicken Brillengläser. »Kommst du heute Abend noch zu mir?«

»Komme ich heute Abend noch zu Ihnen?«

»Kommst du heute Abend noch zu mir?«

»Komme ich heute Abend noch zu Ihnen?«

»Kommst du heute Abend noch zu mir?«

»Nein, ich komme heute Abend nicht noch zu Ihnen.«

»Du kommst heute Abend nicht noch zu mir?« Er wirft ihr einen vernichtenden, verächtlichen Blick zu. »Du bist wohl die Jungfrau vom Dienst!«

Wieder lachen alle.

»Dann reden wir jetzt mal darüber. Wann wird eine instinktive Reaktion in uns ausgelöst? Wie kommt es dazu?«

»Man hat sie in sich«, sagt Vincent. »Sie taucht ganz plötzlich auf.«

»Stimmt. Du wolltest mir keine zwanzig Dollar leihen, deshalb habe ich dich als Scheißkerl bezeichnet. Sie hat gesagt, sie will nicht mit zu mir kommen, und zwar auf eine Art, dass mein Instinkt mir sagt, sie ist die Jungfrau vom Dienst. Wenn so etwas in einer Übung passiert, ändert es den Dialog. Der Instinkt ändert den Dialog. Dann macht ihr weiter und wartet, bis der Instinkt ihn erneut ändert. Gibt es Fragen? Ray?«

»Was ist, wenn der Partner nichts macht«, fragt Ray, »und der Instinkt einem sagt, dass das nervt?«

»Verwende es!«

»Dann kann man also sagen: ›Du machst ja gar nichts!‹«

»Oder: ›Du nervst mich!‹«

»›Du nervst mich!‹ Dann ist es aber doch eigentlich so, dass da nie *nichts* ist.«

»So etwas wie Nichts«, sagt Meisner, »gibt es nicht. *So etwas wie Nichts gibt es nicht. So etwas wie Nichts gibt es nicht.*«

»Was ist mit Schweigen?«, will Sarah wissen.

»Nun, Schweigen ist doch auch ein Moment. Ein Moment des Schweigens ist auch etwas. Ich werde es dir beweisen. Frag mich, ob ich glaube, dass du Talent hast.«

»Mr. Meisner, glauben Sie, dass ich Talent habe?«

Er wendet den Kopf ab, sieht sie nicht an und verharrt in tiefem Schweigen. Die anderen Schüler fangen an zu lachen.

»Das war Schweigen, oder?«, fragt Meisner, als sich das Gelächter wieder gelegt hat.

»Ja, schon…« Sarah sucht nach Worten.

»Dieses ›Ja, schon…‹ ist genau der Punkt. Und zwar deswegen, weil mein Schweigen sehr vielsagend war«, sagt Meisner. »Schweigen kann unzählige Bedeutungen haben. Im Theater ist Schweigen bloß die Abwesenheit von Worten, aber niemals die Abwesenheit von Bedeutung.«

Einen Augenblick lang herrscht Stille.

»Soll das heißen, ich muss nicht nur nach dem Äußeren meines Partners gehen und sagen: ›Du trägst ein graues Hemd, du trägst ein graues Hemd‹, wenn wir das Wiederholungsspiel machen?«, fragt Rose Marie. »Wenn er gelangweilt guckt, könnte ich dann auch sagen: ›Du guckst gelangweilt‹? Könnte ich so ein Urteil fällen?«

»Was sein Verhalten angeht, ja. Es gibt immer einen Punkt, an dem einer von euch beiden das aufgreifen muss, was die Wiederholung mit ihm macht. Was das ist, interessiert mich nicht. Die Wiederholung langweilt dich? Dann kann das die Veränderung sein. Oder vielleicht klingt dein Partner ein bisschen verärgert; daraus kann dann die Veränderung entstehen: ›Du bist sauer auf mich.‹ Mit anderen Worten, dein Instinkt registriert die Veränderung in seinem Verhalten, und das ändert auch den Dialog. Ich rede nur vom Instinkt. Du gehst in einen Laden und siehst ein Kleid. ›Das ist meins!‹ So funktioniert Instinkt. Ich will damit sagen, wenn ihr euch die nötige Zeit gebt, dann findet… ich möchte nicht ›automatisch‹ sagen, das Wort mag ich nicht… dann findet ganz *spontan* eine Veränderung in euch statt. Daran solltet ihr jetzt arbeiten. Lasst euch die Veränderungen von eurem Instinkt diktieren, nicht von der Wiederholung.«

»Wir haben damit begonnen, über Instinkt zu sprechen. Jetzt wollen wir darüber reden, wo eigentlich das Talent herkommt. Ich bin überzeugt, Talent kommt aus dem Instinkt. Was heißt das genau? Kann es jemand erläutern?«

Rose Marie meldet sich. »Ich glaube, eigentlich haben wir alle den gleichen Instinkt, und wenn wir uns nur erlauben, ganz schlicht und unverstellt zu sein, dann kommen diese Instinkte oder Talente auch zum Vorschein. *Vorausgesetzt*, dass man sich tatsächlich erlaubt, offen und ehrlich zu sein.«

»Aha«, sagt Meisner. »Aber die heutige Tendenz geht ja dahin, den eigenen Instinkten nur dann zu folgen, wenn sie gesellschaftlich sanktioniert sind. Wir fürchten uns davor, als unkultiviert zu gelten, weil uns etwas gefällt oder eben nicht gefällt. Denkt nur an eine Tochter aus gutem Hause. Sie hat gelernt, immer nur das zu sagen, was gesellschaftlich akzeptabel ist. Die junge Dame besucht also eine Theateraufführung, in der ihre Freundin mitspielt, und ihre ehrliche Reaktion ist, dass sie den Auftritt *grauenhaft* findet. Aber als sie hinter die Bühne kommt, strahlt sie und ringt sich mit zusammengebissenen Zähnen ein ›*Großartig!*‹ ab.«

Die Schüler lachen über Meisners lebensechte Darstellung einer höheren Tochter.

»Man sieht, wie sie den Kiefer anspannen muss, damit der echte, instinktive Kommentar nicht durchflutscht. Für Schauspieler ist das gar nicht gut. Könnt ihr erkennen, dass eine solche Kontrolle das genaue Gegenteil des spontanen, vollständig instinktiven Verhaltens ist, von dem wir hier reden?«

Jetzt machen sich Wendy und Jim, ein hellblondes Pärchen Anfang zwanzig, an das Wortwiederholungsspiel. Nach ein paar Minuten werden sie von Meisner unterbrochen.

»Wartet mal, ihr beiden. Wendy, du verhältst dich selbstmanipulativ. Weißt du, was das bedeutet?«

»Ja, aber ich weiß nicht, warum Sie das jetzt sagen.«

»Ich sage es, weil du es tust. Du kontrollierst das, was du sagst, die Kontrolle sollte aber bei *ihm* liegen. Das heißt, du verhältst dich selbstmanipulativ. Verstehst du?«

»Aber muss er sich diese Kontrolle dann nicht nehmen?«

»Wie bitte?«

»Sie sagen, ich hätte die Kontrolle über uns. Ist er dann nicht auch dafür verantwortlich?«

»Seine Verantwortung, wie auch deine, ist es, zu wiederholen. Du arbeitest zu sehr mit dem Kopf. Du hast die Übung nicht verstanden, weil du denkst, du müsstest deine Antworten manipulieren, dabei musst du nur das, was du hörst, wiederholen. Wenn du das wiederholst, was du hörst, brauchst du nie nach Worten zu suchen. Bei dir überlegt sich der Kopf, was du sagen, was du als Nächstes tun sollst. Was willst du dagegen tun?«

»Nicht nachdenken. Ich kann das sehr gut nachvollziehen, ich bin nämlich Tänzerin, und wenn ich richtig gut bin, denke ich gar nicht mehr über meine Schritte nach, weil ich sowieso weiß, wie ich es machen muss. Es passiert einfach.«

»Aber hier muss es auch einfach passieren, verstehst du? Jim, du hast ein ähnliches Problem. Nicht ganz so stark, aber ähnlich. Was tust du dagegen?«

»Wie Sie sagen: nicht drüber nachdenken. Einfach versuchen, das zu nehmen, was da ist.«

»*Hört vor allem zu.* Ich schlage vor, ihr macht mit der Wortwiederholung weiter, legt einfach los, und je weniger ihr dabei euer Gehirn einschaltet, desto besser werdet ihr wahrscheinlich sein. Es geht darum, zu wiederholen, was ihr hört. Erfindet nichts! Dann ist es immer besser, zu sagen: ›Ich hänge, hören wir auf‹, um dann noch einmal mit etwas Neuem anzufangen. Aber Denken spielt bei diesem Vorgang keine Rolle.«

Kurz darauf fragt Meisner: »Wendy, was empfindest du gerade?«

»Ich fühle mich ... Wissen Sie, ich hätte gar nicht gedacht, dass ich so viel denke, aber wahrscheinlich tue ich das doch. Und es ist wahrscheinlich gut, dass mir das jetzt klar wird, bevor ich Schwierigkeiten damit bekomme. Das ist gut. Irgendwie ist es einfacher, nicht zu denken.«

»Arbeite mit deinem Instinkt«, sagt Meisner. »Darüber reden wir hier. Okay?«

6. Oktober

»Joseph, du machst etwas, das du dir sofort wieder abgewöhnen musst. Du vermischst die Momente, verstehst du? Wenn sie jetzt sagen würde: ›Du bist erkältet‹, dann würdest du sagen: ›Ja, ich bin erkältet, ich bin nass geworden.‹ Das sind zwei verschiedene Momente, und der eine ist die intellektuelle Erklärung für den anderen, anstatt dass du einfach nur wiederholst, was du von deiner Partnerin hörst. Wenn sie sagen würde: ›Du spannst den Kiefer an‹, dann würdest du antworten: ›Ja, ich spanne den Kiefer an, ich bin *nervös*.‹ Aber das sind zwei verschiedene Momente.«

»Sie meinen, ich soll nur sagen: ›Ja, ich spanne den Kiefer an‹?«

»Ein Moment und jeweils nur eine Bemerkung. Verstehst du das?«

»Ja.«

»Außerdem übertreibst du es mit der Wortwiederholung. Du sagst etwas, das dir an ihr auffällt, aber wenn sie nicht antwortet, wiederholst du es, als müsste sie auf das reagieren, was du sagst, während du doch ihr Schweigen nutzen könntest. Ich zeige dir, was ich meine.«

Er beugt sich zu Anna hinüber, die rechts von ihm sitzt, und flüstert ihr zu: »Gib keine Antwort.« Dann starrt er sie direkt an, deutet auf ihre Kette und fragt: »Ist das eine Goldkette?«

Anna mustert ihn regungslos und schweigt.

»Ist das eine Goldkette?«, wiederholt Meisner mechanisch. Er wartet auf ihre Antwort, doch die bleibt aus. »Siehst du, Joseph, so hast du es gemacht. Du hast zwei Mal dasselbe gesagt. Jetzt zeige ich dir mal etwas.«

Er sieht Anna erneut an. »Ist das eine Goldkette?«, fragt er. Wieder betrachtet sie ihn wortlos, doch diesmal wartet Meisner so lange auf ihre Antwort, bis er wütend ausruft: »Schau mich nicht an, als wäre ich bekloppt!«

Joseph nickt, und Meisner fährt fort: »Du musst ihr Schweigen für einen neuen Moment nutzen, anstatt den ersten zu wiederholen.«

»Dann hat sich der Moment also verändert?«

»Der Moment hat sich durch ihr Schweigen verändert. Hast du das verstanden?«

»Ja.«

»Frag mich, ob wir nächsten Donnerstag wieder Unterricht haben.«

»Mr. Meisner, haben wir nächsten Donnerstag wieder Unterricht?«

Meisner ignoriert Josephs Frage und blickt kühl ins Leere. Das Schweigen wird immer quälender, bis Joseph schließlich betreten sagt: »Anscheinend nicht.«

»Oder«, meint Meisner mit ostentativem Lächeln, »›Reden Sie jetzt nicht mehr mit mir?‹«

Joseph nickt.

»Hast du das verstanden?«

»Ja, ich habe es verstanden.«

»Das dachte ich mir.«

»Philip, du hast da so eine schiefe Vorstellung, dass Schauspieler das Leben nachahmen«, unterbricht Meisner eine Übung.

Philip, der stämmige, blonde, jungenhafte Mann, kaut nervös auf der Unterlippe. Meisner spricht langsam und sehr bestimmt.

»Du versuchst, dich logisch zu verhalten, so wie im Leben. Du versuchst, höflich zu sein, so wie im Leben. Aber als ältester lebender Schauspiellehrer der Welt darf ich sagen: *Scheiß auf die Höflichkeit!*« Meisners Ton wird leidenschaftlicher. »Du hast nur eine einzige Aufgabe, und die lautet, das zu wiederholen, was du von deinem Partner bekommst. Und wenn der dir die Zunge herausstreckt, dann ist das nicht höflich. Es ist auch nicht erwachsen. Es entspricht nicht dem üblichen Verhalten in eurem Alter. Aber trotzdem musst du es machen!«

»Sie meinen, ich muss da *mitgehen*?«

»Ja! Und wenn deine Mutter dich haut, schlag zurück!«

»Mache ich. Ich muss wohl mehr unter Menschen gehen, die nicht so höflich sind.«

»Du musst mehr unter Menschen gehen, die ihrem Instinkt folgen.«

»Ich weiß, das ist mein nächster Schritt, mir jemanden zu suchen, der seinem Instinkt folgt.«

»Nein«, sagt Meisner, »das ist in *dir!* Sie alle haben es. Siehst du das denn nicht?« Er macht eine weite Armbewegung, die die ganze Klasse miteinschließt. »Was dein Partner auch tut, du machst es nach – egal ob richtig, falsch, höflich oder sonst was. Lass dir von mir gesagt sein: Du kannst nicht gleichzeitig Gentleman und Schauspieler sein. Und du bist offenbar der Ansicht, du wärst ein Gentleman.«

»Ja.«

»Verabschiede dich davon!«

»Ich versuch's.«

»Wieso hältst du dich überhaupt für einen logisch handelnden Gentleman?«

»Ich habe immer wieder von Leuten zu hören bekommen: ›Du bist so ein Gentleman, du bist so ein Gentleman‹, und nach einiger Zeit habe ich das wohl einfach geglaubt.«

»Tu dir selbst einen Gefallen, Philip. Schick diese Leute zum Teufel!«

»Heute wollen wir über Anfänge reden. Ich habe eine Übung für euch, die ich erst einmal vormachen werde. Sie ist grundlegend und entscheidend, und vielleicht macht sie ja einiges klarer. John, steh auf. Ich werde euch jetzt zeigen, wo ihr anfangen sollt. Es geht hier um zwei Grundprinzipien, und wenn ihr wollt, könnt ihr sie notieren.«

Er kommt hinter seinem Pult hervor und stellt sich neben John, der einen Kopf größer ist als er.

»›*Tu so lange nichts, bis etwas passiert, das dich zum Handeln zwingt.*‹ Das ist das erste Prinzip. Das zweite lautet: ›*Was du tust, hängt nicht von dir ab; es hängt vom Partner ab.*‹ John«, sagt er dann, »wie ist es bei dir mit dem Textlernen? Bist du gut darin? Bist du schnell? Hier ist dein Text: ›Mr. Meisner‹. Kannst du dir den merken? Darf ich ihn mal hören?«

»›Mr. Meisner‹«, sagt John ganz schlicht.

»Nicht übel.« Die Schüler lachen. »Gut, ich habe also gesagt, du sollst nichts tun, bis etwas passiert, das dich zum Handeln zwingt, und ich habe dir gesagt, das nichts von dem, was du tust, von dir abhängt, sondern vom Partner, richtig? Deinen Text hast du. Weißt du ihn noch?«

»Ja.«

»Wie lautet er, bitte?«

»›Mr. Meisner.‹«

»Bestens. Würdest du dich bitte umdrehen?«

Die übrigen Schüler ahnen, was kommt, und kichern bereits.

»Was gibt es denn da zu lachen? Ich habe doch noch gar nichts gemacht!«

Dann streckt er die Hand aus und kneift John nachdrücklich in den Hintern.

»›*Mr. Meisner!*‹«, kreischt John und springt zur Seite. Es wird gelacht, vereinzelt auch applaudiert.

»Das«, sagt Meisner, »war die Illustration dessen, was ich euch gerade erklärt habe. ›Tu so lange nichts, bis etwas passiert, das dich zum Handeln zwingt.‹ Und: ›Was du tust, hängt nicht von dir ab; es hängt vom Partner ab.‹ Habe ich dich zu diesem Schrei gezwungen?«

»Ja, kann man sagen.«

»Und zwar mit Recht. Okay, John, du kannst dich wieder setzen. Das hast du sehr gut gemacht. Jetzt begeben wir uns auf etwas gefährlicheres Terrain. Komm her, Rose Marie.«

Sie steht auf und kommt zu ihm in die Mitte des Raumes.

»Wie bist du im Textlernen?«

»Super.«

»›Mr. Meisner.‹«

»›Mr. Meisner‹, das ist mein Text.«

»Das ist dein Text. Wollen wir das noch einmal proben? Wie lautet dein Text?«

»›Mr. Meisner‹«, sagt Rose Marie.

»Und wie lautet das Prinzip?«

»So lange nichts tun oder sagen, bis etwas passiert, das mich zum Handeln zwingt.«

»So lange nichts *tun*, bis etwas passiert, das dich zum Handeln zwingt! Von Sagen war nicht die Rede. Wie lautet dein Text?«

»›Mr. Meisner.‹«

»Gut. Dreh dich jetzt bitte um, mit dem Rücken zu mir. Konzentrier dich auf deinen Text. Und tu nichts, bis etwas passiert …« Ganz beiläufig legt er ihr den Arm um die Schultern und greift ihr in den Ausschnitt.

»›*Mr. Meisner!*‹« Sie kichert und weicht ihm aus.

»Da seht ihr, wie echt dieses Spiel ist, voller Emotion«, sagt Meisner. »Ich wusste gar nicht, dass du kitzlig bist.«

Der Raum hallt vom Gelächter wider.

»Aufgepasst! Ich erkläre und illustriere euch gerade etwas sehr Grundlegendes für diese Technik, ihren organischen Bestandteil. Was habt ihr hier gesehen?«

»Wahrhaftige Reaktionen«, sagt Joseph, der ernste junge Mann mit der tiefen Stimme.

»Auf was?«

»Darauf, dass Sie die beiden begrabscht beziehungsweise gekniffen haben.«

»Kurz gesagt: Mein Kneifen rechtfertigt das Autsch, richtig?«

»Richtig.«

»Und das Autsch war die direkte Reaktion auf mein Kneifen?«

»Ja.«

»Welches Prinzip liegt hier zugrunde?«

»Nichts zu tun, bis ...«

»... bis etwas passiert. Ist ihm nicht etwas passiert? Ist ihr nicht auch etwas passiert? Da war Spontaneität im Spiel, nicht wahr? Und was noch?«

»Wahrhaftigkeit«, sagt Joseph. »Das ist die Grundlage des Wahrhaftigseins.«

»Ja«, sagt Meisner. »So ist es.«

***

»Weißt du, in den Anfangszeiten des Group Theatre machten die Schauspieler immer etwas, das sie ›Improvisieren‹ nannten.«

Meisner sitzt zurückgelehnt in einem gemütlichen Lehnsessel vor dem erloschenen Kamin in seinem holzgetäfelten Büro. Der Unterricht war lang, draußen geht bereits rotglühend die Sonne unter. Scott Roberts sitzt auf dem Sofa an der Wand, eine große Aktentasche aus Leder auf dem Schoß.

»Das war damals der Versuch, sich mit Worten dem anzunähern, was wir als unsere Situation im Stück ansahen. Wir erzählten in unseren eigenen Worten die Geschichte nach, so, wie wir sie in Erinnerung hatten. Irgendwann kam ich zu der Erkenntnis, dass das alles bloß intellektueller Blödsinn ist. Ein Komponist schreibt doch auch nicht das hin, was er für wirkungsvoll hält; er arbeitet aus dem Herzen heraus. Da habe ich beschlossen, dass ich eine Übung für Schauspieler will, die gar nicht intellektuell ist. Ich wollte diese ganze ›Kopfarbeit‹ ausräumen, die ganze mentale Manipulation wegnehmen und dorthin gelangen, wo die Impulse herkommen. Erstmal ging ich von der Prämisse aus, dass mein Kopf nicht arbeitet, wenn ich einfach nur wiederhole, was du sagst. Ich höre zu, und dabei ist das Hirn überhaupt nicht beteiligt. Wenn du zu mir sagst: ›Deine Brille ist schmutzig‹, und ich sage: ›Meine Brille ist schmutzig‹, und du sagst: ›Ja, deine Brille ist schmutzig‹, dann ist da kein Intellekt im Spiel.«

Meisner betrachtet kurz das gerahmte Schwarzweiß-Foto von Eleonora Duse, das auf seinem kleinen Mahagoniholzschreibtisch steht.

»Dann kam ich zur nächsten Stufe. Nehmen wir mal an, ich sage zu dir: ›Leihst du mir zehn Dollar?‹ Und du sagst: ›Ich soll dir zehn Dollar leihen?‹ ›Ja, du sollst mir zehn Dollar leihen.‹ Das geht dann fünf, sechs Mal hin und her, so lange, bis – und das ist das Entscheidende – deine Ablehnung einen Impuls in mir auslöst, der direkt aus der Wiederholung kommt und mich zu dir sagen lässt: ›Du Dreckskerl!‹ Das ist die Wiederholung, die zum Impuls führt. Intellektuell ist das nicht. Es ist emotional und impulsiv, und *nach und nach* kommen die Schauspieler, die ich ausbilde, zu einer Form des Improvisierens, bei der das, was sie sagen, nicht aus dem Kopf kommt, sondern wahrhaftig aus den Impulsen, aus dem Herzen, so wie bei einem Komponisten.«

»Ich weiß«, sagt Scott. »Das Problem ist nur, dass dieses ganze Wiederholungs-Pingpong von außen betrachtet auch langweilig wirken kann. Vincent zum Beispiel, der Partner von Anna, hat mir vor dem Unterricht gesagt, dass ihn die Wiederholungsübung wahnsinnig macht.«

»Ach, bitte.« Meisner winkt wegwerfend ab. »Vincent kommt immerhin aus Kalifornien, wo er angeblich bei einem ganzen Bataillon von Lehrern gelernt hat, die *angeblich* alle von mir ausgebildet wurden! Pass auf, ich werde dir erklären, warum die Wiederholungsübung im Kern überhaupt *nicht* langweilig ist: Sie spielt nämlich mit der eigentlichen Quelle jeder organischen Kreativität, den inneren Impulsen. Wenn ich das nur irgendwie klarmachen könnte!«

Er schweigt einen Moment. »Wenn ich jetzt Pianist wäre und eine Stunde lang dasitzen und einfach nur jeden Finger einzeln bewegen würde, dann würde jeder Beobachter sagen: ›Ist ja langweilig!‹ Und das wäre es auch – für den Beobachter zumindest. Aber der Ausführende gibt ja kein Konzert, sondern lernt gerade, seine Instinkte fließen zu lassen. Im Group Theatre haben wir den Fehler gemacht, schon mit unseren ersten Improvisationen das vorführen zu wollen, woran wir uns aus dem eigentlichen Stück erinnerten.

Ein Freund von mir ist Besitzer des Hauses, in dem Joan Sutherland ihre Wohnung hat, und er erzählt mir immer: ›Manchmal macht sie mich völlig wahnsinnig mit ihren ewigen Tonleitern, aber dann höre ich die Reinheit der Töne und verzeihe ihr alles.‹ Als Schauspiellehrer bin ich kein bisschen intellektuell. Mein Ansatz basiert darauf, die Schauspieler zu ihren emotionalen Impulsen zurückzuführen, zu einer Art des

Schauspielens, die fest im Instinktiven verwurzelt ist. Sie fußt auf der Tatsache, dass jede gute Schauspielleistung sozusagen aus dem Herzen kommt und der Geist überhaupt nicht daran beteiligt ist.«

4.

DAS KLOPFEN AN DER TÜR

Unterrichtsmotto: »Wiederholen!«

So steht es auf der Plakette an dem stahlgrauen Wasserspender vor der Tür von Meisners Unterrichtsraum im dritten Stock, ein »Geschenk des Jahrgangs 1971«.

9. Oktober

»So, heute möchte ich mit etwas Neuem anfangen. Vince, geh doch mal rüber ins Dozentenzimmer, dort liegt ein Telefonbuch. Bring es her, *presto, presto!*«

Gleich darauf kommt Vince mit dem dicken Telefonbuch von Manhattan zurück. Er setzt sich an den langen Tisch mitten im Raum und legt das Telefonbuch aufgeschlagen vor sich.

»Letzte Woche, Vince, hast du auf einer Party ein wunderschönes Mädchen kennengelernt, das zu dir gesagt hat: ›Ich gebe nächsten Samstag eine Party, möchtest du vorbeikommen? Meine Eltern sind in Europa, du kannst also die ganze Nacht bleiben.‹ Gefällt dir das?«

»Ja.«

»Gut. Du hast ihren Namen und ihre Adresse auf einen Zettel geschrieben, den aber dann verloren. Zum Glück hast du dir ihren Namen gemerkt. Sie heißt K. Z. Smith, und sie wohnt in

Manhattan, an der East Side, irgendwo in den oberen Siebzigern. Hast du einen guten Grund, ihre Adresse zu finden?«

»Ja, ich möchte die Nacht mit ihr verbringen.«

»Auf eines muss ich noch hinweisen. Ich habe das Ganze bewusst schwierig gemacht. Eine Frau namens *Smith* in Manhattan? Es gibt allein vierzehn Seiten Smiths in Manhattan! Und auch der Grund, warum du ihre Adresse unbedingt finden musst, erhöht den Schwierigkeitsgrad, denn sonst …«

»Muss ich die Samstagnacht allein verbringen.«

»Was ja nun wirklich schwierig ist. Anna, lass ihm ein bisschen Zeit zum Suchen, und dann fang das Wortwiederholungsspiel mit ihm an, so wie wir es bisher gemacht haben.«

Vincent macht sich daran, die Smiths im Telefonbuch durchzusehen. Schon bald ist er ganz in diese Aufgabe vertieft. Dann sagt Anna leise: »Suchst du was?« »Ich suche was«, antwortet er, und die Wiederholungsübung beginnt. Im Wesentlichen hat sich nichts daran geändert, nur will Vince sich jetzt ganz darauf konzentrieren, sein Problem zu lösen und K. Z. Smith finden, was ihm dadurch erschwert wird, dass Anna das Wiederholungsspiel beharrlich vorantreibt. Auf diese Weise wird der Dialog sehr viel konzentrierter, er enthält mehr impulsive Veränderungen, mehr Überraschungen.

»Sehr gut«, sagt Meisner nach ein paar Minuten. »Ich habe dir mit dem Telefonbuch eine erfundene Aufgabe gegeben. Die Geschichte von dem Mädchen mit den großzügigen Eltern ist reine Fiktion, aber die Suche nach ihr hat einen großen Vorteil. Sie ist *schwierig*. Sie beansprucht deine ganze Konzentration, und daraus entstehen bestimmte Emotionen.« Er hält kurz inne. »Wir kommen voran. Es ist ein neuer Schritt, die Wiederholungsübung mit einer davon unabhängigen Tätigkeit zu verbinden. Ich möchte, dass ihr euch alle etwas überlegt, das vor allem *schwierig, wenn nicht sogar fast unmöglich* sein soll. Das ist sehr entscheidend.

Ihr braucht einen Grund, warum ihr diese Sache tun wollt. Ihr braucht *unbedingt* einen Grund für eure Tätigkeit, denn daraus entsteht die Konzentration und schließlich auch die Emotion, die sich ganz von selbst einstellen wird.«

Meisner schweigt kurz und rückt das Mikrofon zurecht, das an seiner Brille befestigt ist. »Besprechen wir das. Erfinderisch zu sein, Ideen zu haben ist ein organischer Bestandteil eures Talents. Ihr seid doch alle sehr phantasievoll, oder? Die richtige Antwort lautet: ›Aber klar!‹ Ihr geht zu Woolworth. Ihr kauft für zehn Cent einen Teller, der euch kurz darauf herunterfällt. Ihr klaut eurem Bruder den Klebstoff, um den Teller wieder so zu kleben, als wäre er nie kaputtgegangen. Überlegt mal: Warum macht ihr das?«

»Vielleicht, weil ich jede Menge Ärger bekomme, wenn der Teller kaputt ist«, sagt Rose Marie.

»Das könnte funktionieren. Stellt euch vor, es ist das beste Stück in der wertvollen Porzellansammlung eurer Mutter.«

»Und er hat auch noch großen sentimentalen Wert für sie«, sagt Rose Marie.

»Und ihr Zorn macht euch ziemliches Kopfzerbrechen. Ist das Antrieb genug für euch? Nicht vergessen: Die unabhängige Tätigkeit muss schwierig sein, richtig schwierig, und der Grund, aus dem ihr sie ausführt, muss eine allumfassende Realität für euch haben.«

13. Oktober

»Lasst uns das ganz langsam machen«, sagt Meisner zu Joseph und Beth, der jungen Frau mit der üppigen Haarpracht. »Denn das ist absolut entscheidend, es ist der Kern eures Umgangs mit euch selbst. Joseph, du machst das, was du dir überlegt hast. Beth, du gibst ihm viel Zeit, sich in seine Tätigkeit zu vertiefen.

Überstürzt nichts. Lasst euch Zeit. Macht Fehler. Das ist völlig egal – solange ihr nur diesen ersten Schritt macht.«

»Darf ich noch etwas fragen?«, sagt Beth. »Wenn ich in der Übung hereinkomme und sehe, dass Joseph beschäftigt ist, dann habe ich den Impuls, ihn nicht immer wieder zu unterbrechen, weil er sich doch konzentrieren will. Wenn ich ich wäre, würde ich einfach wieder gehen.«

»Aber das bist nicht du im richtigen Leben«, sagt Meisner. »Du bist Beth, die diese Übung macht.«

»Das meine ich ja gerade. Dieser Konflikt … Der erzeugt eine Spannung …«

»Dann warte ab!«

»Bis etwas passiert?«

»Ja. Was könnte dafür der Auslöser sein?«

»Dass er irgendetwas tut …?«

»Dass er irgendetwas tut. Kannst du das nachvollziehen? Andernfalls würdest du ja behaupten, dass Schauspielen bloß Reden ist, während ich behaupte: Tu so lange nichts, bis etwas passiert, das dich zum Handeln zwingt. Andernfalls erschaffst du etwas Unwahrhaftiges. Ich werde versuchen, das noch ein bisschen klarer zu machen.«

Meisner zündet sich eine Zigarette an. »Aber jetzt wartet erst mal ab. Ich sagte ja, wir wollen das langsam angehen.« Er wendet sich Joseph zu. »Was wirst du tun?«

»Ich soll meine unabhängige Tätigkeit erklären? Mein Neffe ist krank und muss ins Krankenhaus. Ich zeichne einen kleinen Comic für ihn, der ihm zeigen soll, dass er keine Angst zu haben braucht.«

»Sehr gut. Und genau das machst du jetzt, als ginge es um dein Leben. Wenn ich klopfe, fangen wir beide, du und ich, mit der Wortwiederholung an.«

Joseph reibt seinen Zeichenstift sorgfältig über ein Stück Sandpapier, um ihn zu spitzen, und fängt mit der Arbeit an seiner

Zeichnung an. Als Meisner sieht, dass Joseph ganz vertieft ist, klopft er auf den Tisch.

»Sie wollen meine Aufmerksamkeit?«, fragt Joseph und schaut von seiner Arbeit auf.

»Aber du musst weitermachen!«, ruft Meisner mit Blick auf die unabhängige Tätigkeit.

»Ich weiß«, sagt Joseph.

»Dann mach weiter!«

Joseph beugt sich wieder über die Zeichnung. Meisner sieht ihn aufmerksam an. »Was machst du?«

»Was mache ich?«, wiederholt Joseph und sieht zu ihm herüber.

»Warum hast du zu mir geschaut?«

»Weil ich sehen wollte, was Sie machen.«

Er zeichnet weiter. Eine Minute vergeht. Meisner, dessen Neugier jetzt geweckt ist, steht auf und geht langsam zu dem Tisch, an dem Joseph arbeitet. »Du bist beschäftigt?«, fragt er beiläufig.

»Ich bin beschäftigt.«

»Du bist beschäftigt?«

»Ich bin beschäftigt.«

Wieder entsteht eine Pause. Meisner tritt noch einen Schritt näher an Joseph heran. »Du bist sehr beschäftigt«, sagt er bewundernd.

»Ich bin sehr beschäftigt«, bestätigt Joseph.

»Beschäftigt.«

»Ja, beschäftigt.«

»Ja.«

»Ja.«

Wieder herrscht einen Moment Schweigen, dann macht Meisner noch einen Schritt, so dass er direkt hinter dem am Tisch sitzenden Joseph steht. »Ich bin auch beschäftigt«, verkündet er.

»Ach ja?«, fragt Joseph, über das Zeichenblatt gebeugt.

»Ja, ich bin sehr beschäftigt«, antwortet Meisner und beugt sich über Josephs Schulter.

»Sie sind sehr beschäftigt«, sagt Joseph, dann steht er entnervt auf und sagt: »Wissen Sie was, Sie lenken mich hier wahnsinnig ab!«

»Genau damit bin ich ja beschäftigt!«, verkündet Meisner stolz, und die Schüler lachen. »Also, was habe ich euch hier gezeigt?«

»Dass man wirklich das tun muss, was man gerade tut«, sagt Joseph. »Sie sind damit beschäftigt, mich zu stören, und ich muss meine Tätigkeit ausführen und gleichzeitig auf Sie reagieren.«

»Passe ich mich dir an?«

»Ich glaube schon. Sie arbeiten mit meinen Vorgaben, wenn Sie das meinen.«

»Falsch oder wahrhaftig?«

»Wahrhaftig, würde ich sagen.«

»Was habe ich letzte Woche zu Sarah gesagt? Was habe ich dir gesagt, Sarah?«

»Ein Moment des Schweigens ist nicht nichts«, sagt sie. »Es ist auch ein Moment.«

»Ein Moment, der etwas bedeutet, richtig? Schauspielen heißt nicht nur reden. Es heißt: vom anderen leben. Was bedeutet das?«

»Schauspielen ist kein sinnloses Geplapper«, sagt Beth, »sondern eine wahrhaftige Reaktion auf den anderen.«

»Das ist richtig. Joseph, fass das doch bitte mal für mich zusammen.«

»Die Bedeutung liegt im Verhalten. Man tut so lange nichts, bis dieses Verhalten einen dazu zwingt, etwas zu tun.«

»Und wie tut man das dann?«

»Man tut es wahrhaftig und vollständig. Man tut es richtig.«

»Man versucht es zumindest!«

»Man tut das, wozu es einen zwingt.«

»Man tut das, wozu es einen zwingt. Du, Joseph, hast einen gewissen Wert in dem verspürt, was du getan hast, weil deine unabhängige Tätigkeit sehr konkret war und einige Bedeutung für dich hatte. Dein Fehler, den du nach und nach überwinden wirst, lag darin, zu glauben, dass du immer weiter reden musst. Was ist das Gegenteil davon?«

»Das Gegenteil von Reden?«, fragt Joseph. »Schweigen.«

»Schweigen. *So lange, bis etwas passiert, das dich zum Handeln zwingt.*«

17. Oktober

Bruce, ein großer Mann Ende dreißig mit schütterem grauem Haar, ist ganz beiläufig damit beschäftigt, die Teile eines Holzpuzzles aus dem Karton herauszunehmen und wieder zurückzulegen. Meisner bedeutet Lila, einer neuen Schülerin, sich wieder hinzusetzen, dann bricht er die Übung ab.

»Diese Übung funktioniert immer dann, wenn du das tust, was du tun *musst*, nämlich dieses Puzzle zusammenstecken, und wenn du alles, was von deiner Partnerin kommt, als unvorhergesehenes Ereignis betrachtest, das du wiederholen musst. Aber als sie neben dir stand, warst du viel mehr auf sie konzentriert als auf das Puzzle.«

»Das lag daran, dass die unabhängige Tätigkeit für mich nicht funktioniert hat.«

»Warum hast du sie dann gemacht?«

»Es ging um eine Million Dollar. Wenn ich das Puzzle richtig zusammensetze, bekomme ich eine Million Dollar.«

»Findest du das nicht ein bisschen übertrieben?«

»Kann sein. Ich wollte ausprobieren, ob es durch das Geld realer für mich wird.«

»Wie wäre es mit tausend Dollar?«, fragte Meisner. »Bedeutet das denn nichts?«

»Eine Million fand ich irgendwie besser.«

»Dann wären zehn Millionen ja noch zehn Mal besser, aber darum geht es mir hier nicht. Du machst es mir nicht leicht, Bruce, und zwar unter anderem deswegen, weil du so publikumsfixiert bist. Warum fixierst du dich aufs Publikum? Ich kann ja verstehen, dass jemand wie Milton Berle publikumsfixiert ist, aber warum *du*? Stanislawski, nicht unbedingt die schlechteste Adresse, hat den Begriff der ›öffentlichen Einsamkeit‹ geprägt. Er sagt, wenn man allein in seinem Zimmer ist und niemand zuschaut – wenn man einfach nur vor dem Spiegel steht und sich die Haare kämmt –, dann tut man das mit einer fast schon poetischen Entspanntheit und Vollständigkeit. Ein solches entspanntes Verhalten auf der Bühne bezeichnet er als ›öffentliche Einsamkeit‹. Wir wollen also ›öffentliche Einsamkeit‹ auf der Bühne. Du musst nur ein einziges Element aufgeben, um an den Punkt zu kommen, an dem sich deine wahre Schauspielerpersönlichkeit befindet, und dieses eine Element bist du.«

»Aber das hat doch mit der Motivation für meine unabhängige Tätigkeit zu tun, oder?«

»Mit dieser blöden Million?«

»Das hat nicht funktioniert.«

»Und es wird auch nie funktionieren. Eine Million Dollar, das ist nicht phantasievoll. Es ist übertrieben und falsch. Was würde für dich funktionieren, wenn du ganz ehrlich bist?«

»Hundert Dollar«, gesteht Bruce.

»Warum dann so theatralisch? Und auch noch vorgetäuscht theatralisch? Du bist doch der Einzige, der weiß, was für dich wahrhaftig ist. Vor zwei Jahren hat mich dieser verflixte Laster angefahren, und jetzt läuft da ein Prozess. Die Leute sagen mir: ›Du wirst drei Millionen Dollar kriegen!‹ Soll ich euch erzählen, wie ich darauf reagiere? Ich lache. Weil es so absurd ist. Aber wenn mir jemand sagt: ›Du könntest hunderttausend Dollar kriegen‹, dann antworte ich: ›Wirklich?‹ Das kann ich glauben. Alles andere ist absurd.«

Meisner nimmt einen Zug von seiner Zigarette. »Weil ich nicht mehr so gut zu Fuß bin, fahre ich häufig Taxi. Und wisst ihr, wer mich heute gefahren hat? *Mrs. Ronald Reagan!*«

Jemand kichert leise.

»Habt ihr das verstanden? Joseph, warum lachst du?«

»Das ist doch absurd«, sagt Joseph.

»Klar. Aber wenn ich jetzt gesagt hätte: ›Ihr Sohn, dieser ehemalige Balletttänzer …‹«

Die Schüler lachen.

»Wahrhaftigkeit und öffentliche Einsamkeit. Glaub mir, Bruce, du lässt dir den Ausdruck ›öffentliche Einsamkeit‹ am besten aufs Briefpapier drucken, denn genau das brauchst du. Keinen Exhibitionismus, sondern öffentliche Einsamkeit. Wenn du zu Hause bist und etwas erledigen musst, tust du es einfach. Du kämmst dir die Haare und achtest nicht darauf, ob du dabei auch schön den kleinen Finger wegstreckst. Du raubst mir wirklich den letzten Nerv. Setz dich.«

20. Oktober

Wendy meldet sich. »Mir ist das mit der unabhängigen Tätigkeit noch nicht ganz klar. Ich meine, ich finde es richtig schwierig. Man könnte doch zum Beispiel auch einfach nur das Alphabet rückwärts aufsagen, oder?«

»Das hätte aber keinen Sinn.«

»Wenn es einen Grund dafür gäbe, hätte es auch einen Sinn.«

»Und was ist der Grund?« Meisner sieht sie erwartungsvoll an.

»Da fällt mir jetzt gerade keiner ein, außer …«

»Eben, es fällt dir keiner ein. Du müsstest wohl auch lange suchen, bis du einen findest. Beim Schauspielen ist die Realität sozusagen überhöht und verdichtet – aber sie basiert doch auf der begründeten Realität. Das Alphabet rückwärts aufzusagen ist keine Realität. Um das zu rechtfertigen, müsste man sich einen völlig abwegigen Grund ausdenken, und ich wüsste nicht, welcher das sein sollte.«

Wendy nickt zustimmend.

»Wenn man ein guter Karikaturist ist, wie zum Beispiel, nehmen wir mal einen weniger bekannten … dieser Kerl, der immer die Theater-Karikaturen in der Sonntagsausgabe der *New York Times* macht …«

»Al Hirschfeld«, sagt Wendy.

»Al Hirschfeld, genau. Bei ihm erkennt man immer noch, wo seine Karikaturen herkommen. Ich will damit sagen, dass alles auf dem Leben basiert, auf der Realität. Da fällt mir Ed Wynn ein, der Vater von Keenan Wynn, ein ganz großartiger Clown. Er hatte eine Nummer, in der er unter anderem Erfindungen vorführte. Er versuchte, dem Publikum einen hochkomplizierten Apparat zu verkaufen, mit dem man Wassermelonen essen konnte, ohne dabei nasse Ohren zu bekommen. Völlig absurd, stimmt's? Aber seine Verzweiflung, seine Angst, es nicht zu schaffen, machte eine erstklassige Clownsnummer daraus.«

Meisner hält inne. Der Moment hat offensichtlich große Bedeutung für ihn. »Ich komme darauf, weil du gesagt hast, wie schwierig es wäre, das Alphabet rückwärts aufzusagen. Noch schwieriger wäre es, auf den Händen von hier bis nach Los Angeles zu laufen, aber das wäre auch verrückt und folglich nicht normal. Die großartigsten Leistungen in der Schauspielkunst, in der Musik, in der bildenden Kunst, in was auch immer, haben ihre Wurzel in der Wahrhaftigkeit menschlicher Emotionen. Beethoven war im wahren Leben ein Mistkerl. Ein echter Mistkerl. Aber seine Musik ist rein und basiert auf seinen wahren Gefühlen. Das macht ihn so großartig. Nicht die Tatsache, dass er nachweislich seinen Diener gefeuert hat, weil bei der Wäsche ein Strumpf verloren gegangen war. Ich will damit sagen: Unsere eigene Wahrhaftigkeit ist die Wurzel unserer Schauspielkunst.«

»Jetzt zeige ich euch etwas ganz Neues. Vor vielen Jahren, als ihr alle noch nicht auf der Welt wart, lief ein Musical namens *Florodora*, und darin gab es einen Song mit dem Titel ›Every Little Movement Has a Meaning All Its Own‹. Jede kleinste Regung hat ihre ganz eigene Bedeutung. Ich habe den Titel folgendermaßen abgeändert: ›Jeder kleinste *Moment* hat seine ganz eigene Bedeutung‹. Das wisst ihr ja eigentlich schon, oder? Also gut. Ein Klopfen ... ein Klopfen hat eine Bedeutung. Hört mir genau zu. *Ein Klopfen hat eine Bedeutung*. John, geh nach draußen und klopfe – und zwar wahrhaftig –, dann wartest du zehn Sekunden und klopfst ein zweites Mal mit einer anderen Bedeutung. Und dann ein drittes Mal.«

»Drei Mal mit unterschiedlicher Bedeutung?«

»Genau. Ralph, du sagst mir, was jedes einzelne Klopfen für dich bedeutet.«

Es klopft leise an die Tür.

»Ist da jemand?«, fragt Ralph.

»Nein, das war ein schüchternes Klopfen. Nennen wir es schüchtern.«

Dann klopft es rasch und nachdrücklich.

»Nervös«, sagt Ralph. »Das klingt nervös.«

»Gut.«

Und schließlich ein heftiges, lautstarkes Klopfen.

»Verärgert, richtig laut ...«

»Gut, hol ihn wieder rein.«

John kommt in den Raum zurück.

»John ... und ihr alle ... ihr müsst so klopfen, dass es einen Bezug zum Leben hat. Klopft nicht theatralisch. Dein letztes Klopfen grenzte schon fast ans Theatralische. Verstehst du?«

John nickt.

»Und jetzt kommt der Haken. Der erste Moment dieser Übung ist das Klopfen. Mit dem Klopfen beginnt die Übung. Der zweite Moment ist das Öffnen der Tür, und der dritte eure Interpretation des Klopfens. Der dritte Moment liegt also in der Bedeutung, die das Klopfen für euch hat und die ihr aussprecht, wenn ihr die Tür öffnet. Alles klar? Dann macht ihr wieder mit der Tätigkeit weiter, die ihr vorher ausgeführt habt. Macht genau das, was dieser dritte Moment euch erlaubt, und dann widmet ihr euch wieder eurer unabhängigen Tätigkeit und lasst die Übung weiterlaufen.«

Ralph wirkt verwirrt.

»Gehen wir das mit dem Klopfen noch mal durch«, sagt Meisner. »Nach den ersten beiden Malen sagst du mir, was es für dich bedeutet. Nach dem dritten Klopfen öffnest du die Tür. Und dabei wendest du verbal das an, was das dritte Klopfen für dich bedeutet. Dann kehrst du zu deiner unabhängigen Tätigkeit und der Übung zurück. Noch Fragen?«

»Die Reihenfolge ist mir schon klar«, sagt Ralph, »aber wenn man doch mit dieser Tätigkeit beschäftigt ist und nicht gestört werden will…«

»Dann lässt du dich nicht stören…«

»Aber… man führt die Tätigkeit aus und *muss* doch die Tür öffnen, oder?«

»*Nein!*«, ruft Meisner.

»Okay, das macht es klarer.«

»*Nein!* Hast du verstanden?«

»Ja…«

»*Nein!* Hast du das verstanden?«

»Ja. Ich habe es verstanden.«

»Ja? Dann sag mir, warum.«

»Weil man so lange nichts tut, bis…«

»Gut. Du hast es verstanden.«

»Lila, wir müssen hier etwas korrigieren. Wir müssen das logische Verhalten wegnehmen, denn die Wiederholung ruft echte Emotionen hervor, und die Logik bleibt im Kopf. Verstehst du das?«

»Ja«, sagt Lila, eine Frau Ende vierzig mit hennagefärbtem blondem Haar, die älteste Schülerin im Kurs.

»Pass auf. Du hast sehr viel Erfahrung, und wenn du dich früher mit einem Stück beschäftigt hast, dann hattest du vermutlich die Tendenz, es im Hinblick darauf zu lesen, was du für das richtige Gefühl oder die richtige Stimmung hältst – wie immer du das nennen willst. Ich hole dich jetzt aus dieser Gewohnheit heraus und sage dir etwas ganz Einfaches. Sei ruhig albern, aber bleib bei der Wiederholung. Halte die Wiederholung so lange durch, bis etwas mit dir passiert, etwas, das direkt aus dir kommt. Klar?«

»Klar.«

»Wenn du deinem Partner allerdings immer wieder Fragen stellst, wie du es eben gemacht hast, dann benutzt du den Kopf, und ich will dich gerade dazu bringen, aus deinem Kopf herauszukommen. Kannst du mir folgen?«

»Ich soll aus meinem Kopf herauskommen«, sagt Lila.

»Und wohin?«

»Zu meinen Emotionen.«

»Zeig mir mal, wo die sind.«

Lila deutet auf ihr Herz.

»Richtig. Das ist mein erster Schritt, um dich vom Chargieren wegzukriegen. Wiederhol noch einmal, was ich dir gerade gesagt habe.«

»Sie wollen mich davon wegkriegen, die Logik einzusetzen, und stattdessen meine ...«

»Deine Impulse ...«

»Meine Impulse, meinen Instinkt. Ach Gott, wenn ich das bloß könnte!«

»Wenn du es heute zwei Minuten lang versuchst, schaffst du es beim nächsten Mal vielleicht schon vier Minuten lang. Verstehst du?«

»Ja. Ich werde es versuchen.«

»Natürlich. Wiederholen. Immer wiederholen.«

»Wo lag deine Schwierigkeit, John, weißt du es?«

»Ich hatte so ein Gefühl von Augen zu und durch. Sie war sehr emotional, ich wollte es nicht noch schlimmer machen, da habe ich mir gesagt: ›Geh raus.‹«

»Aber kommt das nicht aus dem Kopf?«

»Ja, eben.«

»Und hast du dein Spiel nicht auch hauptsächlich von dort geholt – aus dem Wunschgedanken, dass die Übung zu einem hilfreichen Ergebnis führt?«

»Ja.«

»Ist das gut oder schlecht für dein Spiel?«

»Schlecht, ganz schlecht.«

»Was du da machst, hat Repertoiretheater-Niveau. Du schreibst dir einen logischen Text. Das ist das genaue Gegenteil davon, mit ihr zu arbeiten. Warum hast du das gemacht?«

»Früher ist mir das oft passiert, wenn ich einem Regisseur nicht vertraut habe. Wenn ich eine neue Rolle bekam und das Gefühl hatte, der Typ hat keine Ahnung, wovon er redet, stand ich sozusagen die ganze Zeit neben mir und hatte das Gefühl, selbst auf alles achten zu müssen.«

»Willst du damit sagen, ich habe keine Ahnung, wovon ich rede?«

»Großer Gott, nein! Ich zahle hier auch viel zu viel Geld, um am Ende mit so einer Einstellung dazustehen.«

»Warum tust du dann nicht, was ich dir sage?«

»Das würde ich ja gern. Ich weiß nur nicht, ob diese Angewohnheit nicht schon zu tief sitzt.«

»Gut, nächstes Mal übernimmst du die unabhängige Tätigkeit. Überleg dir etwas, das sehr schwierig ist und sehr viel Bedeutung hat, und sag nichts, es sei denn, du wiederholst. Und wenn du gerade einen wichtigen Laborversuch für die Krebsforschung durchführst und deine Partnerin sagt: ›Ich habe Lust auf Spaghetti‹, dann wiederholst du das! Du hast vermutlich recht damit, wenn du sagst, dass manche Regisseure keine Ahnung haben, wovon sie reden, aber trotzdem musst du deinem Instinkt vertrauen, nicht deinem Kopf. Der Autor gibt dir vor, was du zu sagen hast. Deine Aufgabe als Schauspieler ist es, die Rolle mit Leben zu füllen. Darum geht es bei dieser Übung. Deine Intelligenz hat mich von Anfang an misstrauisch gemacht. Ich habe gleich gemerkt, dass du von hier oben aus arbeitest.« Meisner deutet auf seinen Kopf. »Das kann ich ändern, aber du musst mir dabei helfen. Was meine ich, wenn ich zu dir sage, dass du für die Krebsforschung arbeitest, und sie kommt herein und sagt: ›Ich will Spaghetti!‹?«

»Egal, was sie sagt, ich muss damit arbeiten.«

»Du musst wiederholen. Immer wiederholen!«

»Immer wiederholen.«

27. Oktober

»Wie sieht es mit dieser unabhängigen Tätigkeit aus?«, fragt Meisner. »Was kennzeichnet sie?«

»Sie muss dringlich sein, wahrhaftig und schwierig auszuführen«, sagt Vincent.

»Für den Moment würde ich mich auf die schwierige Ausführung konzentrieren«, sagt Meisner. »Was noch?«

John meldet sich. »Sie hatten dieses Beispiel von Stanislawski gebracht, was er über die ›öffentliche Einsamkeit‹ sagt, und Sie meinten, wenn man sich ganz auf diese Tätigkeit einlässt – so wie man sich zu Hause vor dem Spiegel die Haare kämmt –, dann wird sie dadurch poetisch, dass man sich völlig darauf einlässt.«

»›Öffentliche Einsamkeit‹. Was noch?«

Sarah beugt sich auf ihrem Stuhl vor. »Dass die Tätigkeit und der Grund, aus dem man sie ausführt, nicht zu übertrieben oder zu weit hergeholt sein dürfen. Es muss etwas Realistisches sein, nicht so etwas wie Mrs. Reagan als Taxifahrerin.«

»Sie fährt nämlich ganz schlecht Auto!«, ruft Meisner aus, und die Schüler lachen. »Was noch? Was habe ich über den Kern der unabhängigen Tätigkeit gesagt? Das wichtigste Element daran?«

»Der Grund«, sagt John, »der konkrete Grund, aus dem man etwas tut.«

»Der ist wichtig, aber er ist nicht das *wichtigste* Element.«

»Die Schwierigkeit?«, fragt John.

»Richtig, die Schwierigkeit.«

»Sie verstärkt die Konzentration«, ergänzt Sarah.

»Jawohl, das tut sie«, sagt Meisner. »Das sagt schon der gesunde Menschenverstand.« Er bleibt einen Augenblick still, dann fragt er: »Wie viele von euch sind halbwegs vertraut mit einer anderen darstellenden Kunst?« Bruce meldet sich. »Du, ja? Musik?«

»Ich singe«, sagt Bruce, »aber ich bin kein richtiger Musiker.«

»Angenommen, du willst einer werden. Was ist das Wesentliche, das du brauchst, abgesehen von einer guten Stimme? Was musst du wissen, wenn du Beethovens 5. Klavierkonzert mit den Philharmonikern aufführen willst?« Bruce kann die Frage nicht beantworten. »Sonst jemand?«, fragt Meisner.

»Man muss die Partitur kennen«, sagt Vince.

»Natürlich.«

»Man muss den Klavierdeckel öffnen«, sagt Wendy.

»Nein! Wenn man ein guter Musiker sein will, muss man wissen, dass man *zwanzig Jahre* braucht, um ein Meister zu werden! Ein *Meister!*« Es ist erhebend, wie Meisner dieses Wort ausspricht.

Er hält kurz inne, dann fährt er fort: »Und das Gleiche gilt fürs Schauspielen.« Die Schüler sehen ihn ernst an. »Möchte jemand etwas dazu sagen?« Nach einer kurzen Pause meint er: »Dann sage ich etwas. Was glaubt ihr, warum das so wichtig ist? Warum müsst ihr diese unabhängige Tätigkeit ausführen? Warum habe ich mich entschieden, sie euch ausführen zu lassen? Anna?«

»Weil wir dadurch lernen, unseren Instinkt auf der Grundlage dessen zu nutzen, was der Partner mit uns macht«, sagt sie.

»Im Gegensatz zu dem, was man allein erreichen muss. Was noch?«

»Die Tätigkeit hilft uns bei der Konzentration, weil sie uns aus dem Unterrichtsraum wegführt«, fährt Anna fort. »Wir *tun* etwas, das wir tun müssen, das aber nicht von jemand anderem abhängt, und es spielt auch keine Rolle, wo wir dabei sind. Wir könnten das zu Hause tun, auf der Straße oder auf der Bühne – es gehört zu seiner ganz eigenen Welt. Außerdem ist es gut, in dieser Übung noch etwas anderes zu tun zu haben, während man den Partner spiegelt.«

»Richtig, stimmt.«

»Das ist echt schwer«, sagt Anna.

»Wie bitte?«, fragt Meisner überrascht.

»Ich finde es echt schwer«, sagt Anna mit leiser, aber fester Stimme.

»Lass dir Zeit«, sagt Meisner. »Lass dir einfach Zeit. In neunzehn Jahren und elf Monaten wirst du überrascht sein, wie einfach das alles ist.« Die Schüler lachen.

»Ihr seid alle so ruhig heute. Anscheinend hat niemand Lust auf das große Drama, aber das macht auch nichts, solange wir uns alle an die Grundregeln halten.«

Gerade hat Meisner eine Wiederholungsübung zwischen Ralph, den Wendy in der ersten Unterrichtsstunde als stämmig, kräftig und leicht vorgebeugt sitzend beschrieben hat – auf der High School war er Wrestler –, und Dave unterbrochen, einem dunkelhaarigen, etwas herrischen Mann, der auf dem College ein erstklassiger Schwimmer war und inzwischen in einem Fitnesscenter in New Jersey als Schwimmtrainer arbeitet.

»Das war insgesamt eher durchwachsen. Die Schwäche lag darin, dass ihr immer wieder den Faden verloren habt. Hinsichtlich der Kontinuität ist der Kontakt zwischen euch viel zu oft abgerissen. Ihr habt zugelassen, dass er einfach aufhört. Jedes Mal, wenn ein logischer Schlusspunkt auftauchte, habt ihr ihn zugelassen. ›Kann ich dir helfen?‹ ›Nein, du kannst mir nicht helfen.‹ Und Schluss. ›Kann ich das aufheben?‹ ›Nein, du kannst das nicht aufheben.‹ Ende. Das hat mich nicht weiter gestört, weil es grundsätzlich entspannt, ruhig und ungezwungen abgelaufen ist, so wie bei den anderen heute auch. Das sind alles wichtige Werte, aber die Kontinuität hat gefehlt.«

»Grundsätzlich verstehe ich das«, verteidigt sich Dave, »aber ich fühle mich nicht ganz wohl damit, es auf mein Verhalten anzuwenden. Ich wollte einfach nichts erzwingen, nicht drängeln – ich wollte es nur passieren lassen.«

»Und damit hattest du auch absolut recht.«

»Und was die Wiederholung angeht …«

»Das war Ralphs Aufgabe«, beendet Meisner den Satz.

»Genau«, sagt Dave und fängt an, die Spielkarten einzusammeln, die auf dem Tisch verstreut liegen. Seine unabhängige Tätigkeit bestand darin, ein Kartenhaus zu bauen.

»Tut mir leid«, sagt Ralph. »Ich habe wohl darauf gewartet, dass etwas passiert, und als dann nichts passiert ist, habe ich …«

Meisner fällt ihm ins Wort. »Mein lieber Freund, ich habe euch doch schon demonstriert, dass es kein Nichts gibt. Und ich habe auch demonstriert, dass nichts von dem, was du tust, von dir abhängt, sondern vom Partner. Er war sehr konzentriert.

Das hätte dir auffallen können, aber du hast es einfach kommentarlos vorbeiziehen lassen. Ich will dir etwas sagen. In mancher Hinsicht macht mir das, was ich heute bisher gesehen habe, Freude, denn es zeigt mir, dass ihr die Problematik ganz ruhig und unaufgeregt durchdrungen habt. Das gefällt mir! Es ist wie Urlaub! Und auch der Grund, aus dem ihr euch so verhalten habt, wie ihr euch verhalten habt, hatte seinen Wert. Es gab keine Klischees, es war wahrhaftig.«

Einen Moment lang mustert er Ralph aufmerksam und fragt dann: »Hast du Angst vor ihm?«

»Ja«, sagt Ralph leise. »Manchmal schon.«

»Das musst du verwenden. Es hat dann Auswirkungen auf ihn *und* auf dich. Warum hast du Angst vor ihm?«

»Er ist groß, er ist sehr eigensinnig, sehr aufbrausend, und ich habe immer das Gefühl, ich muss mich gut mit ihm stellen.«

»Aber das ist kein theatralisches Verhalten«, erwidert Meisner. »Es ist nicht gut für dich, und es ist auch ihm gegenüber nicht fair. Du bringst ihn in eine Lage, als ob er hundert Dollar in der Tasche hätte, sich aber nur ein paar Bonbons dafür kaufen dürfte. Verstehst du?« Ralph nickt. »Aber was die Wahrhaftigkeit betrifft, hat mir das, was ihr gemacht habt, gut gefallen. Es zeigt Fortschritte. Es zeigt Erkenntnis. Jetzt muss nur noch das kommen, was es auf eine andere Ebene heben wird. Der Grund hinter dem Klopfen, der Grund, aus dem du hereinkommst und ihn in ein Gespräch unter Menschen verwickeln willst – kannst du mir noch folgen? Der muss jetzt noch kommen.«

Die Übung zwischen Bruce und Lila erweist sich als zäh und für die Zuschauer quälend. Bruce hat sich als unabhängige Tätigkeit überlegt, Mundharmonika zu spielen, er hat aber keinen zwingenden Grund dafür; es ist einfach nur talentfreies Gedudel. Lila klopft schüchtern an die Tür, und als Bruce ihr aufmacht, kommt sie herein. Rose Marie, die in der ersten Reihe gleich neben Meisners Pult sitzt, holt hörbar tief Luft. Lila hat sich einen knallroten Bademantel und dazu passende Hausschuhe als Kostüm gewählt. Sie heuchelt einen unspezifischen Gefühlszustand. Als Bruce sie sieht, sagt er: »Ich dachte schon, du kommst nie.«

Meisner ist sichtlich entsetzt, nach ein paar Minuten nimmt er die Brille ab und hält sich die Augen zu, den Kopf über das Pult gebeugt. Wenig später bricht er die Übung ab.

»Es gibt hier so viel zu besprechen«, sagt er, hebt den Kopf und setzt die Brille wieder auf. »Zunächst einmal: Lila, du spielst eine Rolle, die Rolle einer unglücklichen Frau.«

»Stimmt.« Lila hat sich neben Bruce auf das Bett gesetzt.

»Woher hast du dieses rote … dieses Kostüm?«

»Den Bademantel? Den habe ich vor Jahren geschenkt bekommen.«

»Und du hast ihn mitgebracht, weil er zur Rolle passt?«, fragt Meisner.

»Kann sein. Ich habe gar nicht so genau darüber nachgedacht, aber das könnte wohl dahinterstecken, ohne dass es mir bewusst war …«

»Was hattest du an, als du zum Unterricht gekommen bist?«

»Eine schwarze Hose und einen schwarzen Pulli.«

»Darin hättest du auch die Übung machen sollen.«

»Ja«, sagt Lila nur.

»Anders gesagt, wenn du nicht aufhörst, deine Klischees zu spielen, kann ich dir auch nicht dabei helfen, das Schauspielen zu lernen. Ich will dich dazu bringen, eine Übung zu machen, keine Rolle zu spielen.«

»Das verstehe ich ja. Und ich wusste auch, dass ich ziemlich danebenliege …«

»Kein Gerede!«, ruft Meisner, und seinem scharfen Ton hört man an, wie verzweifelt er tatsächlich ist. »Ja, du lagst daneben.

Du lagst völlig daneben. Du hast dich verhalten wie jemand ... das sage ich jetzt einmal und danach nie wieder ... du hast dich verhalten wie jemand, der jahrelang *nach Gehör* Klavier gespielt hat, sich dann entschließt, das Instrument richtig zu lernen, und zu einem Lehrer geht – das meine ich jetzt gar nicht böse –, und dieser Lehrer sagt: ›Pass auf, Folgendes musst du lernen.‹« Meisner streckt die rechte Hand aus, als säße er am Klavier. »›Du musst lernen, einen Finger zu heben, ohne ihn anzuspannen, und ihn dann wieder fallen zu lassen. Und dann musst du lernen, den nächsten Finger zu heben.‹ Er führt dich an die absoluten Anfänge des Klavierspielens zurück. Wenn ich dieser Lehrer wäre, dann würde ich doch auch nicht zu dir sagen, dass du dich in deiner ersten Stunde so anziehen sollst wie Wanda Landowska, die große Cembalistin, die schon seit vierzig Jahren tot ist! Dass du im Goldlamé-Kleid mit zehn Meter langer Schleppe kommen sollst! Ich sage dir nicht, wie du dich zum Üben anziehen sollst. Wenn du eine Hose anhast, dann übst du in dieser Hose!«

»Ja.«

»Und jetzt zu dir.« Meisner sieht Bruce an. »Eine unabhängige Tätigkeit muss zweierlei erfüllen. Sie muss *schwierig* sein, und es muss einen zwingenden Grund dafür geben, *warum* du sie ausführst. Wenn du dir also ein Stück ausgesucht hättest, dass du noch nie gespielt hast, dann wäre das Unbekannte daran Teil der Schwierigkeit, es zu lernen. Kannst du das nachvollziehen?«

»M-hm.«

»Ich frage: ›Kannst du das nachvollziehen?‹, und du sagst: ›M-hm‹?«

»Ich kann doch keine Etüde von Chopin auf der Mundharmonika spielen, wenn ich die Melodie gar nicht im Kopf habe«, sagt Bruce.

»Dann such dir ein Stück aus, das zu deinem Instrument passt, ein Stück, das du kennst, das du aber noch nie gespielt hast, und übe es, mit allen Schwierigkeiten, die das mit sich bringt. Von mir aus kannst du die deutsche Nationalhymne nehmen, solange du nur lernst, sie virtuos zu spielen! Und das Nächste ist dann: *Warum* ist es absolut essenziell, dass du lernst, die deutsche Nationalhymne auf der Mundharmonika zu spielen? Wenn du dich für ein *Warum* entscheidest, arbeitet deine Vorstellungskraft. Wenn es schwierig ist, vergrößert das deine Konzentration. Wenn eine Tätigkeit schwierig auszuführen ist, *zwingt* sie dich dazu, dich ganz darauf zu konzentrieren. Habe ich mich klar ausgedrückt?«

Bruce nickt, und Meisner wendet sich wieder Lila zu. Er ist zutiefst aufgebracht.

»Herrgott noch mal, Mädchen, hör auf zu *schauspielern!* Ich kann das nicht ertragen! Widme deine Aufmerksamkeit, deine Konzentration und deine Zeit gefälligst den Problemen, die sich hier stellen! Tu nicht so, als wäre Schauspielen etwas, das jeder Laie aus dem Stand beherrscht! Das stimmt einfach nicht! Ich kann ja verstehen, dass es dir nach vielen Jahren als Schauspielerin schwerfällt, deine Gewohnheiten abzulegen. Ich kann auch verstehen, wo die Idee herkommt, dich für diese Rolle zu verkleiden. Aber es ist Blödsinn!«

»Das sehe ich ein.«

»Fein, du siehst es ein. Ihr zwei zwingt mich dazu, so streng und hart zu werden, *weil ihr einfach nicht genug Arbeit in das investiert, was ihr hier tut!* Und versucht jetzt nicht, mir etwas anderes zu erzählen. Ich bin ein Altmeister darin, zu erkennen, wenn etwas ausgedacht ist! Und ich lasse nicht zu, dass ihr das leichter nehmt als ich! Ich bitte euch, so zu arbeiten, wie echte Schauspieler arbeiten, und die Ergebnisse eurer Bemühungen hier einzubringen, dann bin ich der Erste, der das anerkennt. Aber setzt mir nicht irgendetwas vor, als wäre ich ein Anfänger, dem der Unterschied gar nicht auffällt! Ich sage es noch einmal:

Lila, du darfst nicht *schauspielern*. Bruce, eine unabhängige Tätigkeit muss *schwierig* sein, weil das die Konzentration verstärkt, und sie muss *gerechtfertigt* sein, weil alles einen Grund für seine Existenz braucht. Von mir aus kann dieser Grund einfach nur sein, dass du eine bestimmte Rolle haben willst, und um sie spielen zu können, musst du das deutsche Lied *meisterhaft* beherrschen! Habe ich mich klar ausgedrückt?«

»Ja, extrem klar«, sagt Lila.

»Na dann, meine Freunde«, sagt Meisner. Der Vorfall hat ihn erschöpft, und seine Stimme ist nur noch ein Flüstern, obwohl sie elektronisch verstärkt wird. »Ich habe jedes Verständnis für euch, das ihr braucht, aber ich bitte euch, mir zumindest einen Bruchteil dessen zurückzugeben, was ich euch gebe, und mich nicht zu verscheißern und dann noch zu glauben, dass ihr damit durchkommt. Das lasse ich nicht mit mir machen. Das ganze Land wimmelt von Schauspielern, die hervorragend ausgebildet wurden – und zwar von mir! Aber sie haben auch dafür gearbeitet! Ich sage: ›Spielt nicht, schwindelt nicht, heuchelt nicht – arbeitet!‹ Das schult eure Konzentration, euer schauspielerisches Selbstvertrauen und vielleicht sogar eure Emotionen. Dann könnt ihr mit hocherhobenem Kopf sagen, dass ihr Schauspielen lernt, und ich kann mit hocherhobenem Kopf sagen, dass ich es euch beibringe.«

***

»Mein Gott, diese Lila! Nach so einem Vorfall fühle ich mich nur noch entmutigt und alt!«

Meisner schließt seine Bürotür auf. »Für mich ist das genauso brutal wie für sie. Aber die zwei haben mich wirklich provoziert, da konnte ich nicht anders. Es ist nichts, worauf man stolz sein kann, aber solche Szenen kommen eben vor, und man sollte sich andererseits auch nicht dafür schämen. Außerdem bin ich viel zu alt, um mir darüber den Kopf zu zerbrechen.«

Er geht ins Büro, und Scott Roberts folgt ihm. »Sandy«, sagt er, »ich habe das Engagement bekommen. Nächste Spielzeit werde ich das Cocteau-Stück mit der Circle Repertory Company inszenieren.«

»Großartig«, sagt Meisner. »Ich bin stolz auf dich!«

»Ich hoffe, du wirst es dir auch anschauen«, sagt Scott.

»Aber ja«, sagt Meisner. »Wenn ich dann noch lebe – und das ist ein großes ›Wenn‹ –, schaue ich es mir auf jeden Fall an.«

»Schön. Ich wollte es dir einfach nur erzählen. Bis Montag.«

»Gute Nacht«, sagt Meisner.

Er nimmt seinen schwarzen Wollmantel mit dem Nerzkragen von der Chaiselongue. »Vor über zwanzig Jahren war Lila ein großer Star – hauptsächlich in Musikkomödien, aber auch in ganz einfachen Boulevardstücken. Sie war schön und konnte die Lieder so richtig schmettern. Scott hat mir erzählt, dass sie jetzt Fernsehwerbung macht. Damit kenne ich mich nicht aus, meine Augen sind zu schlecht, um fernzusehen.«

Er schaltet das Licht aus und schließt die Bürotür ab. »Ich war erstaunt und gerührt, als sie mich letztes Frühjahr angerufen und gefragt hat, ob sie bei mir Unterricht nehmen kann. Es muss doch sehr demütigend sein, wieder ganz an den Anfang zurückzugehen. Sie meinte, sie habe gemerkt, dass sie sich entwickeln müsse, wenn sie weiter am Theater arbeiten wolle, dass sie mehr Tiefe als Schauspielerin brauche. Und mir scheint, da hat sie recht. Na, wir werden sehen. Vielleicht wirft sie ja nach diesem Tag auch alles hin.«

Langsam geht Meisner in Richtung Aufzug. »Aber die Fortschritte der meisten anderen ermutigen mich doch. So wie die Übung, die Joseph vor ein paar Stunden mit mir gemacht hat: ›Du bist beschäftigt.‹ ›Ja, ich bin beschäftigt.‹ Schlicht, klar und ungezwungen. Er hat sich behauptet. John und auch Anna scheinen mir sehr talentiert zu sein. Wir werden sehen. Jetzt bin ich erst mal froh, nach Hause zu kommen. Nach einem Tag wie diesem brauche ich einen starken Drink!«

5.

JENSEITS DER WIEDERHOLUNG

SCHÜLER: Ich bekomme so ein Gefühl von: Nicht nachdenken – einfach machen!
MEISNER: Das ist ein sehr gutes Gefühl. So denkt ein Schauspieler. Wie denkt ein Schauspieler? Er denkt nicht – er macht einfach!
SCHÜLER: Genau.
MEISNER: Das ist ein sehr gutes Gefühl.

31. Oktober

»Passt auf. Beim nächsten Mal muss derjenige, der hereinkommt, einen Grund dafür haben. Dieser Grund muss *einfach* und *konkret* sein, keine drängende Angelegenheit auf Leben und Tod. Mit anderen Worten: Ihr kommt herein, weil ihr euch eine Dose Suppe holen wollt, und nicht, weil euer Bruder draußen auf der Straße unter einem Laster eingeklemmt ist und nicht befreit werden kann. Stellt euch vor, ihr gebt eine Party, und euer Nachbar, also euer Partner, hat eine Sammlung mit seltenen Sinatra-Platten. Die wollt ihr euch ausleihen. Viel dramatischer sollte es nicht sein. Es gibt euch einen Grund zu klopfen, und danach vergesst ihr es ohnehin wieder. Ihr kocht gerade eine Pastasauce und habt keinen Oregano. Versteht ihr?«

»Das beeinflusst dann das Klopfen«, sagt Ray. »Es ist kein zufälliges Klopfen mehr, oder?«

»Das Klopfen bleibt genau das, was es ist: ein Klopfen. Aber wenn du gerade eine Handvoll Oregano brauchst, was um Gottes willen kommt dann für ein Klopfen dabei heraus?«

John meldet sich. »Ich habe eine Frage. Als ich draußen stand und noch nicht geklopft hatte, habe ich mir eine kleine Geschichte überlegt, weil Sie ja meinten, derjenige, der hereinkommt, sollte etwas vom Partner wollen. Etwa auf der Hälfte der Übung wollte ich das einbringen, habe es dann aber nicht gemacht, weil ich mir nicht sicher war, ob Sie wollen, dass wir es ansprechen, oder ob es uns einfach nur verankern soll.«

»Es soll euch nur verankern. Ansprechen sollt ihr es nicht, der Text gibt ja alles vor. Hamlet macht auch kein Geheimnis daraus, warum er sich so hundsmiserabel fühlt. Kannst du das nachvollziehen?«

3. November

»Die heutige Frage lautet: Was, wenn überhaupt, könnt ihr für euch aus diesem Vorgehen ziehen? Inwiefern, falls überhaupt, hilft euch dieser Prozess? Unter Berücksichtigung der Tatsache, dass ihr alle keine Teenager mehr seid und alle schon Erfahrung habt: Wie ist es euch bisher mit dem Unterricht gegangen?«

Rose Marie meldet sich. »Ich versuche, mich ganz darauf zu konzentrieren, dass ich alles vergesse, was ich bisher gemacht habe, dass ich einfach nur auf das höre, was hier gesagt wird, und nicht versuche, es auf irgendetwas sonst anzuwenden. Ein bisschen verwirrt bin ich schon, aber das ist nicht schlimm.«

»Warum bist du verwirrt?«

»Weil ich nicht genau weiß, wie ich in jedem Moment wahrhaftig zuhören und antworten soll, wenn ich einen Text sprechen muss.«

»Das ist ja nur der *Anfang* des Umgangs mit dem Text. Nur Geduld, bald wirst du es wissen. Wer möchte noch etwas sagen? Erstaunlicherweise ... Moment noch, Lila ... gibt es bei euch recht wenig Probleme für einen Kurs mit so viel Erfahrung. Lila, was wolltest du fragen?«

»Ich wollte gar nichts fragen. Ich wollte eigentlich versuchen, darauf zu antworten, was der Unterricht bisher für mich bedeutet.«

»Und die Antwort darauf, was er für dich bedeutet, besteht nur aus einem Wort.«

»Wahrhaftigkeit?«

»Realität. Die Wahrhaftigkeit deines Instinkts ist die Wurzel deines Fundaments. Richtig?«

»Richtig.«

»Ihr habt alle schon Erfahrungen gemacht. Das ist nicht nur für mich ein Problem, sondern auch für euch. Ray?«

»Ich wollte noch etwas zu der Frage sagen, was der Unterricht für uns bedeutet. Mir kommt es so vor, als wäre es bisher immer Zufall gewesen, wenn ich richtig gut gespielt habe. Vielleicht hilft mir der Unterricht ja dabei, eine Möglichkeit zu finden, regelmäßig gut zu spielen.«

»Großartig.«

»Die andere Methode«, fährt Ray fort, »die von Lee Strasberg und den Leuten aus dem Actors Studio, scheint genau das Gegenteil zu bewirken. Sie führt einen nach innen, aber da kann man auch stecken bleiben.«

»Das stimmt. Und das habe ich Lee auch gesagt, als er noch lebte. Ich sagte zu ihm: ›Du machst die Introvertierten noch introvertierter. Alle Schauspieler sind introvertiert, so wie alle Künstler, denn sie leben von dem, was ihr Instinkt ihnen sagt, und wenn man versucht, ihnen das bewusst zu machen, verwirrt man sie nur damit.‹ Er hat natürlich nicht auf mich gehört, aber das ist der Grund, warum ich ein besserer Lehrer bin, als er es je war.«

»Wie fühlst du dich, Philip?«

»Angespannt«, antwortet der blonde junge Mann spontan. Dann fängt er an, nervös zu stottern: »Also ... wie ich mich fühle? Jetzt?«

»Das war meine Frage.«

»Ich bin nervös.« Philip sitzt niedergeschlagen auf dem Bett. Sarah, seine Partnerin, sitzt neben ihm.

»Weißt du denn nicht, dass du immer nervös sein wirst? Du bist ein nervöser Typ. Was macht dich denn jetzt nervös?«

»Die Vorstellung, dass die anderen mich so nervös sehen.«

»Und wie möchtest du von den anderen gesehen werden?«

»Entspannt.«

»Tja, wenn du ihnen nicht sagst, dass du nervös bist, dann halten sie dich für entspannt, du siehst nämlich gar nicht nervös aus. Allerdings zeigt es sich in einer gewissen Unentschiedenheit beim Wiederholen. Was willst du dagegen tun?«

»Ich werde mich mehr mit meiner Partnerin beschäftigen.«

»Und weniger mit ...?«

»Mir?«

»Mit deiner Nervosität. Wie bist du eigentlich so nervös geworden?«

»Das weiß ich nicht genau. Zu viel Zucker vielleicht, zu viel Kaffee ...«

»Zu viel Eltern!«

»Eltern?«, fragt Philip. »Klar, die sind schuld!« Die Schüler lachen.

»Ich habe dir ja schon gesagt, was du mit deiner Mutter machen sollst.«

»Sie zum Teufel schicken? Sie einfach zum Teufel schicken?«

»Das habe ich nicht gesagt. Ich sagte, du sollst zurückschlagen.«

»Ich soll sie k.o. schlagen?«

»Weißt du was? Schlag sie nicht k.o., sondern konzentriere all deine Aufmerksamkeit auf Sarah und hör endlich auf, aller

Welt zu verkünden, wie nervös du bist. *Alle* sind nervös! Ihr etwa nicht?« »Doch!«, rufen die anderen Schüler im Chor.

»Weißt du, du wirst mit jedem Mal besser. Echte Freiheit hast du noch nicht erreicht, das weißt du selbst am besten, weil du ständig Angst hast, etwas falsch zu machen. Und ich glaube, da kommt deine Mutter ins Spiel.«

»Und mein Vater.«

»Der auch?«

»Ja.«

»Halt dich von ihnen fern.«

»Das tue ich schon, so gut ich kann.«

»Dann konzentriere dich ganz auf Sarah.« Meisner mustert Philip prüfend und fügt dann hinzu: »Es wird besser. Du warst schon über weite Strecken ganz echt und hast nicht ständig aller Welt verkündet, wie du dich fühlst. Es interessiert nämlich wirklich niemanden, wie du dich fühlst. Niemanden. Uns interessiert nur, ob es der Übung schadet, dass du dich ständig darum sorgst, wie du dich fühlst. Was erwartest du? Sollen wir in Tränen ausbrechen, weil du nervös bist? Pfeif einfach auf uns! Konzentriere dich auf Sarah und wiederhole, was du hörst, okay?« Während Philip und Sarah auf ihre Plätze zurückkehren, hält Meisner sein Mikrofon zu und flüstert Scott Roberts zu: »Weißt du, er wird wirklich immer besser.«

»Ich meine das jetzt ganz allgemein und nicht bezogen auf jemand Spezielles. Wo entsteht das Spiel eines guten Schauspielers? Was macht eine Maureen Stapleton aus? Woher kommt ihr Spiel?«

»Aus ihr selbst«, sagt Ray.

»Aus ihrer Fähigkeit, an die gegebenen Umstände des Stücks zu glauben«, ergänzt John.

»Sie hat großes schauspielerisches Vertrauen«, sagt Meisner. »Was versteht ihr unter schauspielerischem Vertrauen?«

»Sie glaubt, dass die imaginären Gegebenheiten wahrer als wahr sind«, sagt Joseph.

»Sagen wir einfach, dass sie an ihre Wahrheit glaubt. Was noch? Ralph?«

»Man ist bereit, zu glauben, selbst wenn man daran zweifelt, dass sie wahr sind.«

»Echte Schauspieler finden immer einen Weg, den Zweifel zu beseitigen.«

Vince meldet sich. »Man spielt um des Spielens willen, man muss es nicht intellektuell durchdringen.«

»Was hat der Intellekt mit dem Schauspielen zu tun?«, fragt Meisner.

»Gar nichts«, sagt Vince. Meisner nickt und wirkt für einen Moment fast geistesabwesend.

»Nächste Woche möchte ich mit Texten anfangen, die wir genauso behandeln werden, als wären es Übungen. Insgesamt sind das bessere Rollen, als ihr sie sonst je spielen werdet, auch wenn sie sehr altmodisch sind. Und ihnen allen liegt eine menschliche Problematik zugrunde. Scott, du entscheidest, wann ich sie verteilen kann.«

»Ich bringe sie am Montag mit«, sagt Scott Roberts.

»Und vor Weihnachten möchte ich dann noch auf die Frage der Vorbereitung zu sprechen kommen«, meint Meisner mit schelmischem Grinsen. »Ich hoffe, das verdirbt euch nicht die Feiertage.«

7. November

»Das war insgesamt gar nicht schlecht, Joseph. Aber hin und wieder tendierst du dazu, zu logisch und vergeistigt zu werden. Wenn du einen Text hast – was ja bald der Fall sein wird –, brauchst du dich nicht mehr um die Logik zu kümmern, das übernimmt der

Text für dich. Wenn dein Partner im Text verkündet, er wolle sich jetzt besaufen, stellt dir der Autor die passende Antwort zur Verfügung. Aber wenn du in dieser Übung ganz bei der Wiederholung bleibst, die ja in sich nicht logisch ist und sich allein aus dem speist, was du hörst, musst du die Tendenz, deinen Kopf einzusetzen, überwinden. Hast du verstanden?«

»Ja.«

»Beethoven hatte eine Zimmerwirtin, die berichtet, er habe sich, nachdem er eine Zeit lang gearbeitet hatte, immer einen Eimer kaltes Wasser über den Kopf gegossen. Er war natürlich ein Spinner, aber dieses Bedürfnis nach kaltem Wasser wäre wohl kaum aufgetreten, wenn er logisch vorgegangen wäre und den Kopf eingesetzt hätte. Er brauchte es, weil er aus dem Bauch heraus arbeitete. Dadurch war er emotional überhitzt.« Meisner hält kurz inne, um seine Zigarette auszudrücken. »Du hattest ganz recht, Joseph, als du gegangen bist. Der Impuls zu gehen war sehr authentisch. Sie hatte es darauf angelegt, und die Botschaft ist bei dir angekommen, stimmt's? Schauspielen ist ein Geben und Nehmen solcher Impulse, die jeden Beteiligten beeinflussen. Verstehst du, was ich meine?«

»Ja«, sagt Joseph.

»Verstehst du es auch?« Er wendet sich an Beth, Josephs Partnerin, die sich das Haar mit einer schwarzen Schleife zurückgebunden hat. Sie nickt. »Was hast du gemacht?«

»Ich habe Formulare ausgefüllt, um ein wichtiges Projekt genehmigen zu lassen, und gerade ist mir aufgefallen, dass es einen Bewerbungsschluss gibt. Sie müssen vor Mitternacht auf der Post sein.«

»Wenn diese Tätigkeit wirklich so wichtig gewesen wäre, wie du es mir jetzt erzählst, Beth, dann wäre die Übung anders verlaufen, denn du wärst wirklich ganz darin vertieft gewesen, und Joseph wäre völlig außer sich geraten. Könnt ihr das nachvollziehen? Beth hätte Joseph mit dieser Übung in den Wahnsinn treiben können, wenn sie ihre Aktivität wichtiger genommen hätte als die Wiederholung.«

»Also, für mich war es total real in dem Sinn, dass es wichtiger war als alles andere«, versucht sich Beth zu verteidigen.

»Das kann ich nur akzeptieren, wenn dein Verhalten es mir auch zeigt. Beethoven hätte sich doch keinen Eimer Wasser über den Kopf gegossen, um sich abzukühlen, wenn seine Tätigkeit nicht ein heftiges, inneres Erleben gewesen wäre. Du musst versuchen, die Wiederholung zu verdichten. Du musst versuchen, sie ihrem natürlichen Rhythmus folgen zu lassen. Reib dich nicht auf zwischen dem sogenannten ›Sinn‹ und dem emotionalen Effekt einer angeblich ›sinnlosen‹ Wiederholung.«

»Können Sie das bitte noch mal sagen?«, fragt Beth.

»Was habe ich denn gesagt?«

»Sie sagten«, antwortet Joseph, »man soll sich nicht zwischen dem sogenannten ›Sinn‹ und dem Effekt … dem *emotionalen* Effekt … der angeblich ›sinnlosen‹ Wiederholung aufreiben.«

»Warum bist du hereingekommen, weißt du das noch?«

»Ich wollte sie mit auf eine Party nehmen.«

»Wenn sie die imaginären Gegebenheiten, die ihre unabhängige Tätigkeit ihr auferlegt, wahrhaftig gelebt hätte, dann hätte das ohne Weiteres damit enden können, dass du sie abservierst und mit einer anderen Frau auf die Party gehst. Das hätte mir richtig gut gefallen! Das wäre phantastisch gewesen!«

10. November

Bevor John und Rose Marie mit ihrer Übung anfangen, tragen sie gemeinsam den langen Tisch in die Raummitte und schieben das Bett an die hintere Wand. Dann geht sie nach draußen und schließt die Tür hinter sich. John setzt sich an den Tisch, nimmt einen Stapel maschinenbeschriebener Seiten aus einem Umschlag und macht sich daran, sie konzentriert zu lesen. Hin und wieder verbessert er etwas mit einem Rotstift. Plötzlich klopft es nachdrücklich an die Tür, dann noch einmal und schließlich ein drittes Mal. John steht widerwillig auf und öffnet die Tür.

»Hartnäckig«, sagt er.

»Ja, hartnäckig«, wiederholt Rose Marie, die im Türrahmen steht.

»Hartnäckig«, wiederholt John.

»Und, was ist falsch daran?«, fragt Rose Marie.

»Was ist falsch daran?«

»Was ist falsch daran?«

»Nichts ist falsch daran«, sagt John und zögert einen Moment.

»Bittest du mich nicht herein?«, fragt Rose Marie.

»Bitte ich dich nicht herein?«

»Ja, bittest du mich nicht herein?«

»Bitte ich dich nicht ...«

»Ja«, faucht Rose Marie. »Ist das so eine schwierige Frage?«

»Es ist keine schwierige Frage«, sagt John verärgert. »Rein oder raus?«

»Rein oder raus!«

»Rein oder raus?«

»Ist das hier ein Verhör?«, fragt Rose Marie.

»Nein, es ist kein Verhör«, sagt John. Rose Marie funkelt ihn trotzig an. »Rein oder raus!«, ruft er.

»Behandele mich nicht wie ein Kleinkind«, warnt sie ihn.

»Ich behandele dich nicht wie ein Kleinkind.«

»Du behandelst mich wie ein Kleinkind.«

»Rein oder raus«, sagt John mit großer Entschiedenheit. Nach kurzem Zögern kommt Rose Marie ins Zimmer. John schließt die Tür, geht dann rasch an den Tisch zurück und macht sich wieder daran, die Seiten zu korrigieren.

»Das ist doch blöd.« Rose Marie sieht sich an, wie er am Tisch sitzt. »Jetzt bin ich wohl gar nicht hier.« John sieht kurz verärgert zu ihr hin und vertieft sich dann wieder in seine Tätigkeit. »Du schaust so böse!«, ruft sie, sieht ihm aber weiter fasziniert bei der Arbeit zu.

Nach einer Pause sagt sie: »Das ist sicher anstrengend.«

»Ja, es ist anstrengend«, sagt John und kaut auf der Lippe.

»Aha!«, ruft Rose Marie. »Jetzt kaust du auf der Lippe!«

»Ja, ich kaue auf der Lippe.«

»Oh, Verzeihung. Du bist so was von *beschäftigt!*«

»Ich bin so was von *beschäftigt.*«

»Okay.« Rose Marie schweigt ein paar Sekunden, dann kommt sie einen Schritt näher an den Tisch.

»Was willst du?«, fragt John schroff.

»Was will ich?«, wiederholt Rose Marie.

»Was willst du?«

»Bist du sauer auf mich?«

»Bin ich sauer auf dich?«

»*Ja*, bist du sauer auf mich?«

»Ja«, sagt John entschieden. »Ich bin sauer auf dich.«

»Gut, dann gehe ich.«

»Du gehst.«

»Ja, ich gehe.«

»Du gehst?«

»Das willst du doch, richtig?«

»Das will ich, richtig!«

»Du bist gemein.«

»Gemein?«

»Ja, findest du nicht?«, fragt sie. Er sieht sie böse an. »Toller Blick!« Nach kurzem Schweigen sagt sie leise: »Du bist einfach nur ein Arsch.« Sie sieht ihn lange an, dann geht sie entschlossen zur Tür hinaus und schließt sie hinter sich.

»Scott«, sagt Meisner zu seinem Assistenten, »wir müssen zusehen, dass wir bald zu den Szenen kommen, die spielen sie nämlich schon! Das war eine Szene. Eine *richtige Szene!*«

»Wirklich?«, sagt Rose Marie, die wieder hereingekommen ist.

»Aber ja. Es war keine Wiederholungsübung, aber ich sage euch: Wenn du der richtige Typ für die Rolle wärst, wenn du ›dieses Mädchen *bist*‹, wie das so schön heißt, und wenn du, John, den Vorstellungen des Autors von dem ›Kerl‹ entsprichst, und ihr eure Szene dann mit einer so ungezwungenen, schlichten, kein bisschen übertriebenen Realität spielt – ihr wärt gut! Aber Wiederholung war das nicht, nur *hin und wieder*. Es war eine richtige Szene. Worum geht es mir hier?«

Ray beugt sich auf seinem Stuhl vor. »Anstatt sich an die Regeln der Übung zu halten, dass man immer wiederholt und wiederholt und wiederholt, bis sich das durch irgendetwas ändert, haben die beiden das alles unausgesprochen gelassen und sind einfach aus dem Gefühl heraus von einem Moment zum anderen gegangen. Es war alles in sich logisch, wie lange sie im Zimmer bleiben darf, wie wütend er wird …«

»Waren sie entspannt dabei?«

»Sehr«, sagt Ray.

»Und waren sie emotional wahrhaftig?«

»Ja«, sagt Joseph.

»Könnte ihr Dialog als schlichter, wahrhaftiger Dialog gelten?« Es wird zustimmend genickt. »Da habt ihr es: Ihr habt eine *Szene* gespielt. Hin und wieder seid ihr zur Übung zurückgekehrt, aber diese Art Entspanntheit und dazu noch die Arbeit miteinander – das macht eine Szene aus.« Meisner sieht John und Rose Marie an, die ihm gegenüber, hinter dem Tisch stehen. »In gewisser Weise mache ich euch hier ein Kompliment, auch wenn ich gleichzeitig nicht begeistert davon bin, dass ihr jetzt schon Szenen spielt.«

14. November

»John, pack sie am linken Arm und wirf sie raus! Auf der Stelle!«

John packt Wendy am Arm, bugsiert sie erbarmungslos nach draußen und knallt die Tür hinter ihr zu.

»Das hättest du auch ohne meinen Hinweis tun sollen. Warum hast du es nicht getan?«

»Weil es mir im Rahmen dieser Übung nicht angebracht erschien. Ich weiß, was Sie sagen wollen – mein Impuls hätte sein müssen, sie rauszuwerfen, weil sie mir wirklich extrem auf die Nerven gegangen ist.«

»Und warum hast du es dann nicht gemacht?«

»Weil ich es eben nicht gemacht habe.«

»Und warum hast du es nicht gemacht?«

»Weil ich mit dem Kopf gearbeitet habe. Ich habe das getan, von dem ich *dachte*, dass ich es tun *soll.*«

»Wenn du sie rausgeworfen hättest, hätte es keine Übung mehr gegeben?«

»Genau.«

»Aber ihr macht diese Übungen doch gerade, um zu lernen, wie ihr dem Wahrhaftigen folgt!«

»Ich weiß. Ich habe es einfach irgendwie verpasst, das war alles.«

»Ich will dir jetzt einmal ganz ernsthaft etwas sagen. Im Leben ... das Leben ist schrecklich, finde ich. Aber auf der Bühne hast du die wunderbare Möglichkeit, die Wahrheit zu sagen, und kannst nur Lob dafür ernten. So ist es doch, verstehst du?« John nickt. »Deine Arbeit ist gar nicht übel, aber Qualität ist wichtiger als Quantität. Was meine ich damit?«

»Sie meinen, auch wenn die Übung nicht mal halb so lang gedauert hätte, wenn ich meinem Impuls gefolgt wäre und sie rausgeworfen hätte, wäre sie trotzdem viel wahrhaftiger gewesen.«

»Und hätte dir als Schauspieler letztendlich mehr genützt. Verstehst du?«

»Ja.«

17. November

»Heute habe ich eine Überraschung für euch: Texte! Es sind lauter altbekannte Szenen, lauter Antiquitäten, aber für unsere aktuellen Bedürfnisse sind sie perfekt geeignet. Diese Szenen sind nämlich nur dahingehend altmodisch, dass sie vor eurer Geburt geschrieben wurden. Aber jede einzelne enthält ein fesselndes menschliches Problem – deswegen habe ich sie ausgesucht. Ich möchte, dass ihr eure Texte nehmt und sie *ohne* Bedeutung, *ohne* Leseprobe, *ohne* Analyse, *ohne alles* lernt. Lernt sie einfach auswendig, ganz mechanisch. Das muss euch wirklich klar sein. ›Sein – oder – Nichtsein – das – ist – hier – die – Frage.‹« Während Meisner die berühmte Zeile ausdruckslos rezitiert, klopft er auf dem Pult mechanisch den Takt der Silben mit. »Kein Zores – das heißt so viel wie Ärger –, kein fünfhebiger Jambus, einfach nur der blanke Text. Wenn ihr die Sätze dann ganz mechanisch und problemlos aufsagen könnt, macht ihr einen Spaziergang mit eurem Partner – da könnt ihr jede beliebige Straße nehmen – und geht den Text gemeinsam durch, bis ihr den des anderen kennt und der andere euren. Wenn ihr zwischendurch einen Kaffee trinken wollt, macht das von mir aus. Aber sagt dabei euren Text auf. Jagt der Bedienung, die an der American Academy studiert, einen ordentlichen Schrecken ein. ›Die wissen ja gar nicht, was sie da sagen! Sie reden wie die Roboter!‹ Macht ihr so richtig Angst!«

21. November

John und Ralph haben gerade mit kühler, mechanischer Präzision eine Szene aus dem Stück *Mister Roberts (Keine Zeit für Heldentum)* deklamiert.

»Gut«, sagt Meisner. »Sie haben diesen Text jetzt auf eine Weise aufgesagt, die euch fürchterlich fremd vorkommen muss, stimmt's? Kein Sinn, keine Interpretation. Nichts an dieser Darbietung erlaubt uns, sie als menschliche Erfahrung zu betrachten. Hat jemand einen Verdacht, was ich damit bezwecke? Bette, was meinst du?«

Bette, die Tochter einer berühmten Schauspielerin, die unlängst einen Produzenten für Fernsehwerbespots geheiratet hat, wirkt ganz entspannt, doch unter der Oberfläche brodelt geballte nervöse Energie. »Ich hatte eine Art Erkenntnis, als Bruce und ich zusammen geprobt haben. Da hatte ich das Gefühl, wenn wir das als reine Routine abspulen, dann ist alles so roh und unberührt, dass wir es unbegrenzt mit Emotionen auffüllen können, weil wir ja völlig frei davon sind, es sofort so oder so lesen zu wollen.«

»Was du sagst, gefällt mir. ›Roh‹. Könnt ihr das nachvollziehen? *›Roh‹*. Ich beharre auf diesem mechanischen Ansatz, um berechenbare Ergebnisse zu vermeiden. John?«

»Mir fällt es schwer«, sagt John.

»Dir fällt es schwer?«

»Auf dem Weg hierher sind wir es noch mal durchgegangen, und Ralph hat ein paar Mal zu mir gesagt: ›Du interpretierst, du machst eine Interpretation.‹ Wahrscheinlich bin ich wieder in das alte Muster verfallen, dem ich schon mein Leben lang folge.«

»Richtig«, erwidert Meisner. »Ich versuche, eine Gewohnheit auszuräumen, die ihr, wie du sagst, euer ganzes Schauspielerleben hindurch angenommen habt. Um ein Spiel aufzubauen, das aus euch selbst kommt, aus eurem emotionalen Verständnis des Materials, habe ich beschlossen, euch zu neutralen, Sinn-losen, unmenschlichen Objekten zu machen – zu Robotern oder wie ihr das sonst nennen wollt. Um diese Worte mit der Wahrhaftigkeit eures emotionalen Lebens zu füllen, müsst ihr zunächst lernen, den Text ganz kühl, ohne jeden Ausdruck, komplett neutral aufzusagen.«

»Ich möchte euch etwas zeigen. Komm her, John.«

John steht auf und tritt neben das Pult. Meisner kommt hinter dem Pult hervor und stellt sich neben ihn.

»Jetzt dreh dich um«, sagt er. »Stell dich so fest und steif hin, wie du nur kannst. Falls nötig, kannst du dich auch am Pult festhalten, aber sorg dafür, dass du absolut felsenfest stehst.«

»Okay.«

»Ich glaube, du stehst noch nicht fest genug. Bist du dir sicher?«

»Ja.«

Meisner legt beide Hände an Johns Schultern und versucht, ihn wegzuschieben. »Ich kann nicht auf ihn einwirken!«, sagt er. »Ich werde es noch einmal versuchen. John, du machst es wieder genauso.«

John klammert sich wieder an das Pult, so fest, dass seine Fingerknöchel weiß werden.

»Er ist stocksteif!«, sagt Meisner und wiederholt noch einmal: »Steif wie ein Stock!« Die Schüler lachen. »Gut, John, jetzt entspann dich.«

John lässt das Pult los, dreht sich um und schüttelt sich die Anspannung aus Armen und Schultern. Meisner gibt ihm einen sanften, aber nachdrücklichen Schubs, und John macht zwei lange, wacklige Schritte vorwärts.

»Er reagiert! Habt ihr gesehen? Bleib entspannt.« Wieder schubst Meisner ihn, und wieder stolpert John ein Stück nach vorn. »Er reagiert auf das, was ich tue. Vielen Dank, John. Du kannst dich wieder setzen. Wenn ihr also neutral seid … Was bedeutet das eigentlich – neutral? Offen für jede Art von Einfluss, oder? Wenn ihr neutral seid, erreicht ihr eine Art emotionale Flexibilität. Wenn ihr aber angespannt seid, unentspannt, so wie John am Anfang, könnt ihr nicht auf den Einfluss meines Schubsers reagieren. Folglich ist das, was ich jetzt sagen werde, ganz logisch. Ich sage: ›Lernt den Text so bedeutungslos, gleichzeitig aber so entspannt, wie ihr nur könnt, damit ihr für jeden Einfluss offen bleibt, der euch begegnet.‹ Könnt ihr der Logik darin folgen? Falls nicht, dann sagt es ruhig.«

»Neutral und entspannt«, sagt Philip. »Nicht fest und angespannt.«

»Nicht fixiert, nicht starr. Ich sage euch das, weil ihr Schauspieler seid, die ständig mit Texten, mit Worten arbeiten: ›Lernt diese Worte so leer, so offen, so entspannt, wie John war, als ich ihn weggeschubst habe.‹ Gibt es dazu noch Fragen? Deswegen habe ich euch gebeten, euren Text mit maschineller Präzision zu lernen. Mit mechanischer Präzision. Von da aus gehen wir dann weiter.«

»Und wenn man feststellt, dass man die Worte interpretiert, dass man etwas hineinlegt, macht man dann langsamer oder hört auf oder was?«, fragt Philip.

»Man hört auf. Ich gebe dir jetzt eine Textzeile vor. ›Oh Gott, mir blutet die Seele.‹ Lass mal hören, wie du das sagst.«

»Oh Gott«, sagt Philip, »mir blutet die Seele.«

»Und jetzt sag es mit Ausdruck.«

»Oh Gott, mir blutet die Seele«, sagt Philip um einiges lauter.

»Mehr!«, sagt Meisner. »Glaubst du denn nicht an Gott? Und an den Schmerz?«

»Oh *Gott!*«, brüllt Philip. »Mir *blutet* die *Seele!*«

»Genau das sollt ihr *nicht* machen. Versteht ihr?« Meisner rezitiert den Satz leise und mechanisch. »›Oh – Gott – mir – blutet – die – Seele.‹ Irgendwann kommt dieser Satz dann direkt aus eurem Herzen.«

Meisner unterbricht Dave, der seine Szene auf geradezu unheimlich mechanische Weise vorgetragen hat, mit dem Einwand, dass Dave zu weit getrieben hat, wozu er ohnehin schon neigt: Er arbeitet zu mechanisch.

»Erklär mir noch einmal, was ich euch gesagt habe, Dave.«

»Sie wollen, dass wir den Text mechanisch und neutral aufsagen.«

»Richtig.«

»Und ich lege zu viel hinein.«

»Inwiefern legst du zu viel hinein?«

»Ich betone das Mechanische zu sehr, die einzelnen Silben.«

»Richtig«, sagt Meisner. »Und was habe ich dir bei deiner Wiederholungsübung gesagt?«

»Dass ich das Verhalten nicht aufnehme. Dass ich nur um des Wiederholens willen wiederhole.«

»Ist das jetzt nicht ähnlich? Dass du den maschinellen Teil etwas zu sehr übertreibst?«

»Ich bin die Übung zu akademisch angegangen. Sie haben dauernd gesagt: ›Wiederholen, immer wiederholen‹, und eigentlich habe ich mich nur noch darauf konzentriert. Ich habe die Übung akademisch ausgeführt, anstatt sie einfach Moment für Moment geschehen zu lassen.«

»Das Wort ›akademisch‹ ist gut gewählt.«

»Ich finde es wirklich mühsam«, sagt Joseph, Daves Partner.

»Ach ja? Warum?«

»Wir lernen Wörter doch, indem wir sie mit der Art assoziieren, wie wir sie sagen – ›Ach, wie *schön*, dich zu sehen‹ zum Beispiel. Wenn das wegfällt, hat man keinerlei Halt mehr.«

»Stimmt«, sagt Meisner, »so lange, bis man sich rein mechanisch mit dem Text absolut sicher fühlt, ohne Interpretation.«

»Aber unsere Erinnerung funktioniert doch eigentlich über Emotionen, mit denen wir den Wörtern eine Art Bedeutung geben, um sie uns zu merken«, sagt Joseph. »Es ist also ganz normal, einen bestimmten Tonfall zu ergänzen, wenn wir das machen.«

»Den du bereits im Ohr hast, oder?«, fragt Meisner. »Diese Art der Arbeit räumt das alles aus. Welchen Wert könnte das für dich haben?«

»Na ja«, sagt Joseph, »es nimmt alle vorgefassten emotionalen Assoziationen weg, und wenn man den Text einmal auf diese Weise gelernt hat, kommt die Emotion aus dem, was der Partner einem vorgibt.«

»Für den *Anfang*«, sagt Meisner. »Damit ihr euch gar nicht erst angewöhnt, etwas zu sagen wie: ›Geh in den Laden und hol mir ein Salami-Sandwich, denn ich *liiiiebe* Salami!‹« Seine geisterhafte, elektronisch verstärkte Stimme umfasst bei dem Wort *liebe* fast eine ganze Oktave, und die Schüler lachen.

»Hier ist die ›Liebe‹ das Klischee«, fährt Meisner fort. »Welche anderen Reaktionen gibt es? John?«

»Es kommt mir vor, als wäre alles, was wir aus dieser Übung ziehen können, umfassend und ehrlich ...«

»Und improvisiert«, unterbricht ihn Meisner. »Es wird eine Improvisation werden. Das ist etwas ganz Grundlegendes und Gesundes. Es befreit euch von alten Angewohnheiten.«

»Das gefällt mir«, sagt Bette. »Das gefällt mir wirklich sehr.«

»Das verstehe ich nur zu gut.«

28. November

Anna und Vincent, deren Partner beide fehlen, bereiten sich auf eine gemeinsame Übung vor. Vincent hat eine unabhängige Tätigkeit auszuführen (er versucht, einen Text für ein Vorsprechen auswendig zu lernen), und Anna soll klopfen und ins Zimmer kommen. Bevor sie hinausgeht, ruft Meisner sie zu sich und flüstert ihr eine kurze Anweisung ins Ohr.

Die Übung ist mitreißend. Anna kommt wutschnaubend herein. Obwohl der genaue Grund für ihren Zorn nie zur Sprache kommt, macht ihr Verhalten doch klar, dass sie glaubt, Vincent habe über sie gelästert. Sie ist stinksauer, und Vincent bringt kaum ein Wort heraus. Meisner ist zufrieden.

»Okay«, sagt er, nachdem Anna türenknallend hinausgestürmt ist, »das war richtig gut. Seht ihr?«, fährt er, an die ganze Klasse gewandt, fort, »es war im Grunde die gleiche Übung, doch hier kam noch etwas hinzu. Was war das?«

»Sie war wütend, als sie hereinkam«, sagt Bette.

»Ein emotionaler Umstand. Ich als Regisseur habe der Übung einen emotionalen Umstand hinzugefügt und sie damit zu einer Szene gemacht. In einer Übung gibt es keinen auswendig gelernten Text. Ihr alle seid gerade dabei, Texte zu lernen. In diesem Lernprozess fehlt das, was wir gerade gesehen haben: ein emotionaler Umstand.«

»Können Sie noch einmal sagen, was genau fehlt, Sandy?«, fragt Joseph.

»In eurem derzeitigen Umgang mit dem Text fehlt alles, was in irgendeiner Form mit emotionalen Umständen zu tun hat.«

»Sie meinen, weil wir unseren Text mechanisch lernen?«

»Ja. In Zukunft … Aber das bringt uns zum haarigen Thema der Vorbereitung, das ich mir als Weihnachtsgeschenk für euch aufheben möchte. Das war sehr gut, Anna. Vince hat dir ein paar schlimme Schimpfwörter beigebracht.«

»Ich weiß.«

»Aber das macht nichts«, sagt Meisner, »du hast ihm ja auch welche beigebracht.«

»Sprechen wir darüber.«

Meisner unterbricht eine Szene zwischen Rose Marie und John. Sie haben ihren Text auswendig gelernt und rezitieren ihn leise, aber im Ton eines Gesprächs zwischen zwei Menschen.

»Hier geht es nicht um das Aufnehmen eines Stichworts, sondern um das Aufnehmen eines Impulses. Man nimmt kein Stichwort auf, sondern einen Impuls. Ich zeige es euch. Rose Marie, sag etwas zu mir.«

»Sie haben sehr glatte Haut.«

»Ja, sprich weiter.«

»Sie haben sehr glatte Haut. Anscheinend verbringen Sie viel Zeit in der Sonne.«

»Ja, ich habe glatte Haut«, sagt Meisner. »So, woher kam nun der Impuls, der mich zum Sprechen gebracht hat? Der Sprechimpuls kam für mich schon ganz früh! Ganz am *Anfang* der Rede. Ich werde es euch noch einmal anders zeigen. Das ist jetzt sehr einfach und improvisiert. John, frag mich, ob ich etwas trinken möchte, und dann sagst du mir, dass du Scotch, Wodka, Bourbon und Gin dahast und ein paar alkoholfreie Getränke.«

»Möchten Sie etwas trinken, Sandy? Ich habe Scotch, Wodka, Bourbon, Gin und ...«

Meisner, der bereits beim Wort »Scotch« höflich und mit leuchtenden Augen die rechte Hand gehoben hat, unterbricht Johns Aufzählung mit den Worten: »Scotch, bitte.«

Die Schüler lachen.

»Also, wann kam dieser Impuls?«

»Beim Scotch«, sagt Rose Marie.

»Ganz am Anfang! Es ist also etwas völlig anderes, ob man den Impuls aufnimmt oder das Stichwort.«

»Sie sagen also, wenn der Impuls gleich am Anfang kommt, muss man ihn sich erhalten, bis der Partner fertig gesprochen hat, und dann kann man ›Scotch‹ sagen?«

»Wenn das Stichwort kommt. Aber aufgenommen wird nicht das Stichwort, sondern der *Impuls.*«

»Ich glaube, um mich ganz mit den Impulsen kurzschließen zu können, muss ich den Text noch sehr viel genauer kennen«, sagt John.

»Absolut richtig«, sagt Meisner. »Aber fürs erste Mal war das gar nicht schlecht. So entwickelt sich ein Text am Anfang. Warum hast du an die Tür geklopft, Rose Marie?«

»Ich dachte, das soll ich für die Übung tun.«

»Aber du wohnst doch hier!«

»Ich weiß. Mir ist irgendwie noch nicht so ganz klar, was wir hier machen. Ist das eine Übung oder eine Szene?«

»Es ist eine Szene, bei der improvisiert wird – von Impuls zu Impuls.«

»Ich soll also mit seinem Verhalten arbeiten, nicht mit dem Text, richtig?«

»Mit beidem. Pass auf, ich mache es dir vor. Du sagst zu mir: ›Du bist ein Schwächling. Du hast versprochen, dass du keinen Alkohol mehr anrührst, selbst wenn du hundert Jahre alt wirst, aber du hast dein Wort nicht gehalten.‹ Und meine Antwort lautet: ›Ich bin kein Schwächling.‹ Wann kommt da der Impuls? Gleich am Anfang! *Nimm nicht das Stichwort auf, sondern den Impuls.* Sag diesen Text noch mal zu mir.«

»›Du bist ein Schwächling. Du hast versprochen, dass du dein Leben lang keinen Alkohol mehr anrührst, aber du hast dein Wort nicht gehalten.‹«

»›Ich *bin* kein Schwächling.‹ Ich habe schon die ganze Zeit gespielt! Hast du das gemerkt?«

»Sie wollen also gar nicht unbedingt, dass wir antworten, bevor der Partner mit seinem Text fertig ist?«, fragt Bette.

»Nein! Ihr sollt auf das Stichwort warten, aber der Impuls, die Emotion, kommt, wann immer ihr sie empfindet. Wenn ihr den Text richtig beherrscht, werdet ihr euch daran gewöhnen. Es geht hier um zwei Dinge: Lernt euren Text und nehmt den Impuls auf.«

»Das hat mir sehr gut gefallen.«

Joseph und Beth haben ihre Szene gerade beendet.

»Joseph, du weißt, dass deine Frau dich betrügt, ja? Es ist mir völlig egal, was und wie du es machst, aber du, Joseph, gerätst auf jeden Fall in irgendeinen Zustand, wenn du herausfindest, dass deine Frau fremdgeht. Das will ich beim nächsten Mal auch sehen. Beth, du bist dieses Ekel von Ehemann sehr bald los. Fühlt sich das nicht richtig gut an? Schauen wir doch mal, was passiert, wenn Beth guter Laune ist. In den nächsten Tagen – hoffentlich noch vor unserer Weihnachtspause – werde ich damit anfangen, euch die Elemente des quälenden Problems der Vorbereitung nahezubringen, was im Grunde nur heißt, dass ihr selbst Emotionen in euch weckt. Es ist die diffizilste Problematik beim Schauspielen, das könnt ihr mir glauben. Wir kommen bald dazu, aber jetzt noch nicht. Beim nächsten Mal spielt ihr die Szene mit diesen beiden zusätzlichen Vorgaben: Joes Stimmung ist im Keller – was du machst, ist mir egal – und Beth ist blendender Laune – auch bei dir ist mir völlig egal, was du machst. Damit nehmen wir die emotionale Vorbereitung vorweg.«

»›Da geht sie, deine Mutter, ihrem geliebten David hinterher‹.« Meisner wiederholt Sarahs letzte Textzeile aus der Szene aus Sidney Howards Stück *The Silver Cord (Die Silberschnur)*, die sie zusammen mit Philip gerade abgeschlossen hat. »Diese Zeile sprichst du, während du aus dem Fenster schaust und unten seine Mutter gehen siehst, richtig? Aber du wirst seine Mutter dort natürlich nie gehen sehen. Wenn du auf der Bühne aus dem Fenster schaust, siehst du die Kulissen, die sich an der Wand dahinter stapeln. Du siehst den Inspizienten, wie er gerade versucht, die junge Hauptdarstellerin anzubaggern. Du siehst alles Mögliche, nur nicht das, was du sehen sollst. Nehmen wir einmal an, ich lese auf der Probe aus meinem Text, während wir noch alle am Tisch sitzen, und ich lese: ›Wenn es nicht bald aufhört zu schneien, schaffe ich es nie zurück nach New York, und dann verliere ich meine Stelle!‹« Er liest die Textzeile ruhig und leise, doch das Gefühl der Panik ist trotzdem sehr greifbar. »Das, was ihr bei einem bestimmten Anblick *empfindet*, ist also bereits in euch, wenn ihr dasitzt und das Stück lest. Versucht erst gar nicht, Schnee zu sehen, denn alles, was ihr sehen werdet, ist der Inspizient mit der jungen Hauptdarstellerin.«

Die Schüler lachen.

»Und schließlich, ganz am Ende, bringen sie die Kulissen herein, und auf der einen Seite steht eine Wand mit einem Fenster. Die Konvention verlangt, dass ihr aufsteht und zu diesem Fenster geht, damit die Zuschauer glauben können, dass ihr nach draußen schaut. Aber das macht ihr für die *Zuschauer*, nicht für euch! Das, was es für euch bedeutet, liegt in der Emotion: *›Ich verliere meine Stelle!‹* Könnt ihr mir folgen? Wenn ihr jetzt im Actors Studio wärt, würdet ihr erst mal ein halbes Jahr damit zubringen, den Schnee zu sehen, bevor ihr sagen könnt: ›Sieh nur, wie es schneit.‹ Es befreit einen Schauspieler von einer enormen Last, wenn er nicht mehr glaubt, er müsse den Wald und den Schnee vor sich sehen. ›Gebt mir mein Gewehr! Da ist ein Hase! Gebt mir mein Gewehr!‹« Meisner klingt, als wäre er Feuer und Flamme über die Aussicht auf die Jagd. »Das passiert alles schon, während ihr noch dasitzt und lest. Und wenn die Kulissen aufgebaut sind, geht ihr eben ans Fenster. Ist das nicht kinderleicht? Wie leicht sich das Problem, Dinge zu sehen, doch lösen lässt, wenn man weiß, dass alles schon emotional in euch steckt und der Gang zum Fenster reine Konvention ist.«

»Was würdest du tun, Dave, wenn du auf einmal hunderttausend Dollar bekämst? Das habe ich übrigens schon mal in einem Kurs gefragt, in dem keiner älter als zweiundzwanzig war, und ein Mädchen sitzt einfach vor mir und sagt: ›Ich habe aber schon hunderttausend Dollar!‹«

Die Schüler lachen.

»Was würdest du tun, Dave, wenn du hunderttausend Dollar hättest?«

»Mir ein Haus kaufen.«

»Das ist zu allgemein und zu prosaisch. Außerdem, was kriegt man schon für ein Haus für hunderttausend Dollar?«

»In New York gar keins.«

»In Uganda vielleicht? Was würdest du tun?«

Dave schweigt und sieht sehr nachdenklich aus. »Was würde ich tun? Ich würde …«

»Ist das alles?«, fragt Meisner. Dave blickt schweigend vor sich hin. »Interessant, dass du die Frage nicht beantworten kannst oder willst – ich würde eher vermuten, du willst nicht.« Er sieht Bette an. »Was würdest du tun, wenn ich dir hunderttausend Dollar gäbe?«

»Ich würde mich tausend Mal bedanken.«

»Das ist aber keine Tätigkeit, das ist nur höflich.«

Vince meldet sich. »Ich würde als Allererstes meinen Steuerberater anrufen.«

»Was?«, fragt Meisner fassungslos.

»Ich würde als Allererstes meinen Steuerberater anrufen«, wiederholt Vince, »und dafür sorgen, dass ich alle Steuern und Abgaben bezahlt habe, und dann würde ich mir wahrscheinlich Kunst kaufen, die mir gefällt, ein paar Druckgrafiken von Miró.«

»Was genau willst du damit sagen?«

»Ich will damit sagen, dass ich mich erst absichern würde, damit ich keine zusätzlichen Ausgaben habe, und dann würde ich mir die Mirós kaufen, die ich wirklich gern hätte.«

»Wisst ihr«, sagt Meisner, »das Problem an deiner Antwort, Vince, und auch an deiner, Dave, ist, dass sie so prosaisch und alltäglich und abgedroschen sind. So etwas würde auch jedem Müllmann einfallen. Aber da ich euch beide mag, werde ich euch keine Empfehlung für die Abfallentsorgungsbehörde schreiben.«

»Was wollen Sie denn damit sagen?«, fragt Rose Marie mit großem Ernst. »Dass jemand, dessen Träume ganz alltäglich sind, kein Talent hat? Dass die beiden nichts wert sind, weil sie so etwas sagen?«

»Ich sage nur, Wunschträume sind das Produkt der Phantasie. Wenn jetzt jemand sagen würde: ›Ich würde meine Miete für die nächsten fünf Jahre im Voraus zahlen‹, dann würde ich sagen: ›Quatsch. Das ist viel zu realistisch, viel zu phantasielos, viel zu pragmatisch.‹ Aber was, wenn mir eine Frau sagen würde: ›Ich möchte zu einer Einladung im Weißen Haus gehen, in einem Kleid aus lauter echten Smaragden. Das wäre großartig! Echte Smaragde! Auf einen Stoff genäht, der nur von einer ganz bestimmten Nonne in Indien gewebt werden kann!‹ Es ist völlig übertrieben, aber es ist der Inbegriff des Wunschtraums.«

Meisner hält kurz inne, um das Mikrofon am Brillenbügel zurechtzurücken. »Mir geht es hier um Phantasie. Wunschträume basieren auf Phantasie. Sie stimulieren die Phantasie – versteht ihr das? Wenn ich sage: ›Ich gebe dir hunderttausend Dollar. Was machst du damit?‹, und ihr sagt: ›Ich kaufe mir ein Haus, richte es ein und bezahle die Abgaben für die nächsten zwanzig Jahre‹, dann ist das pragmatisch. Es kommt nicht aus eurer phantasiebegabten Seele – es kommt aus eurem Wunsch nach Sicherheit. Aber das Kleid aus lauter Smaragden ist reine, unverstellte Phantasie. Und daraus bestehen Wunschträume. Ist der Unterschied klar geworden? Das eine ist das Produkt der Phantasie, das andere beruht auf prosaischer Realität. Ich möchte euch diesen Punkt sehr deutlich machen, denn er ist der Auftakt zur eigentlichen

Vorbereitung. Mehr werde ich jetzt dazu nicht sagen. Es ist der Auftakt dazu, euch selbst als phantasievoll wahrzunehmen. Und wie gesagt – um es noch einmal zu wiederholen –, es ist ein Auftakt, eine Anmerkung, die den Auftakt der Vorbereitung bildet.«

»Sandy?«, sagt Bette. »Ich hätte einen Vorschlag.«

»Ja?«

»Nächstes Mal sollten Sie vielleicht fragen, was wir mit einer Million anfangen würden. Mit hunderttausend Dollar kommt man heute längst nicht mehr so weit wie früher.«

»Das stimmt«, sagt Meisner. »Das habe ich auch schon festgestellt.«

Die Schüler lachen.

***

Das Mittagsmenü ist das Gleiche wie immer: ein Körnerbrötchen mit Thunfisch, dazu schwarzer Kaffee.

»Scott«, sagt Meisner, »erinnere mich heute Nachmittag doch bitte an die Schauspielerin, von der ich mal gehört habe, dass sie sich jede neue Rolle als einen einzigen ununterbrochenen Satz aufschrieb, sodass jede Replik ihrer Partner immer wie eine unüberlegte, spontane Unterbrechung wirken musste. Davon könnten die Schüler auch profitieren.«

Scott Roberts nickt und schreibt es auf seinen gelben Notizblock.

6.

VORBEREITUNG (TEIL I): »TIEF IM HAREM MEINES HIRNS«

> BEN *(kommt herein)*: Gehen wir.
> LIBBY: Wohin?
> BEN: Ins Empire. Wir sehen uns Marlene Dietrich an.
> GUS: Marlene – die intellektuelle Künstlerin [...] Marlene, tief im Harem meines Hirns ...
> – Clifford Odets, *Verlorenes Paradies*

1. Dezember

»Den heutigen Tag werden wir der Vorbereitung widmen«, sagt Meisner. »Die Vorbereitung ist das Werkzeug, das euch ermöglicht, eure Szenen anzulegen und sie in einem Zustand emotionaler Lebendigkeit zu spielen. Die Vorbereitung dient dazu, euch nicht emotional leer dastehen zu lassen. Ich möchte dieses Thema sehr einfach angehen. Wenn ihr im Verwaltungsbüro des Shubert Theaters einen Vertrag für eine wunderbare Rolle in einem wunderbaren Stück unterschreibt, liegt es nahe, dass ihr vor Freude fast platzt, wenn ihr euren Namen unter das Dokument setzt. Selbst wenn ihr in Riverdale wohnt, eine Dreiviertelstunde mit der U-Bahn weg, sind die Freude und der Stolz, die euch im Shubert erfüllt haben, immer noch in irgendeiner Form vorhanden, wenn ihr nach

Hause kommt. Stellt mir ruhig Fragen, wenn ich mich nicht klar ausdrücke.«

Er hält kurz inne, doch die Schüler verstehen, was er sagt.

»Die Vorbereitung wird euch vor gewisse Probleme stellen. Eines davon ist die Versuchung, sie zu sehr zu zeigen. ›Schau mal, Mama, wie glücklich ich bin – oder wie unglücklich.‹ ›Schaut mal, Zuschauer, wie sehr ich außer mir vor Freude bin.‹ Ihr projiziert euren Zustand nach außen. Ihr handelt, damit die Leute euren emotionalen Zustand spüren. Und noch etwas, das man gar nicht oft genug wiederholen kann: Die Vorbereitung betrifft nur den allerersten Moment der Szene, danach weiß man nicht mehr, was passieren wird. Ich werde euch das noch zeigen. Rose Marie, erinnere mich bitte daran, dass ich es euch später zeige.

In den Anfangstagen des Stanislawski-Systems war Mr. S. ständig auf der Suche nach wahrhaftigem Verhalten, und wenn er beispielsweise große Freude sehen wollte, dann fragte er, wo man die Realität großer Freude finden könne. Seine Lösung war simpel: Man *erinnert* sich an einen Moment, als man unter dem Einfluss großer Freude stand. Das ist das sogenannte ›emotionale Gedächtnis‹. Ich benutze das nicht, und nach dreißig Jahren des Experimentierens hat er es auch nicht mehr getan. Warum? Wenn man zwanzig ist und in einem Feinkostladen arbeitet, sind die Chancen sehr gering, dass man sich noch an jene unglaubliche Nacht damals mit Sophia Loren erinnern kann. Die Chancen stehen schlecht, dass man das ganze Glück einer solchen idealisierten sexuellen Begegnung überhaupt schon erfahren hat. Drücke ich mich klar aus?«

Die Schüler nicken.

»Anders ausgedrückt: Das, was ihr sucht, beschränkt sich nicht zwingend auf die Realität eures eigenen Lebens. Es kann auch aus eurer Phantasie kommen. Wenn ihr euch die Freiheit erlaubt – ohne Schranken, ohne moralische Grenzen –, euch einfach *vorzustellen*, was mit euch und Sophia Loren passiert sein könnte, dann wird eure Phantasie mit einiger Wahrscheinlichkeit tiefer und überzeugender sein als die reale Erfahrung. Ist das klar? Kann jemand wiederholen, was ich gerade gesagt habe?«

John meldet sich. »Sie sagten, dass unsere Phantasie mindestens so stark ist wie die Erfahrungen aus unserer Vergangenheit, an die wir uns erinnern, wenn nicht sogar stärker.«

»Richtig. Rose Marie?«

»Wenn ich also das Gefühl brauche, dass mir eine riesige Last von den Schultern genommen wird, kann ich dann etwas in der Art benutzen: ›Ich muss die nächsten zehn Jahre nicht mehr arbeiten, weil ich im Lotto gewonnen habe?‹ Oder ist es besser, Umstände aus meinem richtigen Leben zu verwenden, beispielsweise wie sehr ich damals darunter gelitten habe, Cheeseburger servieren zu müssen, und wie ich vor lauter Freude geweint habe, als ich diese Arbeit auf einmal nicht mehr machen musste?«

»Es ist immer besser, das zu verwenden, was *dich* bewegt, *dich* anrührt.«

»Dann muss ich also nicht so tun, als wäre ich Cinderella ...«

»Nein!«

»Und ich muss auch nicht in einer armseligen Hütte wohnen und mir schon immer ein Paar gläserne Schuhe gewünscht haben ...«

»Nein, das musst du nicht, aber wenn es für dich funktioniert, dir ein Leben in der Hütte und ein Paar Schuhe, die du endlich bekommst, vorzustellen, dann kannst du auch das verwenden. Ich sage nur – ich will es gar nicht kompliziert machen: Kommt nicht mit leeren Händen. Schöpft euer Innenleben aus dem, was die gegebenen Umstände in euch auslösen. Das hat mit der Selbst-Stimulierung von Emotionen zu tun. Und nach den Wunschträumen habe ich euch deshalb gefragt, weil ich euch dazu bringen möchte, das eine Element in euch selbst zu finden, das nur *euch allein* gehört und keinem sonst, das *euch allein* stimuliert und keinen sonst. Die Quelle, in der ihr dieses Innenleben findet, steht nicht zwingend in Zusammenhang mit den Anforderungen der Szene. Im letzten Jahrhundert hat der englische Schauspieler William Charles Macready vor einer ganz bestimmten Szene im *Kaufmann von Venedig* immer an einer Eisenleiter gerüttelt, die hinter der Bühne an einer Wand befestigt war. Immer und immer wieder hat er versucht, sie zu bewegen, und wurde dann fuchsteufelswild, weil sie sich keinen Millimeter verschieben ließ. Anschließend ging er auf die Bühne und spielte die Szene. Drücke ich mich klar aus?«

»Sie sagen, dass die Vorbereitung nicht zwingend mit der Szene zusammenhängt«, sagt Ray. »Hätte es im Fall von Macready also auch so sein können, dass er erst wegen der Leiter wütend wird und dann auftritt, um eine Liebesszene zu spielen?«

»Es hätte sicher so sein können, dass er wegen der Leiter wütend war und dann eine Szene spielt, in der seine Freundin ihn anderthalb Stunden lang vor der Radio City Music Hall warten lässt. Das wäre denkbar. Ich gebe euch nur diese eine Voraussetzung mit: ›Kommt nicht mit leeren Händen.‹ Ja?«

»Ich stelle immer wieder fest«, sagt Bette, »dass ich eher von körperlich greifbaren Dingen angeregt werde, anstatt darüber nachzudenken, wie ich Hamburger serviert habe, oder an Cinderella zu denken oder an etwas anderes rein Intellektuelles, das mich nicht bewegt.«

»Du musst herausfinden, was *dich persönlich* stimuliert. Wenn ich mit einem romantischen Herzschmerz auf die Bühne kommen will, weil meine Freundin mich für einen Älteren verlassen hat ...«

Die Schüler lachen.

»... dann bekomme ich dieses Gefühl vielleicht daher, dass ich das kitschige Thema aus Tschaikowskis Symphonie *Pathétique* vor mich hin summe. Versteht ihr das grundsätzliche Prinzip?

Das smaragdbesetzte Kleid ist pure Phantasie. Ihr wisst nicht einmal genau, was euch an Smaragden so anzieht, aber ihr wisst, dass ihr euch mit zwei großen Smaragden am Finger wie eine Königin fühlen würdet!«

»Ich habe die ganze Woche darüber nachgedacht«, sagt Rose Marie, »und vielleicht sollte ich deswegen ja mal zum Psychiater gehen, aber ich habe mir niemals auch nur die Möglichkeit gegeben, über so ein Smaragdkleid nachzudenken. Vielleicht sollte ich nicht so viel Banales denken und dafür lieber mehr träumen.«

»Es stimmt doch gar nicht, dass du nur Banales denkst«, sagt Meisner. »Ich werde euch erklären, was ich damit meine. Zunächst einmal ist Doktor Freud – Siggi für seine Freunde – der Ansicht, dass jede Phantasie entweder durch Ehrgeiz oder Sex motiviert ist. Wenn ich euch beispielsweise eine Million Dollar gebe – ich bin seit letzter Woche großzügiger geworden – und ihr mir erzählt, ihr wolltet euch ein prächtiges Haus in Hollywood damit bauen, dann wäre das ehrgeizig. Und der Sex-Aspekt? Dazu fällt mir ein Witz ein. Zwei Männer gehen zusammen ins Kino. Sie stellen sich vor der Kasse an, und der eine sagt: ›Sophia Loren war übrigens große Klasse im Bett, damals, als ich es mit ihr getrieben habe.« Der andere Mann schweigt, und der erste sagt: ›Mit Liz Taylor hatte ich auch viel Spaß. Sie hat jede Menge Elan.« Der andere sagt immer noch nichts, aber dann grinst er schließlich und sagt: ›Kennst du Greta Garbo? Mit der treibe ich es gerade.‹«

Die Schüler lachen.

»Das heißt Vorbereitung! ›Das Tier mit den zwei Rücken‹! Jetzt, in diesem Moment!«

Wieder wird gelacht.

»Habe ich euch schon von dem Mann im Bus erzählt, der David Merrick nicht leiden konnte? Dieser Mann – ein aufstrebender Dramatiker, der unbedingt aus der Reißverschlussfabrik seines Vaters wegkommen will – hat den ganzen Tag im

Vorzimmer von David Merricks Büro gehockt, aber Merrick war nicht für ihn zu sprechen. Auf dem Heimweg im Bus sieht er eine Werbung, auf der ein elegant gekleideter Herr eine Zigarre raucht, und obwohl es dem Mann selbst nicht klar ist, erinnert ihn dieser Herr ein bisschen an David Merrick. Und plötzlich läuft sein Kopf auf Hochtouren. ›Dieser Fatzke! Nur weil sein Schreibtisch zwanzig Meter lang ist und voller Theaterstücke liegt, hält er sich für einen Produzenten. Dabei hat er mehr Flops gelandet als die Shuberts und die Nederlander-Brüder zusammen!‹ Er kocht innerlich vor Wut über David Merricks Inkompetenz und seine haarsträubende Blödheit, bis der Bus an seiner Haltestelle hält. Eine alte Dame hat die Beine in den Zwischengang gestreckt, und weil der Mann so wütend ist und nicht richtig aufpasst, stolpert er über ihre Beine. Und brüllt sie an: ›Fick dich doch ins Knie!‹«

Die Schüler lachen.

»Ihr seht, der zufällige Blick auf die Werbung hat einen Prozess des freien Assoziierens in Gang gebracht, und der wiederum hat zu dem Zorn geführt, den schließlich die arme alte Dame abgekriegt hat. Es ist ein Beispiel dafür, wie durch freies Assoziieren eine Vorbereitung entsteht. Macready hat an der Leiter gerüttelt, jemand anders singt ein Lied, wieder jemand anders trägt ein smaragdbesetztes Kleid, und die Dritte gewinnt im Lotto und braucht zehn Jahre lang nichts anderes zu tun als die beste Schauspielerin zu werden, die sie sein kann. Aber diese Ansätze sind nur so lange wiederholbar, wie sie auch wirksam bleiben. Mit sechzehn war ich ganz verrückt nach Tschaikowskis Symphonien, aber wenn ich heute eine davon höre, denke ich nur noch: ›Wie kitschig!‹ Mit anderen Worten: Das, was euch stimuliert, kann sich auch verändern.«

Meisner hält kurz inne, damit die Schüler diesen Punkt verdauen können.

»Und als ich dreizehn war – ihr müsst entschuldigen, dass ich sehr persönliche Beispiele wähle –, habe ich bei der Morgenandacht montags in der Schule immer geschwatzt. Ich war ein sehr unruhiges Kind. Ich habe sogar noch geplappert, wenn die Nationalhymne gespielt wurde. Irgendwann holte mich der Direktor, Julius Bloom, aus der Menge und sagte: ›Geh in mein Büro und warte dort auf mich‹, was ich natürlich tat. Tja, und dann musste meine Mutter dazukommen. Und mein Vater. Meine Strafe bestand darin, dass ich mich in der allerletzten Reihe in eine Ecke setzten musste und mit niemandem reden durfte. Es war mitten im Ersten Weltkrieg, und nachdem ich so unpatriotisch war, musste ich zwangsläufig mit den Deutschen sympathisieren. Das ging ewig so weiter, und es war wahrhaftig kein Spaß, so ausgegrenzt zu werden. Doch dann gab es einen großen Wettbewerb: Man musste einen Aufsatz darüber schreiben, warum wir alle Kriegsanleihen kaufen sollten. Ich gewann den ersten Preis. Was sollten sie nun mit mir anfangen? Da war ich unpatriotisch und schreibe trotzdem den besten Aufsatz! Also wurde ich rehabilitiert.«

Meisner zündet sich eine Zigarette an.

»Folgendes will ich damit sagen: Wenn ich an diese Erfahrung zurückdenke, finde ich sie ebenso amüsant wie blöd, aber das ist natürlich nicht das, was ich empfinden soll, wenn jemand zu mir sagt: ›Weißt du noch, wie aufgelöst du damals warst, als du von der Schule geflogen bist?‹ Mit der Zeit ändert die Vergangenheit ihre Bedeutung. Das ist einer der Gründe, warum mir das ›emotionale Gedächtnis‹ nicht zusagt, und es ist auch einer der Gründe, warum Stanislawski es aufgegeben hat.« Meisner scheint für einen Moment ganz in Gedanken verloren.

Rose Marie meldet sich.

»Ich sollte Sie noch daran erinnern, dass Sie uns etwas zeigen wollen, Sandy.«

»Ach, ja. Willst du das machen?« Sie steht auf. »Such dir einen Partner, der deinen Freund spielt.« Sie entscheidet sich für John. »Gut, ich werde ihr jetzt sagen, was die Vorbedingungen sind – was du, Rose Marie, mit auf die Bühne bringst. Ihr zwei wohnt hier zusammen. Scott Roberts?« Er wendet sich an seinen Assistenten, der neben dem Verstärker sitzt, der Meisners Stimme an den Lautsprecher überträgt. »Schalte das Ding ab, damit ich flüstern kann.«

Er flüstert kurz mit Rose Marie, dann geht sie hinaus und schließt die Tür hinter sich.

»John, du legst dich aufs Bett.« Wenn er jemanden gezielt anspricht, ist Meisners Stimme auch ohne Verstärker gut zu hören. »Du hast gerade einen schweren Herzinfarkt erlitten, und jetzt bist du tot und bleibst die ganze Szene hindurch leblos liegen. Kriegst du das hin?«

»Klar«, sagt John und lässt sich auf das Bett fallen. Ein paar Minuten vergehen, dann kommt Rose Marie freudestrahlend hereingestürmt. Gleich darauf sieht sie John leblos daliegen und schreit erschrocken auf. Sie geht zu ihm, nimmt seine Hand, tätschelt ihm mit der anderen Hand die Wange. Dann wird sie von Panik erfasst, und nach einer weiteren Minute dreht sie sich zu Meisner um und sagt: »Jetzt würde ich dann den Arzt rufen.«

»Okay«, sagt Meisner. »Das beweist meine Aussage: Die Vorbereitung betrifft nur den allerersten Moment. Versteht ihr diesen Punkt? Ich will dir etwas sagen, Rose Marie. Es ist keine Kritik, nur eine Bemerkung. Deine Vorbereitung war zu schwach. Was, wenn du jetzt zum Beispiel laut singend in den dritten Stock heraufgekommen wärst? Ich habe ihr gesagt, dass sie gerade einen großartigen Hollywood-Vertrag unterschrieben hat, der auch für ihren Freund gilt. Sie wären zusammen nach Hollywood gegangen. Deshalb ist sie so hereingekommen, und deshalb sage ich jetzt auch: ›Deine Vorbereitung war zu schwach.‹ Ihm habe ich gesagt, was ich ihm gesagt habe. Er ist tot, er hatte einen Herzinfarkt. Ziemlich extrem, aber darum geht es hier. Gibt es Fragen?«

»Sie sagen, meine Vorbereitung war zu schwach«, meint Rose Marie. »Wenn ich zu Hause gewesen wäre, hätte ich wahrscheinlich laut geschrien vor Freude. Vor ein paar Wochen habe ich einen Anruf bekommen …«

»Dann hättest du genau *das* tun sollen!«

»Ich hatte Angst, dass ich damit ›zeige‹, wie ich mich fühle.«

»Nein! Du zeigst es überhaupt nicht. Weißt du, was das heißt, etwas zu ›zeigen‹? Nehmen wir mal an, irgendein unfähiger Regisseur erklärt mir, eine meiner Vorbedingungen wäre, dass ich gerade gesehen habe, wie ein süßer kleiner Hund überfahren wird, und ich ziehe mich in eine dunkle Ecke zurück und bereite mich vor. Ich arbeite und arbeite und arbeite an meiner Vorbereitung, aber nichts passiert, weil ich Hunde einfach nicht mag. Dann kommt mein Stichwort, ich gehe auf die Bühne und rufe: ›Ach, ach, ach‹. Versteht ihr? Ich habe die Vorbereitung nur *markiert.* Ich habe die Emotion, die ich nicht habe, *markiert.* Das bringt überhaupt nichts.«

Meisner unterbricht kurz, um seine Zigarette auszudrücken.

»Nur noch ein Gedanke, dann bin ich mal ein Weilchen still. Vor ein paar Jahren hatte ich noch ein Auto. Und wenn ich im Winter in dieses Auto stieg, was war dann das Erste, was ich tat, um es anzulassen? Ich habe die Starterklappe betätigt, damit der kalte Motor mehr Kraftstoff bekommt. Das ist so eine Art Aufwärmphase, stimmt's? Und für Schauspieler ist eben die Vorbereitung die Aufwärmphase.«

Er lässt den Blick durch den Raum schweifen. »Machen wir eine Pause.«

»Der Zweck der Vorbereitung ist ganz einfach: Es geht um Selbst-Stimulierung. Rose Marie, du hast gesagt, die Vorstellung, im

Lotto zu gewinnen, wirke anregend auf dich, weil das bedeuten würde, dass du nie mehr Cheeseburger servieren musst und dich ganz auf deine Schauspielkarriere konzentrieren kannst. Du hast gesagt, es verschaffe dir ein so gutes Gefühl, dass dir die Tränen kommen, weißt du noch? Bevor du angefangen hast, darüber nachzudenken, was du mit dem Geld machen würdest, warst du also eine bestimmte Art von Mensch. Und als du angefangen hast, richtig mit dem Gedanken an das gewonnene Geld zu spielen, warst du nicht mehr derselbe Mensch. Du warst Rose Marie im Zustand der Glückseligkeit, stimmt's?«

Rose Marie nickt.

»Die Vorbereitung ist also eine Art Tagträumerei. Sie ist tatsächlich ein Tagtraum. Ein Tagtraum, der eine Veränderung in euch auslöst, sodass ihr nicht mehr dieselben seid wie noch vor fünf Minuten, denn jetzt arbeitet die Phantasie in euch. Das *Wesen* des Tagtraums kommt allerdings aus dem Stück. Nehmen wir zum Beispiel Joseph Morgan. Was ist die Vorbedingung seiner Szene mit Beth? Er weiß, dass seine Frau ihm untreu war. Freud sagt, jede Phantasie ist entweder von Sex oder Ehrgeiz motiviert. Er sagt außerdem, dass wir uns für unsere Phantasien schämen, je älter wir werden, dass sie nicht ins Erwachsenenleben gehören, dass sie etwas für Kinder sind.«

Meisner sieht Joseph an. »Nehmen wir mal an ... du sollst das jetzt nicht nachmachen, Joe Morgan, ich nehme deine Szene nur als Beispiel, weil sie relativ einfach ist. Nehmen wir also an, du kommst zu dem Schluss, dass das Wissen um die Untreue deiner Frau entsetzlich demütigend für dich ist. Du hast also einiges an Arbeit mit deinem Innenleben vor dir, um Joe Morgan in den Zustand akuter Selbsterniedrigung zu versetzen. Wie erreicht man das? Nehmen wir an, er denkt an einen Vorfall, bei dem ein Regisseur nach dreitägiger gemeinsamer Arbeit die Probe abbricht. Das kann ihm im wahren Leben schon passiert sein, oder aber, und das ist noch viel entscheidender, er denkt es sich einfach aus. Er hat die Wahl! Der Regisseur sagt vor versammelter Truppe zu ihm: ›Morgan, du bist gefeuert. Du hast ungefähr so viel Talent wie ein Brathähnchen!‹ Versteht ihr? Ihr könnt das so aufbauen, wie es euch persönlich zusagt. Dann sagt dieser Regisseur, ein echter Mistkerl, noch zu ihm: »Ich kenne eine Frau, die dich auch kennt, und sie hat mir erzählt, was du für eine Niete im Bett bist. Dann hat sie mir noch beschrieben, wie du einen auf Rudolph Valentino machst, das war wirklich zum Brüllen.‹ Jedes Wort dieser Phantasie trifft dich bis ins Mark, bis du nur noch unter den Tisch kriechen und dich in Luft auflösen willst. So sehr schämst du dich!«

Joseph rutscht unbehaglich auf seinem Stuhl herum.

»Könnt ihr den Prozess hier nachvollziehen? Machen wir weiter mit unserer Phantasie. Nehmen wir an, Joes Vorbereitung löst das Bedürfnis in ihm aus, sich in die Ecke zu setzen und ins nächste Mauseloch zu kriechen. Dann kommt die Ehefrau herein, und die Szene spielt sich ab zwischen Frau und Wurm! Und dieser Wurm, dieser jämmerliche Mann, zutiefst beschämt und gedemütigt, wie immer man es auch nennen will – der ist durch eine Phantasie entstanden! Ihr habt euch vorbereitet. Ihr seid so weit. *Dann* erst fängt die Szene an. Habe ich euch diesen Prozess logisch vermitteln können?«

Die Schüler nicken.

»Die Phantasie des Tagtraums ist der persönlichste und geheimste aller schauspielerischen Werte. In die Alltagssprache übersetzt bedeutet das, dass wir unsere Phantasie darauf verwenden, in uns selbst das zu erfüllen, was wir *vor* Beginn der Szene als emotionalen Zustand festgelegt haben. Ich habe Freud zitiert. Ich habe euch gesagt, dass die Vorbereitung ein Produkt eurer ehrgeizigen oder sexuellen Phantasien ist. Der Mann im Bus, der sich vorstellt, wie abfällig er David Merrick behandeln wird, wenn der ihn um die Produktionsrechte für sein nächstes Stück anfleht, verwendet seine Ehrgeizphantasie. Das Gefühl, vor Scham über die eigene sexuelle Unzulänglichkeit am liebsten sterben zu wollen, ist offensichtlich sexuellen Ursprungs. Aber das alles lässt sich auch durch ein Musikstück herstellen. Es kann überall herkommen. Es ist ein selbsterzeugter Ansporn, der aus der eigenen Phantasie kommt, und die wiederum ist ein Produkt der Erfindungsgabe.«

Meisner hält inne. »Habe ich euch schon von Charlie Laughton erzählt, in diesem uralten Film mit dem Titel *If I had a Million (Wenn ich eine Million hätte)*? Er spielt darin einen Büroangestellten – unterdrückt, gescholten und getreten, unglücklich. Eines Tages erbt er eine Million. Damals noch ein echtes Ereignis. Und plötzlich hat er eine Szene mit dem garstigen Chef zu spielen, der ihn immer so schlecht behandelt hat. Er muss zu ihm ins Büro gehen und sagen: ›Ich bin fertig mit Ihnen. Behalten Sie Ihre Stelle!‹ Und Laughton hat das so interpretiert, dass er sich völlig überlegen fühlt. Er triumphiert! Bevor er also bei seinem Chef klopft und in sein Büro tritt, muss er dieses Triumphgefühl in sich erzeugen. Wäre er Vince, würde er sich dieses absolute Überlegenheitsgefühl vielleicht aus seinen Erfahrungen mit Frauen holen. Das verschafft einem ja gemeinhin das Gefühl, unbesiegbar zu sein. Aber nehmen wir mal an, Laughton bekam dieses Gefühl durch Männer? Er wird uns das Geheimnis seiner Vorbereitung nicht verraten, aber trotzdem braucht er es! Und wenn ihn jemand fragt: ›Woher hattest du bloß dieses Gefühl, der große Eroberer zu sein, bevor du an die Tür geklopft hast?‹, dann wird er nur antworten: ›Das geht dich gar nichts an.‹ So privat, so persönlich ist die Vorbereitung. Stellen wir uns einen Schauspieler vor – ich rede jetzt totalen Blödsinn, vielleicht aber auch nicht –, der aus South Dakota stammt. Die nächste Farm liegt fast dreihundert

Kilometer entfernt, aber zwischen den beiden Häusern stehen mehrere tausend frei zugängliche Schafe.«

»Die armen Schafe«, wirft Anna ein.

»Nicht aus Sicht des Schauspielers«, sagt Meisner. »Ich will damit nur das ganz persönliche, geheime, intime Wissen bei der Vorbereitung verdeutlichen. Wenn euch also jemand fragt: ›Wo kommt diese großartige Emotion her, mit der du den dritten Akt spielst?‹, lautet die Antwort einfach nur: ›Talent.‹«

Die Schüler lachen.

»Ich erzähle euch noch etwas über die Vorbereitung. Seid darauf vorbereitet, damit in die Irre zu laufen; seid darauf vorbereitet, Fehler zu machen. Ich könnte noch mehr sagen, aber ich glaube, für heute habe ich genug geredet. Wenn ich zu viel darüber rede, neige ich immer dazu, der Sache ein dramatisches Gewicht zu geben, die sie gar nicht haben muss. Manchmal braucht man auch gar keine Vorbereitung.«

Wieder hält Meisner inne. »Aber für ein paar berechtigte Fragen bin ich offen.«

John meldet sich. »Wenn wir auf der Bühne stehen«, fragt er, »sollen wir unsere Vorbereitung dann so umfassend wie möglich gestalten, weil wir ja am Theater arbeiten und nicht beim Film, wo das Spiel sehr viel zurückgenommener ist?«

»Dazu sage ich nur eines: Der Wirkung von Emotionen kann man sich nicht entziehen, ob nun in einem großen oder einem winzig kleinen Theater. Wenn sie da sind, schwillt man durch sie an … ich korrigiere, ›anschwellen‹ ist kein gutes Wort dafür. Wenn sie da sind, infizieren sie die Schauspieler *und* das Publikum. Und wenn sie fehlen, so wie bei Helen Hayes, braucht ihr es gar nicht erst zu versuchen: Dann sprecht ihr euren Text einfach so wahrhaftig, wie ihr könnt. Emotionen kann man nicht vortäuschen. Das lenkt die Aufmerksamkeit nur noch mehr darauf, dass keine da sind. Maureen Stapleton hat sie ständig. Kim

Stanley hat manchmal zu viel davon. Geraldine Page ist ganz wunderbar. Es gibt viele gute Schauspieler. Wenn ihr Schauspieler seid und mit eurem Partner so arbeitet, wie ihr es hier gemacht habt, dann passiert auf jeden Fall etwas.«

Bruce meldet sich zu Wort. »Als Sie neulich zu Joseph gesagt haben, er solle sich einfach *vorstellen*, dass seine Frau ihm untreu ist – das war auch eine Form von Vorbereitung, oder?«

»Damit habe ich nur gemeint, dass Schauspieler auf die Vorstellung von einer treulosen Frau ebenso reagieren wie Metzger. Und gesagt habe ich: ›Du bist kein Kind mehr. Wenn du dir vorstellst, dass deine Frau dir untreu ist, löst das eine Emotion in dir aus.‹ Ich habe mich ganz auf seine normale Reaktion verlassen. Ich habe ihm nicht gesagt: ›Bereite dich vor.‹ Aber *heute* habe ich gesagt, ihr sollt euch vorbereiten, stimmt's? Heute habe ich euch zum ersten Mal gesagt, ihr sollt euch vorbereiten. Es ist ganz einfach. Kommt nicht mit leeren Händen in diesen Raum. Wo wart ihr gerade, warum, und was bringt ihr dadurch mit? Mehr sage ich nicht. Oder habe ich etwa mehr gesagt? Ich glaube nicht. Das kommt noch. Ich habe euch doch vom Erröten der Duse erzählt. Wer kann mir das erklären?«

»Sie war gut vorbereitet?«, schlägt Vincent vor.

»Nein. Das war wahrhaftiges Leben unter imaginären Gegebenheiten. Keine Vorbereitung kann so etwas hervorrufen. Es ist ihrem Genie entsprungen, ihrer Vollkommenheit darin, unter imaginären Gegebenheiten wahrhaftig zu leben.«

5. Dezember

»In der nächsten Stunde will ich mir alle eure Szenen mit Vorbereitung ansehen. Also seid vorbereitet!«

»Die Szenen oder die Übungen?«, fragt Ray.

»Ihr habt doch alle eine Szene, oder?«

»Sollen wir die Szenen zu Hause mit Vorbereitung üben?«, fragt Anna. »Oder sollen wir uns das bis Montag aufheben?«

»Aufheben? Nein, nein, ihr sollt sie spielen. Und wenn nötig ändern.«

»Sollen die unabhängigen Tätigkeiten denn gleich bleiben?«, fragt Bette. »Dass Anna sich schminkt zum Beispiel, oder dass ich eine Zeitschrift lese?«

»Das ist alles eine weitere Vorbereitung.«

»Die kommt also noch oben drauf?«, fragt Bette.

»Nein, sie liegt darunter.«

»Darunter«, wiederholt Bette, und die anderen Schüler lachen.

»Derjenige, der hereinkommt, bereitet sich vor«, sagt Rose Marie. »Aber was ist mit demjenigen, der schon da ist?«

»Der hat die Vorbereitung seiner unabhängigen Tätigkeit. Die eine Vorbereitung kommt aus der Tätigkeit, die andere entsteht nur daraus, wie ihr die Emotionen an die Oberfläche bringt.«

»In Josephs Fall also, wenn er dasitzt und vor sich hin schmort, bis seine Frau endlich kommt ...«

»In diesem Fall ist Vorbereitung im Spiel. Wenn ihr euch vorbereitet, solltet ihr euch einen möglichst dunklen Winkel suchen. Worüber haben wir heute gesprochen?«

»Darüber, was sich in unserer Phantasie abspielt, damit wir uns in die Gefühlslage versetzen können, die uns durch den ersten Moment der Szene bringt«, sagt Bruce.

John meldet sich. »Sandy, Sie haben doch gesagt, man soll sich einen möglichst dunklen Winkel suchen oder so was ...«

»Einen Ort, wo man allein sein kann. Das hilft. Aber was ich sage, dringt ja auch zu euch durch, wenn ihr hier alle relativ ruhig sitzt. Jetzt lasst mal hören, wie ihr das interpretiert, was ich euch erzählt habe.«

»Ich ziehe für mich daraus«, sagt Ray, »dass man sich vor der Szene mit Hilfe der eigenen Phantasie, vielleicht durch Tagträume oder auch auf andere Weise, emotional in Gang bringt, damit man in den Beginn der Szene eine emotionale Fülle einbringt, die einen über den ersten Moment trägt. Das kommt dann in der Szene vielleicht noch einmal hoch, vielleicht auch nicht, aber es bringt einen überzeugend und lebendig auf die Bühne. Man muss es auch nicht immer direkt auf die Szene beziehen, weil es ja etwas sehr Persönliches ist, von dem man nur selber weiß, das nur einen selber anregt.«

»Richtig«, sagt Meisner.

»Sandy?«, meldet sich John zu Wort. »Gibt es auch eine Technik, die Vorbereitung in uns auszulösen, indem wir etwas laut aussprechen und nicht nur daran denken?«

»Auf diese Frage sage ich dir nur eines. Es gibt nichts Persönlicheres als das, was einen Schauspieler zum Spielen bringt, und die Vorbereitung ist das Allerpersönlichste, Allergeheimste überhaupt. Darum werde ich heute auch nicht mehr dazu sagen.«

Ray meldet sich. »Sie sagen uns also quasi, dass Sie uns nicht sagen können, wie man es macht, sondern dass wir es einfach machen sollen. Das soll jetzt gar nicht spitzfindig klingen. Sie sagen uns, dass es etwas total Persönliches ist und dass es keine Technik dafür gibt. Die Vorbereitung ist einfach etwas, das stattfinden muss, und wir müssen eben lernen, wie man das macht.«

»Es sollte zumindest stattfinden«, sagt Meisner, »und ich versuche, soweit mir das möglich ist, euch einen Weg zu zeigen, wie man diesen Prozess bewusst in Gang bringt. Könnt ihr das nachvollziehen?«

8. Dezember

Lila und Dave sollen eine Szene aus William Inges Stück *The Dark at the Top of the Stairs (Das Dunkel am Ende der Treppe)* spielen.

»Was sind die Vorbedingungen dieser Szene, Lila?«, fragt Meisner.

»Reenie kommt herein. Ich sage ihr, dass es ihr meiner Meinung nach guttun würde, auf diese Party zu gehen, und sie regt sich darüber auf und geht wieder Klavier üben.«

»Das ist die Handlung des Stücks. Ich würde sagen, die Vorbedingung der Szene ist, dass du gerade ein Kleid änderst, das deine Tochter zur Ballschönheit machen wird. Was löst das in dir aus?«

»Oh, ich bin ganz beschwingt. Das Kleid ist wunderschön.«

»Dann befindet sich Lila King also in einem beschwingten Zustand, ja? Ich weiß natürlich nicht, wie du die Beschwingtheit in dir hervorrufst. Vielleicht denkst du an eine gute Kritik zurück, die du vor Jahren einmal bekommen hast. Oder du stellst dir vor, dass sie das Ethel Barrymore Theatre morgen in Lila King Theatre umbenennen. Ich weiß nicht, wohin deine Phantasie dich führen wird, aber wenn du so weit bist, setzt du dich mit dem Kleid hin und machst alles, was du willst, während du es änderst – du kannst zum Beispiel vor dich hin summen. Dann haben wir nicht mehr Lila King, die Schauspielerin, vor uns, sondern Lila King, die beschwingte Frau. Wer, außer vielleicht ein besonders beschränkter Regisseur, hielte dich davon ab, mit dem Kleid durchs Zimmer zu tanzen? Wer hält dich ab? Ich bestimmt nicht!«

Dann wendet sich Meisner an Dave. »Jetzt kommen wir zum Ehemann. ›19 Dollar 95‹. Was löst das in dir aus?«

»Eine Mordswut«, sagt Dave. »Sie hat einfach hinter meinem Rücken diese Irrsinnssumme ausgegeben.«

»Geh in das Gefühl, dass ihr euch das nicht leisten könnt.«

»Wir haben kaum genug Geld, um die Miete und die Stromrechnung zu bezahlen. Wir kommen gerade so über die Runden und haben ganz sicher kein Geld für Extrawürste wie Partykleider.«

»Das ist das Fundament. Darauf musst du eine emotionale Haltung in dir aufbauen, bei der es um den finanziellen Ruin geht. Wir werden nicht allzu weit in die Szene hineingehen, aber richtet jetzt bitte hier drinnen alles ein und geht dann nach draußen. Wenn ihr so weit seid, kommt ihr herein und spielt. Alles klar? Habt ihr beide verstanden, was ich sage?«

Sie nicken.

»Ihr solltet euch draußen verschiedene Ecken suchen. Und Dave, du vergewisserst dich, dass sie schon hier ist, bevor du hereinkommst.«

Lila und Dave gehen nach draußen und schließen die Tür hinter sich.

»Im Grunde ist es doch ganz einfach, nicht?«, sagt Meisner. »Man braucht nur ein paar Jahre, um es zu lernen.«

Nach ein paar Minuten kommt Lila herein, nimmt das Kleid vom Tisch, hält es sich vor und bewundert sich in dem großen Spiegel, der an der Wand lehnt. Sie summt zufrieden vor sich hin, dann setzt sie sich an den Tisch und fädelt einen Faden in die Nadel. Unvermittelt kommt Dave herein, und die Szene fängt an. Nach drei oder vier Minuten unterbricht Meisner.

»Besprechen wir das. Es war völlig in Ordnung, nichts Falsches daran, es war also keine Frage der Qualität, sondern der Quantität. Was heißt das? Quantität statt Qualität. Die Qualität eures Verhaltens war gut. Ich rede hier nur vom Anfang. Er war noch nicht ›voll‹ genug. Ich zeige euch, was ich meine. Als du hereingekommen bist, Dave, und sie mit dem Kleid herumtanzen sahst, da hätte es mir sehr gefallen, wenn du dich am liebsten selbst in Stücke reißen würdest, denn du hast den Beweis vor dir, dass sie dich ruiniert. Verstehst du? Und bei dir, Lila, hätte es mir gefallen, wenn wir dich tanzen gesehen hätten wie ein fünfzehnjähriges Mädchen, wie deine Tochter eben, bevor er hereinkommt. Wenn ich mich nicht sehr täusche, Dave – die

Möglichkeit besteht ja immer –, müsste es dir eigentlich nicht schwerfallen, empört, angewidert und fuchsteufelswild zu sein, wenn sich jemand so unvernünftig verhält. Stimmt das?«

»Ja, das stimmt«, sagt Dave.

»Und das will ich sehen, verstehst du? Und dir, Lila, dürfte es meines Erachtens sehr leichtfallen, dich wie eine Fünfzehnjährige zu verhalten und mit dem Kleid herumzutanzen wie die Ballkönigin.« Lila nickt zustimmend. »Das will ich sehen. Aber wir sind ja noch ganz am Anfang, und es ist bestenfalls schwierig, am Anfang aus einem vollen emotionalen Innenleben zu schöpfen. Ich will euch einfach nur zeigen, welche Möglichkeiten euch offenstehen. Ihr habt beide die ganze Zeit die Realität dieser Szene behalten. Sie hat noch nicht die Fülle erreicht, die möglich wäre, aber eure Emotionen hatten immer die richtige Qualität. Ich spreche hier nur von der *Fülle* des Anfangs. Ich möchte euch heute die verschiedenen Qualitäten der Vorbereitung klarmachen, die ›voller‹ sind als einfach nur zu wissen, dass du, Dave, wütend über ihre Verschwendungssucht bist und du, Lila, beschwingt. Nur davon rede ich.«

12. Dezember

Ray und Rachael, eine schmale und hübsche blonde junge Frau, die, wie auch Anna, als Model jobbt, stehen kurz davor, ihre Szene zu spielen.

»Warum kommst du herein?«, will Meisner von Rachael wissen.

»Ich komme herein, um ihm zu sagen …«

»Das spielt keine Rolle. Die Szene entwickelt sich von allein. Wo kommst du her?«

»Ich war gerade bei meinem neuen Liebhaber.«

»Wie lange gibt es den schon?«

»Seit sieben Monaten.«

»Rekordverdächtig«, sagt Meisner, und die Schüler lachen. »Gut, du kommst also von deinem Liebhaber, den es seit sieben Monaten gibt. Was kannst du dir ausmalen, was kann deine Phantasie sich ausmalen, das heute Nacht passiert ist und dich auf Wolke sieben versetzt? Hast du da was?«

Rachael nickt.

»Etwas ganz Persönliches?«

Sie errötet und nickt wieder.

»Ray, gehen wir mal von dem aus, was ich schon zu Joseph gesagt habe. Du fühlst dich zutiefst gedemütigt, wie ein Kind, das in aller Öffentlichkeit von den anderen Kindern bloßgestellt und verspottet wird. Wenn ihr beide so weit seid, kommt ihr herein.«

Als die beiden draußen sind, sagt Meisner: »Sie hatten keine Schwierigkeiten damit, ihren Text lebendig zu präsentieren, aber wir sprechen jetzt von einer ganz anderen Ebene. Welche Ebene ist das?«

»Die Ebene der Vorbereitung«, sagt Vince.

»Die Vorbereitung führt euch dorthin«, sagt Meisner.

»Die persönliche Ebene«, sagt Rose Marie.

»Die emotionale Wahrhaftigkeit«, ergänzt John.

»Die Fülle!«, ruft Meisner. »Wohin begeben wir uns?«

»Auf eine vollere emotionale Ebene«, sagt Beth.

Nach ein paar Minuten geht die Tür auf, Ray kommt herein und setzt sich auf das Bett. Rachael kommt ebenfalls herein, die Szene fängt an, und sie spielen sie bis zum Ende.

»Gut«, sagt Meisner, »das hat geholfen. Euer Verhalten war viel bedeutungsvoller als beim Mal davor. Ich würde jetzt gern etwas probieren. Rachael, du gehst wieder nach draußen, und wenn du das Gefühl hast, dass nun endlich all deine Träume wahr werden, dann kommst du in den Raum *getanzt!* Wie du das machst, ist mir egal. Geh nach draußen und bereite dich darauf vor.«

»Okay«, sagt Rachael. »Mit oder ohne Text?«

»Mit Text«, sagt Meisner. »Aber ich will dich in äußerster Ekstase sehen, Rachael. Und wenn du dafür an Buchweizenkekse denken musst, dann mach das! Und du, Ray, setzt dich mit dem Rücken zur Tür auf das Bett und weinst, weinst so lange weiter, bis dir das Herz bricht. Wenn du dafür daran denken musst, dass dein Hund gestorben ist, dann mach das. Geh ruhig nach draußen und komm wieder herein, wenn du lieber allein sein willst.«

Die beiden gehen nach draußen, um sich vorzubereiten. Nach ein paar Minuten kommen sie wieder herein und spielen die Szene noch einmal.

»Bei dir, Ray, hat sich längst nicht so viel verändert wie bei dir…« Er sieht Rachael an. »…obwohl die Veränderung auch bei dir nicht groß war. Sag mal, Ray, hast du ein Problem mit Tränen? «

»Sie meinen, ob ich ein Problem damit habe, jemanden weinen zu sehen?«

»Warum hast du nicht geweint?«

»Ich weiß nicht…«

»Hattest du Hemmungen?«

»Ein bisschen. Ich glaube, ich habe es zu sehr versucht. Ich wollte es richtig machen, und das hatte ich die ganze Zeit im Kopf.«

»Du sollst es nicht richtig machen, du sollst lernen. In Ordnung?«

Ray nickt zustimmend.

»Ich habe zu dir gesagt, du sollst weinen. Das ist ein Ergebnis. Es spielt keine Rolle, ob du weinst, weil der Kellner dir ein Spiegelei und kein Rührei gebracht hat. Ich wollte einfach einen Zusammenbruch von dir sehen. Und dich, Rachael, wollte ich wie Carmen auftreten sehen. Das hatte ich mir gewünscht.«

»Eine dramatische Veränderung im Ablauf der Szene«, sagt Ray.

»Etwas völlig anderes«, sagt Meisner. »Arbeitet daran. Beim nächsten Mal schauen wir uns an, was ihr daraus gemacht habt.«

15. Dezember

»Nehmen wir uns *Keine Zeit für Heldentum* vor«, sagt Meisner, und John und Ralph kommen nach vorn und setzen sich auf zwei Klappstühle aus grauem Metall in die Mitte des Unterrichtsraums. »John, aus dem Stück wissen wir, dass Ralphs Figur ein echter Kotzbrocken ist. Wir wissen auch, dass du zu allem bereit wärst, um ihn fertigzumachen, und jetzt hast du endlich etwas gegen ihn in der Hand. Was ist es?«

»Ein Brief«, sagt John, »der beweist, dass er Mist gebaut hat.«

»›*Kein Landurlaub für die Besatzung.*‹ Wie fühlst du dich dabei?«

»Wie ich mich fühle? Phantastisch!«

»Dann setz dich jetzt mal an den Schreibtisch und genieße deine Macht«, sagt Meisner. »In dieser Szene geht es um einen grausamen Mistkerl, dessen größte Freude darin besteht, einen Schuldigen auf dem elektrischen Stuhl zu sehen, und für den dieser Wunsch jetzt wahr wird.«

John stellt seinen Stuhl hinter den langen Tisch und macht sich daran, einige Unterlagen, die er mitgebracht hat, zu ordentlichen Stapeln zu schichten.

»So, Ralph. Habe ich dir schon mal vom ›Magischen *Als-ob*‹ erzählt? In dieser Szene ist es, ›als ob‹ du gerade von der Beisetzung deines dreijährigen Bruders kommst. Anders gesagt: Hier ist eine Tragödie im Gange. Dass die Szene bei der US-Marine spielt, ist völlig egal. Rein emotional spielt sich gerade eine Tragödie ab. Kannst du das nachvollziehen?«

Ralph nickt.

»Geh nach draußen und bereite dich vor. Johnny, du bleibst einfach sitzen und suhlst dich in deiner Vorfreude. Mehr nicht. Aber wenn du willst, geh ruhig auch nach draußen.«

John will gerade nach draußen gehen, da spricht Meisner weiter. »Habt ihr nicht alle schon mal so einen großartigen Traum gehabt, in dem ihr jemanden umbringt? Einen Traum, in dem ihr Rache nehmt und jemanden tötet, den ihr hasst?«

»Nein«, sagt John.

»Na, dann musst du etwas Entsprechendes dafür finden.«

John nickt und geht nach draußen.

Meisner sieht Rose Marie an.

»Nehmen wir an, deine beste Freundin hat einmal zu dir gesagt: ›Lass das mit der Schauspielerei, Rose Marie. Du hast einfach nicht das Zeug dazu.‹ Jetzt hast du gerade mit einem Stück Premiere gehabt, in dem du die besten Rezensionen abräumst, während sie gefeuert wurde. Ist das nicht ein tolles Gefühl?«

Rose Marie grinst.

»Versteht ihr langsam, wie das funktioniert?« Meisner schaut in die Runde. »Ja, oder? Aber nicht alle. Die Genugtuung wollt ihr mir nicht geben, was?«

Nach ein paar Minuten kehrt John an seinen Tisch zurück und liest mit sichtlichem Genuss einen Brief, der ganz oben auf seinem Papierstapel liegt. Ralph klopft, und John ruft ihn herein und fordert ihn auf, Platz zu nehmen. Ralph hockt vor dem Schreibtisch wie ein kleiner Junge, der zum Direktor zitiert wurde. Seine Vorbereitung ist sehr intensiv, und im weiteren Verlauf der Szene wird er angesichts der unnachgiebigen Grausamkeit seines Vorgesetzten immer verzweifelter. Mit Tränen in den Augen bettelt er darum, den Befehl, seinen Männern den Landurlaub zu streichen, wieder aufzuheben. Am Ende, als sich der Captain durch eine Wendung in der Handlung tatsächlich gezwungen sieht, den Befehl zurückzuziehen, seufzt Ralph erleichtert auf und weint hemmungslos vor Freude.

»Das war gut«, sagt Meisner. »Seht ihr, was so eine Vorbereitung euch bringen kann? Deine Emotionen waren wunderbar, Ralph.«

»Danke«, sagt Ralph. Er freut sich sichtlich und lächelt, während er sich noch die Nase putzt und sich die Augen trocknet.

»War das nicht ein gutes Weihnachtsgeschenk?«, fragt Meisner. Ralph nickt, und die anderen Schüler lachen.

***

Meisner steht an der Ecke Fifty-fourth Street/First Avenue und hält nach einem Taxi Ausschau, das ihn nach Hause bringen soll.

»Dave macht mir Sorgen«, sagt er. »Er legt eine emotionale Zurückhaltung in seiner Arbeit an den Tag, die für einen Schauspieler einfach nicht produktiv ist. Als würde er immer nach Gründen suchen, sich *nicht* einzulassen, *nicht* voll und ganz zu spielen. Beherrschtheit ist zwar eine Tugend, aber Zurückhaltung bei Schauspielern ist keine. Das ist ein Problem, mit dem er fertigwerden muss. Ich liebe ja den *Sturm und Drang**! Wenn ich in ein Restaurant gehe, und es steht kein Salz auf dem Tisch, bekomme ich einen Anfall. Ich wünschte, ich könnte Dave etwas davon abgeben.«

Es fängt ganz leicht zu nieseln an, und weit und breit ist kein Taxi zu sehen.

»Ray dagegen entwickelt sich sehr schön«, fährt Meisner fort. »Und Rachael auch. Es heißt, Ray hätte eigentlich Jesuit werden wollen, hätte das Priesteramt dann aber entzogen bekommen, weil er heimlich vom Messwein getrunken hat. Wahrscheinlich ist das nur ein Gerücht. Er ist klug. Ich kann mich immer darauf verlassen, dass er genauestens zusammenfasst, worauf ich mühevoll hinauswill. Von der ganzen Mannschaft würde er mit Sicherheit den besten Lehrer abgeben.«

Ein Taxi biegt um die Ecke, und Meisner hebt seinen Gehstock, um es anzuhalten.

---

* Deutsch im Original. (Anm. d. Ü.)

»Er konnte also nicht zusammenbrechen. Aber das ist zu diesem frühen Zeitpunkt auch noch nicht wichtig. Wie gesagt, eigentlich ist die Sache mit der Vorbereitung ganz einfach. Man braucht nur ein paar Jahre, um es zu lernen.«

Das Taxi hält, und Meisner steigt ein.

7.

IMPROVISATION

»Gehen wir daran, einige der Charaktere des Phantasierens kennenzulernen. Man darf sagen, der Glückliche phantasiert nie, nur der Unbefriedigte. Unbefriedigte Wünsche sind die Triebkräfte der Phantasien, und jede einzelne Phantasie ist eine Wunscherfüllung, eine Korrektur der unbefriedigenden Wirklichkeit. Die treibenden Wünsche sind verschieden je nach Geschlecht, Charakter und Lebensverhältnissen der phantasierenden Persönlichkeit; sie lassen sich aber ohne Zwang nach zwei Hauptrichtungen gruppieren. Es sind entweder ehrgeizige Wünsche, welche der Erhöhung der Persönlichkeit dienen, oder erotische. Beim jungen Weibe herrschen die erotischen Wünsche fast ausschließend, denn sein Ehrgeiz wird in der Regel vom Liebesstreben aufgezehrt; beim jungen Manne sind neben den erotischen die eigensüchtigen und ehrgeizigen Wünsche vordringlich genug. Doch wollen wir nicht den Gegensatz beider Richtungen, sondern vielmehr deren häufige Vereinigung betonen; wie in vielen Altarbildern in einer Ecke das Bildnis des Stifters sichtbar ist, so können wir an den meisten ehrgeizigen Phantasien in irgendeinem Winkel die Dame entdecken, für die der Phantast all diese Heldentaten vollführt, der er alle Erfolge zu Füßen legt. [...]«
– Sigmund Freud, »Der Dichter und das Phantasieren«*

---

* Sigmund Freud, *Gesammelte Werke*, Bd. 7. Frankfurt am Main 2001. S. 213–223.

6. Februar

»Vincent hat mir gerade eine seltsame Frage gestellt: ›Wann fangen wir endlich mit der Rollenarbeit an?‹ Nun, in gewisser Hinsicht fangt ihr nie mit der Rollenarbeit an. In anderer Hinsicht habt ihr längst damit begonnen, denn der Charakter der Rolle entsteht aus dem Gefühl, das eine Situation in euch auslöst. Jedes Mal, wenn ihr aufgestanden seid und eine Übung gemacht habt, habt ihr also eine Rolle gespielt, auch wenn das Wort nie gefallen ist. Rollen sind zum Großteil etwas Emotionales. Der *innere* Teil einer Rolle wird durch das Gefühl bestimmt, das eine Situation in euch auslöst. Wenn ihr beispielsweise in einen Laden geht und dort einen Anzug seht, der euch sehr gefällt, den ihr euch aber eigentlich nicht leisten könnt, und ihn trotzdem kauft – was für ein Mensch seid ihr dann?«

»Ein impulsiver Mensch«, sagt Joseph.

»Ein impulsiver Mensch«, wiederholt Meisner. »Oder ein tollkühner. Das wäre die Essenz einer inneren Komponente eurer Rolle. Nehmen wir uns einmal eine schwierige Strindberg-Figur wie Fräulein Julie vor. Ihr Wunsch, die Männer zu zerstören, die sie so sehr hasst, löst auch den Wunsch in ihr aus, schön zu sein, damit sie die Männer in die Falle locken und ihr Ego zerstören kann. Da haben wir *zwei* Komponenten einer Rolle: die innere Komponente, die bestimmt, was für ein Mensch sie ist, nämlich eine Frau, die Männer zerstört – was Strindberg vorgegeben hat und was die Schauspielerin intuitiv aus dem geschriebenen Text erschließt –, und die äußere Komponente, die äußere Darstellung, die ihren Wunsch nach Schönheit illustriert.«

»Was ist mit Akzenten?«, fragt Joseph. »Sind das innere oder äußere Komponenten?«

»Der Mann, der erst kürzlich aus Frankreich nach Amerika gekommen ist, hat vielleicht einen schweren, erkennbar französischen Akzent. Aber wenn der Autor uns erklärt, dass der Mann schon sein Leben lang Englisch spricht, hat er vielleicht nur noch die Spur eines Akzents. Keiner dieser Umstände ändert aber etwas an der Tatsache, dass er im Herzen *Franzose* ist: kosmopolitisch, geistreich, ein Liebes-Zyniker – was immer euch beim Gedanken an einen Franzosen instinktiv einfällt. In dieser frühen Phase eurer Arbeit müsst ihr euch vor allem auf eure instinktive Reaktion auf den Text eines Autors verlassen. Zu diesem Zeitpunkt rechtfertigt sich die Rolle nur durch eure innere Reaktion auf das, was ihr lest. Aber denkt daran, ein Akzent ist kein grundlegender, organischer Bestandteil der Rolle. Er ist ein äußeres Attribut, so wie rote Haare oder ein Goldzahn. Das Grundlegende ist die emotionale Essenz: ›kosmopolitisch‹, ›zynisch‹. Das ist der Ursprung der Rolle, der Figur.«

Er mustert Vince kurz. »Du siehst mir gerade nach einer sehr enttäuschten Figur aus, Vince, weil du nicht das gehört hast, was du hören wolltest.«

Vince setzt zu einer Erwiderung an, schweigt dann aber.

»Nehmen wir mal an«, sagt Meisner, »jemand fragt zwei andere Leute: ›Wollt ihr einen höllisch starken japanischen Sake probieren?‹ Der Erste ruft begeistert: ›Ja, unbedingt!‹, der Andere sagt: ›Ja.‹ Pause. Pause. ›Unbedingt.‹ Sie sagen dasselbe, aber meinen sie auch dasselbe, oder sind sie einfach zwei ganz unterschiedliche Charaktere, Vince? Ich frage dich, weil du mich darauf gebracht hast. Wie würdest du den ersten Mann beschreiben?«

»Als impulsiv«, sagt Vince.

»Als impulsiv. Und den anderen?«

»Als vorsichtig.«

»So baut ihr eine Figur auf. Das wird euch sicher klarer, wenn wir anfangen, mit dem Material aus Edgar Lee Masters' Gedichtzyklus *Die Toten von Spoon River* zu arbeiten. Ich bin froh, dass du mir diese Frage gestellt hast, Vince. Ich wollte zwar eigentlich nicht so damit anfangen, aber ich bin wohl ein recht anpassungsfähiger Charakter.«

»Ich gebe euch jetzt die Ausgangssituation einer Übung vor, die ihr alle machen werdet. Zwei Menschen leben zusammen, nicht zwingend als Paar. Einer von beiden führt eine unabhängige Tätigkeit aus, der andere kommt gerade aus einer Situation, die eine intensive Vorbereitung erfordert. Ich habe euch gesagt, dass ihr zusammenwohnt, also braucht ihr nicht anzuklopfen, aber wenn ihr wollt, könnt ihr auch getrennt wohnen. Ihr könnt das selbst entscheiden. Das ist also die Übung: Zwei Menschen, von denen einer eine unabhängige Tätigkeit ausführt, während der andere aus einer Situation nach Hause kommt, die er selbst erschaffen und auf die er sich vorbereitet hat. Der Prozess besteht darin, von Moment zu Moment miteinander zu arbeiten. Im Prinzip ist es eine Improvisation. Ray, wer ist deine Partnerin?«

»Rose Marie.«

»Gut, dann kommt mal beide her. Ihr wohnt zusammen, und du, Ray, bist zu Hause. Das heißt, du brauchst eine echte unabhängige Tätigkeit. Sie braucht gar nichts mit ihr zu tun zu haben, sie muss nur aus dir kommen, und das machst du dann. Hast du etwas, das du machen kannst?«

»Ich habe einen Text dabei, den ich für ein Vorsprechen lernen könnte«, sagt Ray.

»Gut. Rose Marie, du kommst aus einer Situation, die du dir selbst überlegst und aus der sich deine Vorbereitung ergibt. Vorbereitung bedeutet Selbst-Stimulierung. Dein Wesen und dein Instinkt diktieren dir, welche Art der Vorbereitung du brauchst. Wenn du gerade eine wichtige Rolle in einem großartigen Stück bekommen hast, könnte deine Vorbereitung und Selbst-Stimulierung beispielsweise darin bestehen, dass du überglücklich bist.

Es könnte aber auch sein, dass du dir gar nicht erklären kannst, wie es zu dieser traumhaften Situation gekommen ist. Hast du ein Glück!«

Rose Marie nickt.

»Wir haben also die Anfangssituation, dass Ray zu Hause seiner unabhängigen Tätigkeit nachgeht und Rose Marie aus einer erfundenen Situation nach Hause kommt, aus der sie ihre Vorbereitung bezogen hat. Dann arbeitet ihr von Moment zu Moment weiter mit den Reaktionen des anderen. Gibt es dazu Fragen?«

»Sandy«, sagt John, »meinen Sie damit, dass wir die Situation, die wir uns selbst ausgedacht haben, so real machen sollen, dass sie uns emotional bewegt?«

»Das müsst ihr sogar.«

»Okay.«

»Dann fangen wir an. Rose Marie, nimm deine Sachen.«

Rose Marie nimmt ihren Mantel und ihre Handtasche vom Stuhl und geht zur Tür.

»Ray, wo gehst du deiner unabhängigen Tätigkeit nach?«

»Hier«, sagt Ray. »Bei mir zu Hause.«

»Es ist auch ihr Zuhause.«

»Ja«, sagt Rose Marie. »Ich muss nicht klopfen.«

»Und wie steht ihr zueinander?«

»Müssen wir das gemeinsam entscheiden?«, fragt Ray. »Ist es für mich wichtig zu wissen, in welcher Beziehung sie uns sieht?«

»Für *dich* ist es wichtig zu wissen, ob ihr als Ehepaar oder als Geschwister oder sonst etwas zusammenwohnt.«

Jetzt fragt Rose Marie: »Ist es bei dieser Übung besser, mit einem Gefühl hereinzukommen oder mit einem Ziel?«

»Wenn du gerade deine Traumrolle verloren hast und mit voller Vorbereitung hereinkommst, fest entschlossen, dem Regisseur einen Brief zu schreiben, dann kannst du das natürlich machen.

Oder du kommst einfach nur auf der Welle deiner Vorbereitung herein.«

»Nur, weil wir zusammenwohnen«, sagt Rose Marie, »heißt das ja nicht automatisch, dass ich den anderen vorfinde, wenn ich nach Hause komme. Ich könnte ja auch in eine leere Wohnung kommen.«

»Das ist richtig.«

»Meine Frage geht in dieselbe Richtung«, sagt Ray. »Kann sich die Vorbereitung, die derjenige, der hereinkommt, als emotionale Selbst-Stimulierung verwendet, auch auf die Person beziehen, die schon da ist?«

»Am Anfang ist es um einiges besser, wenn das nicht so ist«, sagt Meisner. »Also, zeigt uns mal, wie ihr es macht.«

Ray und Rose Marie flüstern kurz miteinander, und als sie aus dem Zimmer gegangen ist, setzt er sich mit seinem Textbuch an den langen Tisch und macht sich ans Auswendiglernen. Nach ein paar Minuten kommt sie herein, und sie spielen die Übung so, wie Meisner sie skizziert hat.

»Gut, wie war das?«, fragt Meisner. »Möchte niemand eine Meinung äußern?«

»Ganz gut.«

»Findest du, Joseph? Ganz gut? Warum?«

»Weil Rose Maries Emotion sehr wahrhaftig war und er sie wahrgenommen und damit gearbeitet hat.«

»Wie war ihre Figur denn?«

»Wütend.«

»Ich würde sogar sagen: fuchsteufelswild. Und seine Figur?«

»Hilfsbereit?«

»Gut. Schauen wir uns ein anderes Paar an. Wer möchte?«

Ray und Rose Marie setzen sich wieder.

»Übrigens, Ray, deine unabhängige Tätigkeit war nicht interessant genug.«

»Ich habe sie mir schnell ausgedacht, als Sie uns aufgerufen haben, weil ich nichts vorbereitet hatte.«

»Wie hättest du sie interessanter gestalten können?«

»Ich hätte den Monolog mit einem besonderen Akzent sprechen können, oder mit einem bestimmten Rhythmus, und dann im Takt dieses Rhythmus auf und ab gehen ...«

»Wenn das nicht zu weit hergeholt wirkt, dann hättest du das wohl tun können. So hast du einfach nur stur auswendig gelernt – ein bisschen zu stur. Du musst lernen, deine unabhängige Tätigkeit für dich selbst fesselnder und interessanter zu gestalten. Wer kann mir sagen, worum es bei dieser Übung geht?«

John meldet sich. »Es geht darum, ganz auf die Tätigkeit konzentriert zu sein oder voll vorbereitet hereinzukommen und dann ehrlich und wahrhaftig auf einen äußeren Einfluss zu reagieren und dabei von Moment zu Moment zu gehen.«

»Was ist der äußere Einfluss?«

»Das kann die Tätigkeit sein, aber auch der Partner.«

»Richtig, es ist der Partner. Was heißt es, das zu verwenden, was da ist? Joseph?«

»Dass man sich erlaubt, sich von dem beeinflussen zu lassen, was tatsächlich da ist, anstatt aus dem Kopf heraus zu arbeiten – mit dem, von dem man *denkt*, dass es da sein *sollte*. So arbeitet man aus dem tatsächlichen Moment heraus.«

»Das ist in etwa richtig«, sagt Meisner nachdenklich. »Das ist in etwa richtig.« Er rückt das Mikrofon an seinem Brillenbügel zurecht. »Die Übung bringt noch eine weitere Dimension ein. Der Schauspieler, der die unabhängige Tätigkeit ausführt, wird jetzt nicht mehr nur unterbrochen. Er wird vielmehr mit einem Partner konfrontiert, dessen Innenleben durch seine Vorbereitung fesselnd und überzeugend ist. Der Partner betritt den Raum mit einer vollen Emotion, und beide reagieren von Moment zu Moment aufeinander.«

»Besprechen wir das. Das war schon sehr nahe an dem, was ich mir vorstelle«, sagt Meisner.

John und Rachael brechen ihre Improvisation ab und setzen sich nebeneinander auf das Bett, das an der Wand steht.

»John, wo kamst du her?«

»Ich hatte jemanden auf der Straße getroffen.«

»Und wen?«

»Einen Autor, dessen Stück ich gern auf die Bühne bringen möchte, der aber sehr eigen ist. Es ist praktisch unmöglich, seine Zustimmung zu bekommen, aber jetzt hat er sich doch bereit erklärt, mir eine halbe Stunde zu widmen und sich meine Ideen anzuhören, damit wir sehen, ob wir uns einig werden.«

»Gut. Hört alle her. Du hast also diesen Autor getroffen, er hat ein Stück geschrieben, das du auf die Bühne bringen willst, und er hat sich bereit erklärt, sich mit dir zu unterhalten: *Wie fühlst du dich?*«

»Ich bin aufgeregt.«

»Dann hättest du aber mehr Aufregung in dir haben sollen, verstehst du? Je mehr du mitbringst, desto mehr hält sie das von ihrer unabhängigen Tätigkeit ab. Du hast dir eine Situation ausgesucht, die dich nicht genug herausgefordert hat, deshalb war deine Emotion auch nicht voll genug. Was meine ich damit?«

»Dass ich kein echtes, wahrhaftiges, starkes Gefühl in mir erzeugt habe, das mich überwältigt«, sagt John.

»Und was brauchst du, um das zu bekommen?«

»Eine bessere Ausgangssituation, die mich bewegt.«

»Und *dann* kannst du improvisieren.«

Ray meldet sich. »Wenn Sie von Improvisieren sprechen, meinen Sie dann, dass wir weniger wiederholen und mehr … reden sollen, damit es eher wie ein richtiger Dialog klingt? Ich weiß schon, was Sie mit Improvisieren meinen, aber ich möchte wissen, ob das zu etwas führen soll, das mehr nach Dialog klingt und weniger nach Wiederholung?«

»Ja.«

»Okay. Dann habe ich noch eine andere Frage. Die Beziehung zwischen den beiden Personen scheint an diesem Punkt eigentlich gar keine Rolle zu spielen, außer, dass man nicht klopfen muss und es sich spontan darauf auswirkt, wie die beiden sich zueinander verhalten.«

»Ja.«

»Aber abgesehen davon ist es doch nichts anderes als das, was wir bereits die ganze Zeit machen?«

»Ja. Diese Improvisation unterscheidet sich nicht von den Übungen, die ihr schon die ganze Zeit gemacht habt, nur dass eine stärkere, vollere Vorbereitung hinzukommt. Was habe ich der Übung hinzugefügt, die ihr vor Weihnachten gemacht habt?«

»Dass wir jetzt schon wissen, wer wir füreinander sind, wenn wir hereinkommen«, sagt Bette.

»Und dass ihr aus einer starken Situation kommt, die euch als Sprungbrett für eine volle Vorbereitung dient.«

»Man braucht also neben der emotionalen Vorbereitung auch noch eine Geschichte, oder?«, fragt Ray. »Vorher konnte die emotionale Vorbereitung alles sein, was einem einfiel und was einen emotional in Gang brachte, aber jetzt müssen wir das ...«

»Rechtfertigen«, ergänzt Meisner.

»Ja. Um dann sagen zu können, dass die Emotion, mit der ich ins Zimmer gekommen bin, das Ergebnis dessen ist, was ich gerade erlebt habe.«

»Ja.«

»Das verstärkt die Emotion«, sagt Rose Marie. »Oder?«

»Aber sicher.«

»Und es wird dadurch mehr ein Spiel«, ergänzt Ray.

»Nein, es macht euch ›voller‹. Ihr müsst eurer Selbst-Stimulierung mehr Möglichkeiten geben, tiefer und größer zu werden. Was meine ich damit?«

»Dass man seinem emotionalen Verhalten keine Grenzen setzen darf«, antwortet Rose Marie.

»Auf keinen Fall. Das stimmt.«

»Aber das ist schwierig, weil wir doch von Kindheit an darauf gedrillt wurden, uns emotional zu beherrschen – zumindest einige von uns –, und jeden Tag ständig bewusst gemacht bekommen, wo unsere Grenzen liegen. Wir wissen also immer, wo die Grenze ist, und es ist schwierig, sie zu durchbrechen, selbst im Schauspielunterricht. Trotzdem wird emotionale Freiheit leichter, wenn man versucht, dem Weg zu folgen, den das Innere einem weist.«

»Da bin ich aber froh, dass du das sagst«, kommentiert Meisner, und die Schüler lachen.

9. Februar

»Besprechen wir das. Es hat mir gut gefallen.«

Joseph atmet erleichtert auf.

»Von dir könnte ich mir allerdings noch etwas mehr Intensität wünschen, Joseph. Was hätte für mehr Fülle gesorgt?«

»Eine vollere Vorbereitung.«

»Aber was für eine Vorbereitung hätte dich denn mehr herausgefordert?«

»Etwas, das spezifischer und bedeutungsvoller für mich ist.«

»Kannst du die beiden Wörter noch einmal wiederholen?«

»Spezifisch und bedeutungsvoll.«

»Genau.«

»Ich hatte es erst, habe es dann aber wieder verloren.«

»Das ist sehr gut möglich, und ich kritisiere dich deswegen auch gar nicht. Du kommst gut voran auf deinem Weg zur Vorbereitung, jetzt muss sie nur noch wesentlich voller, zwingender werden. Verstehst du?«

»Ja.«

»Am Anfang von *Hamlet* … Mir fällt das Reden heute schwer. Versteht ihr mich trotzdem?«

»Ja«, sagen die Schüler.

»Am Anfang des Stücks steckt Hamlet in einer tiefen Depression. Was ist der Grund dafür?«

»Der Tod seines Vaters«, sagt Joseph mit seiner ruhigen, tiefen Stimme.

»Sein Vater wurde umgebracht, richtig?«

»Von Hamlets Onkel.«

»Das kommt noch hinzu. Hätte jemand eine Fliege erschlagen und sie auf seinem Schreibtisch liegen lassen, hätte das dann auch eine tiefe Depression ausgelöst?«

»Nein.«

»Das glaube ich auch nicht.«

»Ich würde Ihnen gern eine Frage speziell zu Hamlet stellen«, sagt Joseph. »Zu Beginn des Stücks hat er diesen Monolog über seine Mutter, der mit den Worten beginnt: ›Oh schmölze doch dies allzu feste Fleisch, / Zerging und löst in einen Tau sich auf …‹ Es geht darum, dass seine Mutter seinen Onkel geheiratet hat, den Mörder seines Vaters. Was würde man da als Vorbereitung nehmen?«

»Keine Ahnung«, sagt Meisner. »Ich weiß ja nicht, wer ihn spielt.«

Joseph überlegt kurz und sagt dann: »Es geht also wirklich nur darum, was für einen selbst funktioniert?«

»Richtig. Ihr müsst auf eine vollere Vorbereitung hinarbeiten. Das einzig Konstante bei einer Mauer ist doch, dass jeder Ziegelstein immer ein Ziegelstein ist. Was meine ich damit?«

»Dass er nie etwas anderes als ein Ziegelstein ist«, sagt Bette, Josephs Partnerin.

»Das Fundament eurer Darbietung ist die zugrunde liegende Realität, die ihr heute mitgebracht habt. Aber statt einem Liter

Schauspiel will ich eine ganze Gallone sehen.« Meisner sieht Bette an, die immer noch an dem langen Tisch sitzt. Sie hat einige beschriebene Karten vor sich ausgebreitet. »Warum spielst du mit diesen Karten? Geht es um viel Geld?«

»Ich weiß nicht, ob ich das richtig mache«, antwortet Bette. »Ich habe ein ganzes Szenario im Kopf, das sehr konkret und persönlich ist, aber ich fürchte, für jeden anderen klingt es kitschig.«

»Fünfundzwanzig Dollar reichen.«

»Oh nein, es war viel …«

»… komplizierter?«

»Vielleicht sollte ich es einfach erzählen, es kann gut sein, dass es in die falsche Richtung geht.«

»Nur zu.«

»Also gut. In meiner Phantasie-Situation arbeite ich ehrenamtlich im Sloan-Kettering, dieser Krebsklinik. Ich arbeite mit den älteren Kindern dort und habe mich mit einem vierzehnjährigen Jungen angefreundet, der mir erzählt hat, sein Traum ist, Schauspieler zu werden. Aber viele Kinder verlassen die Klinik ja nie wieder. Für den Jungen gab es eine gewisse Hoffnung, aber gerade habe ich erfahren, dass auch er sie nicht mehr verlassen wird. Und am Montag, als ich das letzte Mal bei ihm war, habe ich ihm versprochen, dass wir zusammen Shakespeare rezitieren – und hier auf den Karten stehen Shakespeare-Zitate …«

»Das ist zu kompliziert.«

Bette denkt einen Moment nach. »Und wenn ich ein Kartenhaus daraus baue?«

»Im Sloan-Kettering? Du bringst es dir bei, um die Kinder damit zu amüsieren?«

»Ist das blöd?«, fragt Bette.

»Nein! Ich war selbst im Sloan-Kettering.«

»Aber mein erstes Motiv finden Sie zu kompliziert?«

»Ja.«

»Weil es so wirr ist?«

»Du musst eine Reaktion in dir auslösen, und je komplizierter die Geschichte ist, desto schwieriger wird es, emotional wirklich beteiligt zu bleiben.«

»Dann kann ich also mehr Selbst-Stimulierung erreichen, wenn ich dem Jungen einfach beibringe, wie man ein Kartenhaus baut?«

»Beteiligung. Du kannst mehr *Beteiligung* bei dir selbst erreichen, wenn du weißt, dass du es machst, um ein sterbendes Kind abzulenken. Es ist essenziell, einfach zu bleiben. Übertreibt es nicht. Ich muss einfach nur ›Hitler‹ denken, schon ist etwas da. Versteht ihr? Ich bin nämlich Spanier.«

»Bruce, weißt du noch, wie Ray gefragt hat, ob bei dieser Form der Improvisation die Wiederholung weniger stumpfsinnig und dafür sinnerfüllter wird, damit das Ergebnis einem zwischenmenschlichen Dialog ähnelt?«

Frustriert fährt sich Bruce mit beiden Händen durch das schüttere Haar. »Ja, aber ich habe es irgendwie nicht hingekriegt.«

»Du hast es irgendwie nicht hingekriegt? Pass auf. Welche Farbe hat dein Hemd?«

»Es ist braun.«

»Das war keine Wiederholung. Ich habe dich gefragt, welche Farbe dein Hemd hat, und du hast es mir gesagt. Da hast du nichts wiederholt, oder?«

»Nein, ich habe nichts wiederholt. Ich habe nur die Frage beantwortet.«

»Welche Farbe haben deine Strümpfe?«

»Schwarz.«

»Hast du noch einen zweiten Vornamen, außer Bruce?«

»Klar.«

»Und wie lautet der?«

»Patrick.«

»Hast du da irgendetwas wiederholt? Warum behauptest du, du könntest keine Fragen beantworten? Du hast es doch gerade gemacht!«

»Ich weiß auch nicht. Ich war irgendwie blockiert.«

»Das macht nichts. Welche Farbe haben die Wände hier?«

»Gelb.«

»Gefällt dir die Farbe.«

»Einigermaßen.«

»Welche Farbe wäre dir denn lieber?«

Bruce denkt einen Augenblick nach. »Grau.«

»Hast du darüber nachgedacht?«

»Kurz, ja.«

»Und dann, nachdem du nachgedacht hattest, hast du geantwortet. Du kannst also offensichtlich antworten, wenn dir jemand eine Frage stellt.«

»Ja. Aber als Lila mich in der Übung die ganze Zeit gefragt hat, was denn mit mir los ist, hätte ich eigentlich sagen müssen: ›Ich bin sauer.‹ Aber ich dachte, ich darf nicht verraten, wie ich mich vorbereitet habe.«

»Pass auf, du stellst mir jetzt eine Frage, und ich werde dir zeigen, wie man antwortet, ohne die ganze Wahrheit zu sagen. Wie alt bin ich? Was glaubst du, wie alt ich bin?«

Bruce muss lachen.

»Was ist daran so lustig?«

»So um die fünfzig?«, sagt Bruce.

»Genau!«, erwidert Meisner, und die Schüler lachen. »Wie alt bist du, Bruce? Lüg mich an.«

»Achtundzwanzig.«

»Sieht man dir gar nicht an«, sagt Meisner, und Bruce muss wieder lachen. »Was ist daran lustig?«

»Das war so dermaßen gelogen!«

»Was war gelogen?«

»Achtundzwanzig.«

»Das war gelogen?«

»Ja.«

»Siehst du, jetzt führen wir ein Gespräch. Das ist die Richtung, in die unsere Improvisationsübung gehen soll. Verstehst du?«

Bruce nickt.

»Lila.« Meisner wendet sich an Bruce' Partnerin. »Du hast das gleiche Problem. Was bedeutet es, eine vernünftige Antwort zu geben?«

»Eine vernünftige Antwort?«

»Wie spät ist es? Was ist die logische Antwort darauf?«

»Ich weiß nicht.«

»Und warum weißt du es nicht? Du hast doch eine Uhr. Warum schaust du nicht nach?«

»Ungefähr zehn nach fünf.«

»Diese Unentschlossenheit tut der Übung nicht gut. Was hättest du sagen sollen?«

»Es ist zehn nach fünf.«

»Genau. Wenn ich dich jetzt frage, wie spät es ist, wie lautet dann deine Wiederholungs-Antwort, deine theatralische Antwort?«

»Meine theatralische Antwort?«

»In dieser Übung.«

»Ich bin verwirrt«, sagt Lila, und ihre großen blauen Augen mustern ängstlich sein Gesicht.

»Wenn ich sage: ›Wie spät ist es?‹, dann lautet deine Wiederholungs-Antwort, deine theatralische Antwort: ›Wie spät ist es?‹ Dann sage ich: ›Wie spät ist es?‹, und du sagst: ›Wie spät ist es?‹, und ich sage: ›Du wirst langsam sauer‹, und du sagst: ›Ich werde langsam sauer‹, und ich sage: ›Ja, du wirst langsam sauer‹, und du sagst: ›Ja, ich werde langsam sauer‹, und ich sage: »Ja, allerdings, du bist sauer‹, und du sagst: ›Ja, allerdings, ich bin sauer!‹ Ist das ein vernünftiger Dialog, oder ist es ein wiederholender und im Sinne dieser Übung theatralischer Dialog?«

»Ein theatralischer Dialog.«

»Genau. Anfangs hatte die sinnentleerte Wiederholung der grundlegenden Übung einen Wert. Sie hat euch von der Notwendigkeit befreit, nachdenken und im Kopf einen Dialog schreiben zu müssen, um weiterzureden – so als wäre Schauspielen gleich Reden, was nicht stimmt. Außerdem hat das Nicht-Logische an diesem Dialog euch für impulsive Verschiebungen in eurem instinktiven Verhalten geöffnet, die aus dem entstanden sind, was euer Partner mit euch macht. Das wiederum führt zu echten Emotionen, und die sind das Fundament einer guten Schauspielkunst. Aber jetzt haben wir uns über das Fundament hinausbewegt. Jetzt ist es möglich, auch vernünftig zu reagieren. Wenn dein Partner dich also fragt, wie spät es ist, dann schau in Gottes Namen auf die Uhr und sag es ihm! Und falls er so dreist sein sollte, dich zu fragen, wie alt du bist, hast du hiermit meine Erlaubnis, ihm schamlos ins Gesicht zu lügen!«

13. Februar

Sarah sitzt auf dem Bett an der Wand und ist in ein Buch vertieft. Plötzlich fliegt die Tür mit einem lauten Knall auf, und Vincent stürzt ins Zimmer. Unter seiner offenen grauen Wolljacke trägt er das Hemd mit den neonpinken Buchstaben, das er in der ersten Stunde anhatte. Einen Moment lang bleibt er schwer atmend stehen, dann knallt er rasch die Tür zu und schiebt eine Kommode davor, um sie zu verbarrikadieren. »Großer Gott«, ruft Sarah, »was ist denn los?« Vincent beachtet sie gar nicht, sondern stellt erst einen und dann noch einen zweiten Stuhl auf die Kommode.

Meisner flüstert Ralph etwas zu. Ralph nickt und schleicht sich durch die Hintertür nach draußen. Vincent versucht unterdessen, sich zu verstecken, hockt sich hinter das Kopfende des Bettes, auf dem Sarah sitzt, und drückt sich an die Wand. Er keucht immer noch heftig und theatralisch. Plötzlich klopft es einmal laut an die Tür und dann noch ein zweites und ein drittes Mal.

Meisner hebt die Hand und unterbricht die Übung. »Wie kommt es, Vince, dass du nicht reagierst, wenn es an die Tür klopft? Dabei bist du doch wie ein Verrückter hereingestürzt. Warum? Wer war hinter dir her?«

»Keine Ahnung, wer das war. Ein Typ aus der U-Bahn.«

»Warum war er hinter dir her?«

»Weiß ich nicht. Er war verrückt. Ich bin ihm auf den Fuß getreten, und dann ist er den ganzen Weg hinter mir hergerannt und hat gerufen: ›Ich bring dich um, du Scheißkerl!‹«

»Zu allgemein«, sagt Meisner entschieden. »Nicht konkret genug. Und bedeutungslos. Du hast uns ein Melodram vorgespielt. Wärst du hier hereingestürzt, weil die Polizei hinter dir her ist, dann hätte das Klopfen eine Bedeutung gehabt.«

»Sie meinen, es reicht nicht, dass ich nicht abgestochen werden will?«, verteidigt sich Vince.

»Aber was hat es mit dir gemacht? Nichts, bis auf die aufgesetzte Angst. Du hast uns ein Drama vorgespielt: Ein Kerl mit einem Messer ist hinter dir her. Ist das alles? Es wäre völlig in Ordnung gewesen, wenn es konkreter gewesen wäre und du eine Emotion entwickelt hättest. Aber als es geklopft hat, ist rein gar nichts mit dir passiert. Es war also nicht real für dich.«

»Ich verstehe, was Sie meinen«, sagt Vince leise.

»Und was ist mit dir, Sarah?«

»Ich wusste einfach nicht, was los ist.«

»Ist dir der Gedanke gekommen, er könnte vielleicht durchgedreht sein?«

»Ja, weil er mir nicht geantwortet hat, als ich wissen wollte, was los ist. Er hat sich einfach nur versteckt.«

»Siehst du, es war einfach keine Wahrhaftigkeit darin. Eine melodramatische Situation wurde markiert, aber mit dir ist nichts passiert. Kannst du das nachvollziehen?«

»Ja«, sagt Vince.

»Was habe ich also gesagt?«

»Sie haben gesagt, dass das, was ich gemacht habe, nicht echt war. Dass ich meine Vorstellung von Angst und Panik nur markiert habe.«

»Und warum bist du jetzt wütend?«, fragt Meisner.

»Weil ich Ihnen doch schon gesagt hatte, dass ich's verstanden habe!«

»Wie kann ich dir das glauben, wenn du nicht konkreter bist?«, fragt Meisner.

Vincent zuckt die Achseln, als wollte er nicht mehr darüber reden.

»Ich hätte das verwenden sollen, nicht?«, sagt Sarah.

»Ja, du hättest das Unlogische oder Unwahrhaftige in seinem Verhalten verwenden sollen.«

Vincent verlagert sein Gewicht vom rechten auf das linke Bein.

»Nehmen wir mal an, Sarah ist deine Schwester, und ihr wohnt zusammen. Warum wäre es beispielsweise besser gewesen, Vince, wenn du nach Hause gekommen wärst, nachdem deine Freundin dir gerade gesagt hat, sie wolle einen Mann mit viel Geld heiraten? Warum wäre das besser gewesen?«

»Weil ... Keine Ahnung.«

»Ist das menschlich? Hast du das in dir? Die Enttäuschung, die Erniedrigung, je nachdem – könntest du das in dir finden? Man könnte sich vorstellen, dass du, wenn du es in dir gefunden hast, einfach hereinkommst und dich in die Ecke setzt, weil sie dich wie den letzten Deppen hat dastehen lassen. Verstehst du?«

»Meinen Sie, dass man sich in einer solchen Situation überlegen soll: ›Was macht das mit mir? Es macht das und das mit mir.‹« Er zieht einen Schmollmund. »Und dann tritt man auf und macht das?«

»Nein. Es macht etwas mit dir, und *dann* trittst du auf und machst das, was dein Impuls dir vorgibt.«

»Jetzt verstehe ich genau, was Sie sagen. Ich werd's versuchen.«

»Verstehst du auch, was ich meine, wenn ich dir sage, dass das vorhin eine allgemeine, melodramatische Situation war und du nur markiert hast?«

»Ja.«

»Sarah, hast du noch etwas Konkretes von ihm bekommen, außer dass du neugierig warst?«

»Also, ehrlich gesagt schon, aber …«

»Aber was?«

»Na ja, es kam mir nicht wahrhaftig vor.«

»Das sage ich ja!«

»Und ich wollte es nicht kommentieren.«

»Du bist viel zu höflich, aber beim Schauspielen kommt man mit Höflichkeit nicht weiter! Sucht das Menschliche in euch, das allen Menschen gleich ist. Spielt nicht das nach, was ihr im Fernsehen seht! Eigentlich hätten wir hier jetzt nur noch den Lynchmob gebraucht, der die Tür einrennt!« Meisner hält kurz inne. »Stellt euch vor, ihr kommt als Kind viel früher als sonst aus der Schule nach Hause und erzählt eurer Mutter, die Schule hätte geschlossen, weil ein Feuer ausgebrochen sei und ihr um ein Haar verbrannt wärt? Das muss doch gelogen sein! Wie bringt ihr eure Mutter dazu, euch zu glauben? Was lässt sie glauben, dass ihr die Wahrheit sagt?«

»Konkretes?«, schlägt Bette vor. »Man erzählt ihr ganz konkret, was passiert ist.«

»Ein Theaterautor würde das jetzt gelten lassen«, sagt Meisner. »Was macht jemanden zu einem überzeugenden Lügner?«

»Das Verhalten«, sagt Joseph.

»Welcher Teil des Verhaltens?«

»Wenn man selbst daran glaubt ...«

»Das *emotionale* Verhalten also. Wenn ihr einfach nur *so* macht ...« Er pustet sich leicht auf die Finger. »... bringt das gar nichts.«

»Aber wenn man heulend reinkommt, dann vielleicht schon«, sagt Bette.

»Die Realität der Emotionen macht die Lüge überzeugend«, sagt Meisner. »Ich könnte noch mehr dazu sagen, aber im Moment möchte ich das nicht.«

»Joseph, was du da hattest, war sehr gut, klar und sensibel. Es hätte nur noch ›voller‹ sein müssen. Wenn es persönlicher gewesen wäre, dann wäre es auch voller geworden. Warum hast du diesen Brief geschrieben?«

»Ich habe gerade erfahren, dass meine Tante gestorben ist, die ich sehr geliebt habe. Das fand ich eigentlich schon sehr persönlich.«

»Aber du hast nicht losgelassen. Du hast sehr gut angefangen, aber dann wurde es immer weniger, bis es nur noch der Abglanz einer Stimmung war. Wie hättest du es voller gestalten können? Ich sage es dir: Wenn es einen persönlichen Aspekt für dich gehabt hätte, der dich erschüttert.«

»Stimmt, es gab Momente, da ist es mir entglitten. Aber es kam immer wieder. Es kam und ging, will ich damit sagen.«

»Es hätte gleich mit mehr Antrieb starten müssen.« Meisner wendet sich Bette zu, Josephs Partnerin. »Das war sehr schön: einfühlsam ihm gegenüber, schlicht, wahrhaftig, inhaltsstark. Wo bist du gewesen?«

»Ich kam gerade von meinem Agenten, der mir erzählt hat, dass meine Mit-Bewerberin um die Rolle ein anderes Engagement angenommen hat. Damit habe ich die Rolle, die ich so gern haben wollte, zu neunzig Prozent in der Tasche.«

»Dann solltest du doch überglücklich sein!«

»Ich war überglücklich. Aber ich hatte auch Angst. Ich wollte es nicht verspielen, indem ich mich zu sehr freue. Da bin ich ziemlich abergläubisch.«

»Du solltest es trotzdem versuchen. Sonst sagst du ja nur: ›Ich will korrekt sein.‹ Sei nicht korrekt! Joseph war korrekt. Das war sehr schön, einfühlsam und wahrhaftig, aber es war noch nicht voll genug.«

»Ich verstehe das noch nicht ganz«, sagt Ray. »Sie sprechen immer von ›voll‹. Manchmal klingt das für mich, als würden Sie mehr Tiefe damit meinen, und manchmal klingt es auch nach mehr Größe.«

»Mehr Tiefe, nicht mehr Größe.«

»Das heißt dann aber nicht, dass der Schauspieler größer wird, als er schon ist?«

Meisner nickt.

»Dann hätte Joseph das mit seiner verstorbenen Tante also durchaus verwenden können«, sagt Rose Marie, »er hätte es nur persönlicher für sich gestalten müssen, zum Beispiel, dass er bei ihr aufgewachsen ist, seit er zwei Jahre alt war, oder …«

»Oder«, sagt Meisner, »dass er ihren Tod verschuldet hat. Dass er zum Beispiel Medizin studiert und ihr ein Medikament gegeben hat, das noch nicht getestet war und an dem sie gestorben ist. Das hätte es voller werden lassen.«

Er schweigt kurz, während die Schüler diesen Punkt für sich verarbeiten.

Schließlich sagt Bette: »Ursprünglich wollte ich die Vorbereitung so gestalten, dass ich die Rolle sicher habe. Ich wollte halb verrückt und wild vor Glück hereinstürzen! Aber ich habe Schwierigkeiten, dorthin zu kommen.«

»Lass dir Zeit«, sagt Meisner. »Lass dir Zeit.«

»Aber ich weiß ja nicht, ob ich überhaupt jemals dorthin komme.«

»Versuch es einfach!« Und nach einer Pause: *»Versuch es!«*

16. Februar

»Ich bin heute entsetzlich schlecht gelaunt und werde meine Laune an euch auslassen. Warum soll es euch besser gehen als mir? Die meisten von euch haben vorher bei anderen Lehrern gelernt – vielleicht sollte ich lieber sagen: sich bei anderen Lehrern ›verlernt‹ –, und das macht unsere Probleme nicht kleiner.« Er sieht Scott Roberts an. »Wer fehlt?«

»Ich glaube, es sind alle da.«

»Wie?«

»Ich glaube, es sind alle da. Ich wollte gerade die Liste durchgehen.«

»Deine Artikulation ist grauenvoll!«

»Tut mir leid«, sagt Scott. »Ich glaube, es sind alle da. Ja, es sind alle da.«

Meisner rückt sein Mikrofon zurecht, bevor er weiterspricht. »Seid ihr der ehrlichen Ansicht – und damit meine ich so ehrlich, als würdet ihr auf die Bibel schwören –, dass ihr hier etwas lernt?«

Viele Schüler antworten mit »Ja«.

»Schmeichelt mir nicht!«, ruft Meisner.

»Ich schmeichele Ihnen nicht«, sagt Anna.

»Wie viele von euch glauben, dass sie nichts lernen?« Er lässt den Blick durch den Raum schweifen.

»Wie war noch mal die ursprüngliche Frage, Sandy?«, fragt Joseph. »Ich habe sie nicht verstanden.«

»Wiederhol du sie!«, sagt Meisner zu Rose Marie.

»Ob wir ehrlich glauben, so ehrlich, als würden wir auf die Bibel schwören, dass wir hier etwas lernen ... also, hier im Unterricht, meint er wohl.«

»Das ist die Frage.«

»Wenn nicht, dann meldet euch«, sagt Rose Marie.

»Ich sehe niemanden, der sich meldet«, sagt Meisner, während sein Blick über die zwei Reihen seiner Schüler wandert. Da hebt langsam, aber trotzdem selbstsicher, Vincent die rechte Hand. Nach kurzem Schweigen sagt Meisner, an alle gewandt: »Glaubt ihr, diese Technik ist etwas für jeden?« Es bleibt still. »Ich glaube das nicht, und du hast recht, Vince, du lernst hier nichts. Ich würde vorschlagen, du hörst auf und suchst dir einen anderen Lehrer, der dir besser gefällt.«

Vincent lässt die Hand wieder sinken. »Okay«, sagt er leise und zuckt die Achseln.

»Und ich finde, du solltest sofort gehen!«, ruft Meisner. Vince nickt mechanisch, wie unter Schock, dann zieht er seinen Mantel unter seinem Stuhl hervor und steht auf. Niemand sagt etwas, während er sich zum Mittelgang durchdrängt, die Spielfläche überquert und zur Tür geht. Als er schon fast dort ist, fragt Meisner: »Wer war deine Partnerin?«

»Sarah«, sagt Vince.

»Sarah? Wer kann mit zwei Partnern arbeiten?«

Ray meldet sich.

»Du willst es versuchen, Ray?«, fragt Meisner.

Ray nickt.

»Dann arbeitest du ab jetzt mit Sarah.«

Vincent steht wie angewurzelt mitten im Raum. Noch einmal hebt er langsam die rechte Hand, diesmal zu einer Art Abschiedsgruß. »Vielen Dank.«

»Schon okay.« Meisner winkt ihm kurz zu. »Mach's gut und viel Glück.«

Vincent dreht sich um, geht durch die offene Tür nach draußen und ist verschwunden.

»Gut, Lila und Bruce, auf geht's!«

Die beiden Schüler stehen auf und betreten die Spielfläche, und der Unterricht beginnt.

***

»Es bringt mich fast um, wenn ich einen Schüler bitten muss, den Unterricht zu verlassen«, sagt Meisner, als er die Tür zu seiner kleinen Wohnung aufschließt. »Aber wenn ich merke, dass er das, was ich ihm beibringe, nicht lernen kann, und seine Anwesenheit schlecht für die anderen Schüler ist, die wirklich etwas lernen, dann ist es meine Pflicht als verantwortungsvoller Lehrer. Normalerweise schreibe ich ihm dann, dass es mir leidtut, ich in meinen Augen aber nicht der richtige Lehrer für ihn bin, oder ich lasse Scott anrufen und die ganze Sache erklären – je nachdem, was für uns beide weniger schmerzhaft ist. Eine Szene wie heute Nachmittag ist eher ungewöhnlich.«

Meisner schält sich umständlich aus dem schweren Wollmantel mit Pelzkragen, der ihn vor dem eisigen New Yorker Winter schützt. »Ich habe beschlossen, dass auch Philip und Bruce gehen müssen.«

Langsam, auf seinen Stock gestützt, geht er ins Wohnzimmer und nimmt ungelenk in einen speziellen Sessel mit hoher Lehne und hohen Beinen Platz, den er sich nach der Hüftoperation hat anfertigen lassen.

»Philip ist ein lieber Junge – wahrscheinlich sogar zu lieb, um als Schauspieler zu überleben, obwohl er das unbedingt will. Scott hat mir erzählt, dass er in einer Art Café arbeitet, das die ganze Nacht geöffnet hat. Er arbeitet nachts, damit er die Nachmittage frei hat, um Unterricht zu nehmen und zu Vorsprechen zu gehen. Für mich ist klar, dass er Schauspieler werden will, aber seine Hemmungen, für die ich seine Eltern verantwortlich mache, lähmen ihn. Ich zweifle sehr daran, dass er jemals ein erfolgreicher Schauspieler werden wird. Bruce ist da seltsamerweise ganz ähnlich. Obwohl er schon seit zwanzig Jahren in der Branche ist, so wie Lila – die ich weiß Gott auch rausschmeißen sollte –, hat er doch keinerlei Technik. Stattdessen hat er sich eine eindrucksvolle Anzahl oberflächlicher Tricks zugelegt, wahrscheinlich, damit er sich sicherer fühlt. Dabei führt das nur zu einer gewaltigen Befangenheit, die ihn von seinen Spielpartnern ebenso abschneidet wie von der Möglichkeit, über die eigene Angst hinauszuwachsen.

Schauspielen ist eine paradoxe Angelegenheit, die Angst machen kann. Ein zentrales Paradox besteht darin, dass man als Schauspieler nur Erfolg hat, wenn man das Ichbewusstsein verliert, um sich ganz in die Rolle zu verwandeln. Das ist nicht leicht, aber es ist trotzdem möglich. Ich bedauere nur, dass ich Bruce, Philip und Vincent und noch vielen anderen nicht beibringen kann, wie es funktioniert.«

8.

VORBEREITUNG (TEIL II): »BEWEGLICH UND RASCH ENTZÜNDBAR«

»[…] In der großen Szene im dritten Akte des *Kaufmann von Venedig* hat Shylock in einem Zustande tiefsten Kummers und furchtbarster Wut über die Flucht seiner Tochter aufzutreten. Nun ist es ersichtlich eine äußerst schwierige Aufgabe für den Schauspieler, mit einem Male den höchsten Affekt unvermittelt zu geben. In dem einen Augenblicke sitzt er ruhig im Versammlungszimmer der Schauspieler, und im nächsten Augenblick soll er in leidenschaftlich aufgeregtem Zustande auf der Bühne erscheinen. Wenn er nicht ein sehr bewegliches, rasch entzündbares Temperament hat, kann er die Szene nicht in dem rechten Zustande der Weißglühhitze beginnen. Daher sehen wir die Schauspieler gewöhnlich schreiend und gestikulierend auftreten, aber ohne dass sie uns ergreifen, weil sie selbst nicht ergriffen sind. Von Macready wird erzählt, dass er einige Minuten vor seinem Auftreten hinter der Szene zuzubringen pflegte, sich künstlich dadurch in Wut zu versetzen, dass er sotto voce fluchte und eine gegen die Wand gelehnte Leiter heftig schüttelte. Für die Dabeistehenden muss das von sehr komischer Wirkung gewesen sein. Aber vor das Publikum konnte der Schauspieler dann in einem wirklich aufgeregten Zustande treten. Er hatte sich in die Aufregung hineingearbeitet, die ihn in den Stand setzte, die Wut des Shylock zum Ausdruck zu bringen.«
– George Henry Lewes, *Ueber Schauspieler und Schauspielkunst**

20. Februar

»Der Text ist wie ein Kanu«, sagt Meisner, »und die Emotion ist der Fluss, der es trägt. Der Text treibt auf diesem Fluss dahin. Wenn das Wasser unruhig ist, schwanken die Worte wie ein Kanu auf einem stürmischen Strom. Alles hängt davon ab, wie der Fluss deiner Emotionen dahinfließt. Der Text nimmt das Wesen deiner Emotionen an. Und diese Übung dient genau dazu, den Fluss der Emotionen ungehindert fließen zu lassen, während die Worte darauf treiben.«

Bruce fährt sich nervös mit der Hand durchs Haar. Als er erfahren hat, dass er den Unterricht verlassen muss, hat er um eine zweite Chance gebeten, und Meisner hat widerwillig zugestimmt.

»Für dich ist das eine ganz entscheidende Übung, Bruce, weil du die Tendenz hast, deine Emotionen zu deckeln und zu verstecken. Ganz zu Anfang, bevor Lila hereingekommen ist, hattest du einen Moment, da dachte ich, du fängst gleich an zu weinen. Aber dann hast du es unterdrückt!«

»Es ist nicht leicht, sich einfach gehen zu lassen«, sagt Bruce.

Meisner wedelt ungeduldig mit der Hand. »Um an diesem Problem zu arbeiten, solltest du dir für den Anfang erlauben, zu übertreiben. Du musst es so machen wie ich, wenn ich in der Karibik Tauchen übe. Ich mache es einfach! Natürlich *weiß* ich, dass es nicht leicht ist. Es ist sogar furchtbar schwierig. Aber mach es einfach! Und lass dir nicht dauernd Gründe einfallen, warum du es nicht tun solltest! Wenn du dich auf den Boden werfen und am Tischbein herumkauen willst, dann mach es meinetwegen. Es ist würdelos, unmännlich und unfein – aber wahnsinnig gut für dein Spiel!«*

»Ich werd's versuchen«, sagt Bruce.

---

* G. H. Lewes, *Ueber Schauspieler und Schauspielkunst.* Leipzig 1878, S. 43 f. Übersetzt von Emil Lehmann. (Anm. d. Ü.)

»Mir ist egal, wann du den Text kannst«, sagt Meisner. »Und versuch bloß nicht, ihn mit Blick auf eine Emotion zu lernen, von der du glaubst, dass du sie haben solltest. Erst musst du das Kanu bauen, dann lässt du es zu Wasser, und das Kanu folgt allem, was das Wasser tut. Der Text ist dein Kanu, aber zuerst musst du dich auf den stürmischen Fluss konzentrieren. Klarer kann ich das nicht ausdrücken.« Er wendet sich an die anderen Schüler, die auf ihren Stühlen sitzen, und fährt fort. »Wir reden hier nicht von einer fertigen Inszenierung, wir reden von einer Übung. Wenn Horowitz seine Tonleitern spielt, interessiert ihn weder Beethoven noch sein Publikum. Oder um es mit einer anderen Metapher zu sagen: Ich kann keinen Baseballspieler trainieren, der nur einen Bunt schlagen kann!«

Bruce und Lila gehen auf ihre Plätze zurück, und Meisner hält einen Moment inne, bevor er weiterredet. »Bringt euch der Unterricht durcheinander? Wir haben es hier mit einem nahezu unerklärbaren Thema zu tun.«

»Schon ein bisschen«, gibt John zu. »Es ist verstörend zu sehen, wie unser Leben uns im Weg steht. Eigentlich ist es doch furchtbar, dass wir so konditioniert sind, alles zu unterdrücken. Und jetzt haben wir auf einmal die Aufgabe, alles rauszulassen.«

»Und genau deswegen, Freunde«, sagt Meisner, »sind wir alle hier.«

»Welches Stück habt ihr«, fragt Meisner Joseph und Bette.

»*All Summer Long* von Robert Anderson«, antwortet Joseph.

»Was passiert vor der Szene?«

»Unser kleiner Bruder hat beobachtet, wie sich zwei Hunde paaren, und Bette hat ihn aufgeklärt.«

»Das heißt?«, fragt Meisner.

»Sie hat ihm erklärt, was es mit dem Paaren auf sich hat«, sagt Joseph. »Und ich habe ihn unter meine Fittiche genommen und versuche, ihm etwas über das Leben und die Welt beizubringen …«

»Merkst du, wie verkopft du das erzählst?«, unterbricht ihn Meisner. »Es ist alles so logisch. Was, wenn ich zu dir sagen würde: ›Meine idiotische Schwester mit ihrem Horror vor Sex hat gesehen, wie zwei Hunde sich paaren, und da hat sie meinem kleinen Bruder, der noch vollkommen unschuldig ist – ganz unschuldig! –, erzählt, wie verdorben das alles ist! Ich könnte sie umbringen!‹ Wo liegt der Unterschied?«

»Sie meinen den Unterschied zwischen der Emotion und dem, was Sie als logisch bezeichnen.«

»Verhältst du dich logisch, wenn du hereinkommst, um sie zur Rede zu stellen?«

»Nein, emotional.«

»Mit anderen Worten: Du bist fuchsteufelswild, und das ist deine Vorbereitung. Kannst du in dem, was sie deinem Bruder erzählt hat, etwas moralisch Fragwürdiges erkennen?« Joseph blickt verwirrt drein, und Meisner fährt fort: »Wenn jemand, den du liebst, einen ganz natürlichen Vorgang beobachtet, der zum Leben dazugehört, und dann zu Tode erschreckt wird, weil er hört, das sei dreckig, unmoralisch und verdorben, kann sich das doch sehr schädlich auf ihn auswirken, oder?«

»Ja.«

»Und genau das hat sie ihm angetan. Sie ist total neurotisch, oder nicht? Sie hasst Sex. Warum hasst du Sex, Bette?«, fragt Meisner.

Bette, die im vierten Monat schwanger ist und schon einen recht runden Bauch hat, beißt sich auf die Lippe, antwortet aber nicht.

»Sie kann sich gar nicht vorstellen, wie man Sex hassen kann«, sagt Meisner, und die Schüler lachen. »Das ist ein Element aus dem Charakterfach. Für dich ist das hier eine Charakterrolle, weil die Haltung dieser Frau zum Sex dir völlig fremd ist.«

»Ich versuche, etwas dafür zu finden, das es auf den Punkt bringt und nicht verkopft ist«, sagt Bette.

»Warum arbeitest du nicht einfach mit der Emotion? Du musst doch nichts weiter wissen, als dass es dich anwidert, wenn zwei dreckige Hunde es in aller Öffentlichkeit treiben. Das ist widerlich, und jeder, der da anderer Meinung ist, kann dir den Buckel runterrutschen – auch dein schwachsinniger Bruder!«

»Das ist ihre Sicht«, sagt Joseph. »Aber nicht meine.«

»Was ist denn deine Sicht?«

»Dass sie meinem kleinen Bruder schadet, wenn sie ihm erzählt, Sex wäre dreckig und verdorben.«

»Was hat der Kleine denn gemacht?«

»Er ist weggelaufen.«

»Ist das nicht ein Jammer?«

John nickt. Meisner wendet sich wieder an Bette.

»Wie geht es dir damit, dass er weggelaufen ist?«

»Ich glaube, er hatte bestimmt schmutzige Gedanken und wird sich deswegen geschämt haben.«

»Zum Teufel mit ihm!«

»Genau! Er hat es verdient. Soll er ruhig weglaufen!«

»Bist du froh, dass du es getan hast?«

»Ja.«

»Boshaft froh?«

»Ja.«

»Als Vorbereitung solltest du dich hinsetzen und dir all die Dinge aufzählen, die dir am meisten verhasst sind.« Meisner hält kurz inne. »Merkt ihr es langsam? Die Vorbereitung ist das Allerschlimmste am Schauspielen. *Ich hasse sie.*«

»Ich auch«, sagt Anna.

»Du hasst sie? Warum?«

»Es ist wirklich frustrierend, wenn ich versuche, etwas zu finden, das mich anregt. Und wenn ich es dann endlich gefunden habe, geht es mir wieder verloren, wenn es nicht wirklich richtig stark und tief verwurzelt ist. Wenn es nicht so stark ist, die Hemmungen und die Schüchternheit und die Befangenheit zu überwinden, ist es gleich wieder weg.«

»Spiel einfach damit. Nach und nach wirst du es schaffen.«

»Sandy«, sagt Joseph, »woher weiß man denn, dass man mit seiner Vorbereitung auf dem richtigen Gleis ist, wenn man sich nicht beobachten kann?«

»Überlass das dem Regisseur, denn wenn du dich beobachtest, kommst du nie dorthin.« Meisner hält kurz inne. »Selbst-Stimulierung. Ehrgeiz oder Sex. Und Sex ist ...?«, fragt er, an Bette gewandt.

»Schmutzig!«, ruft sie aus. »Widerlich!«

»Genau!«, sagt Meisner, und die Schüler lachen. »Ehrgeiz oder Sex. So sagt es Doktor Freud, und ich glaube ihm. Nehmen wir mal an, ihr spielt in einem realistischen Stück, das von einfachen, schlichten, sparsamen Leuten handelt. Ihr spielt einen Verkäufer, der in einem Laden die Waren verpackt und zum Leiter der gesamten Verpackungsabteilung befördert wird. Jetzt bekommt er fünf Dollar mehr die Woche. Für den Schauspieler, der die Rolle spielt, sind diese fünf Dollar das höchste Glück! So sieht es das Stück vor. Und der Schauspieler weiß, dass er dafür nichts weiter tun muss, als die ›Ode an die Freude‹ aus Beethovens Neunter vor sich hin zu summen. Das ist gigantisch, und wenn er es summt, hebt er praktisch ab! Das ist eine der Entscheidungen, die er treffen kann, um sich in die überirdische Glückseligkeit des kleinen Unglücksraben mit seiner Fünf-Dollar-Gehaltserhöhung zu versetzen. Das *Schlimmste*, was er tun könnte, wäre allerdings, sich vorzustellen, was er mit den fünf Dollar alles anfangen kann. Das wäre albern, denn wir wissen nur zu gut, dass man mit fünf Dollar heutzutage praktisch gar nichts anfangen kann. Je weniger realistisch, je phantasievoller ihr euch selbst verzaubert, desto wertvoller wirkt eure Glückseligkeit, und desto wichtiger werden die fünf Dollar. Der Mann mit der Fünf-Dollar-Gehaltserhöhung tritt auf und macht Luftsprünge vor Glück, aber eigentlich liegt das nur daran, dass ein Mädchen zu ihm gesagt hat: ›Gut, ich gehe morgen Abend mit dir aus.‹«

Er nickt Bette und Joseph zu, und sie kehren auf ihre Plätze zurück. Wegen ihres dicken Bauchs muss Bette sich langsam setzen. »Wie lange kannst du noch im Unterricht bleiben?«, will Meisner wissen.

»Bis zum Ende«, sagt Bette. »Das Baby kommt erst im Juli, auch wenn man mir das nicht ansieht.« Sie lacht. »Haben Sie mitgekriegt, was Ralph zu mir gesagt hat?«

»Nein.«

»Ralph, sag Sandy, was du zu mir gesagt hast.«

Ralph grinst und singt die Melodie an, die bei den Wahlen zur Miss America verwendet wird, um die Vertreterinnen der einzelnen Bundesstaaten zu begrüßen: »Und hier kommt sie – Miss Nordamerika!«

Die Schüler lachen.

23. Februar

»Ich glaube, ihr habt vor allem *ein* Problem mit der Vorbereitung«, sagt Meisner. »Ihr versucht, sie zu sehr aufzublasen. Es reicht nicht, einfach nur gut gelaunt zu sein – ihr müsst gleich außer euch sein vor Freude. Das ist zu viel. Emotionen haben unter anderem die Eigenschaft, auf das ganze Verhalten abzufärben, und das kann man nicht verbergen. Man kann es einfach nicht verbergen.«

Er hält kurz inne, dann steht er langsam auf und sieht seine Schüler an. »Wie ist meine Stimmung, während ich jetzt mit euch rede?«, fragt er.

»Ernst«, sagt Bette.

»Besorgt«, ergänzt Joseph.

»Eins von beidem reicht. Ich glaube, ihr macht ein Problem daraus, weil ihr zu große Emotionen in euch wachrufen wollt. Wenn ihr gute Laune habt, heißt das nicht, dass ihr außer Rand und Band seid, und wenn ihr niedergeschlagen seid, heißt das nicht, dass ihr mit Grabesmiene herumlaufen müsst. Ihr habt gesagt, ich wirke gerade nachdenklich, besorgt. Aber ich bin auch sehr niedergeschlagen. Das kommt daher, dass ich den ganzen Tag zu Hause gehockt habe, aus meinem Privatleben also. Es ist nämlich möglich, einen ganzen Tag lang zu Hause zu hocken und sich am liebsten umbringen zu wollen. Das bewegt mich gerade, und wenn mich jetzt ein Bühnenpartner fragen würde, wie es mir geht, dann würde ich ganz leise sagen: ›Beschissen.‹ Das ist absolut ausreichend. Ich muss nicht gleich die Pistole zücken und mich erschießen oder mich am Boden wälzen. Und es gibt noch etwas, das ihr über Emotionen wissen müsst. Ihr könnt sie nicht verstecken. Ihr könnt sie tarnen, aber nicht verstecken. Ich will damit nur sagen, dass es relativ einfach ist, euch in gute Laune zu versetzen. Das ist gar nicht so schwierig. Aber wenn ihr glaubt, ihr müsstet gleich tonnenweise gute Laune produzieren, dann bekommt ihr Probleme.«

Meisner geht zurück an sein Pult und setzt sich. »In einer der letzten Stunden – ihr wart alle da – hat Joseph Morgan eine Übung mit Rachael gemacht. Es stand völlig außer Frage, dass er zutiefst niedergeschlagen war. Wie er ihr den Kopf an die Schulter gelegt hat – als ob es ihm das Herz bräche. Du hattest jemandem einen bösen Streich gespielt, und das lag dir auf der Seele, stimmt's, Joe?«

»Ja.«

»Mir geht es darum, dass sein Spiel eine emotionale Klarheit hatte. Aber wäre das keine Übung gewesen, sondern ein richtiges Stück, dann wäre die Emotion an manchen Abenden voller gewesen und an manchen Abenden etwas leerer. Wenn er sich aber eine gigantische Vorbereitung zurechtlegt, um sich in die tiefsten Abgründe des Unglücks zu versetzen, dann ist das Publikum schon um Jahre gealtert, ehe er überhaupt auftritt. Versteht ihr? Ihr könnt Emotionen nicht verstecken, aber ihr braucht auch keine drei Tonnen davon, um eurem Verhalten die richtige Färbung zu geben. Es geht nur darum, dass ihr nicht mit leeren Händen kommen dürft. Wisst ihr, ich bin der Meinung, und dabei werde ich auch bleiben, dass Laurence Olivier kein großer Schauspieler ist. Habt ihr *Der Entertainer* gesehen? In dem Stück musste er die typischen Eigenschaften eines Varieté-Künstlers beherrschen: die Art zu sprechen, das Verhalten, dieses schmierige Bürohaus an der Ecke Broadway/47th Street, wo sich alle Varieté-Künstler herumtreiben. Das hat er gut gemacht, denn er ist zumindest ein guter und aufmerksamer Schauspieler, und wenn er beschließt, das hier zu machen ...«, er schiebt sich den Daumen ins Ohr, »... dann erntet er Lacher! Aber was die Emotion der Rolle angeht, da war gar nichts. Es gab in dem Stück zwei Szenen, in denen er emotional zusammenbricht, und es war eine Schande, wie leer er dabei war.« Er hält sich die Hand vors Gesicht und markiert geschickt, wie Olivier Schluchzen vortäuscht.

»Im neunzehnten Jahrhundert war William Hazlitt ein bedeutender Theaterkritiker in England. Er hat einmal über den großartigen Schauspieler Edmund Kean gesagt, wenn man das Schwinden seiner Emotionen nach einer großen Shakespeare-Szene beobachte, dann sei das, als schaue man zu, wie langsam die Ebbe einsetzt. Versteht ihr? Mrs. Sarah Siddons, auch eine großartige Schauspielerin, war als Lady Macbeth so stark, dass die Frauen im Publikum eine Heidenangst bekamen und aus dem Theater gerannt sind. Bei Olivier ist noch nie jemand wegen eines emotionalen Moments hinausgerannt, und solange man das nicht schafft, ist man kein großer Schauspieler.«

Meisner unterbricht kurz, um sein Mikrofon zurechtzurücken. »Ich glaube allerdings nicht, dass die Emotion bei Kean und Mrs. Siddons aus der Vorbereitung kam. Die Vorbereitung ist nur *der Anfang*. Für den Schauspieler ist die Vorbereitung das, was für den Automotor das Warmlaufen an kalten Tagen ist. Einfacher könnte es gar nicht sein. Versteht ihr, was ich euch sage?«

Er mustert die Mienen seiner Schüler. »Ray, du hast es nicht verstanden?«

»Doch, ich glaube schon«, sagt Ray. »Nur sagen Sie uns einerseits, wie einfach das mit der Vorbereitung ist, und gleichzeitig sprechen Sie von den großen Schauspielern so, als hätten sie doch *tonnenweise* Emotion.«

»Aber ihre Emotion entsteht aus den gegebenen Umständen des Stücks, aus der Situation, in die sie sich hineindenken.«

»Das heißt, sie bringen sie nicht unbedingt schon mit?«

»Nein. Wenn Kean Othello spielt und erfährt, dass seine Frau ihm untreu war, dann lässt sein *Talent* die Szene wirken, als hätte er einen epileptischen Anfall. Das ist Talent, da kann man leider gar nichts machen. Manchmal, wenn auch nicht allzu oft, sage ich, dass jemand ein ›talentierter Schauspieler‹ ist. Ich sehe so etwas. Aber vor allem will ich euch sagen: Kommt nicht mit leeren Händen, sonst werdet ihr noch zu Laurence Olivier.«

Die Schüler lachen.

27. Februar

»Besprechen wir das«, sagt Meisner. »Ralph, du hast bei dieser Szene eine emotionale Blockade.«

»Das stimmt wohl.« Ralph setzt sich seufzend auf die Bettkante. »Ich bin furchtbar gehemmt, und ich kriege das einfach nicht richtig in den Griff. Es ist wie Quecksilber. Ich übe schon die ganze Woche, mich vorzubereiten, aber wenn ich versuche, diese Emotion in mir auszulösen, funktioniert es einfach nicht.«

»In dieser Szene schläft deine Freundin mit Joe Schmidt. Es ist mir ein Rätsel, wieso du da nicht gleich explodierst. Das verstehe ich nicht.«

»Das ist es ja gerade. Aus irgendeinem Grund kann ich hier einfach nicht richtig sauer werden. Manchmal gehe ich die Straße entlang, denke plötzlich an irgendeinen Typen, den ich nicht leiden kann, und würde ihm am liebsten eine reinhauen. Aber wenn ich das hier bewusst versuche, passiert gar nichts.«

»Du musst dich der Suggestion mehr öffnen.«

»Wissen Sie, woran es liegt? Sie haben mal gesagt, ich will immer der Beste sein. Ich versuche immer, gut zu sein, und zwar *ständig*. Ich wollte die beste Leistung abliefern, anstatt mich auf meine Partnerin zu konzentrieren und auf die emotionalen Umstände der Szene.«

»Und was sagen deine achtzehn Therapeuten zu diesem Problem?«, fragt Meisner.

»Es sind zwanzig«, sagt Ralph, »und sie sind alle völlig ratlos. Wissen Sie, was die sagen? Sie sagen: ›Kann es sein, dass du *Angst* vor deiner Wut hast?‹ Früher, als Kind, war ich ziemlich jähzornig.«

»Dann hol dir das zurück«, sagt Meisner, und die Schüler lachen. »Im Ernst, Ralph, ich glaube, du hast recht. Dein Problem entsteht, weil du mit aller Gewalt gut sein willst. Das ist ja verständlich, kann aber gefährlich werden, wenn man es zu sehr versucht. Dann versemmelt der Baseball-Rookie seinen Strike und der Assistenzarzt hat plötzlich eine Kunstfehler-Klage am Hals.«

1. März

»Was machst du da, Ralph? Das ist nicht besonders gut.« Meisner unterbricht die Übung, mit der Ralph und Rachael erst vor ein paar Minuten begonnen haben.

»Also, ich habe gestern das ›Mädchen des Monats‹ aus dem *Penthouse*-Magazin in einer Bar getroffen und sie den ganzen Abend zum Lachen gebracht«, erklärt Ralph nervös. Er hat ein Notizbuch und einen Stift in der Hand. »Und ich habe ihr versprochen, dass ich ein lustiges Gedicht darüber schreibe, wie ein Pin-up-Girl zum Leben erwacht ...«

»Eine Schwierigkeit besteht darin, dass deiner Phantasie der Realitätsbezug fehlt. Auf das Problem komme ich später noch zurück. Eine andere Schwierigkeit ist, dass du jede Menge Dialog erzwingst, um dir das Gefühl zu geben, die ganze Zeit aktiv zu sein. Du redest ununterbrochen, nimmst ständig Bezug auf sie, aber nicht auf Grundlage dessen, was sie tut, sondern um selber zu chargieren. Ich weiß nicht, wie ich das noch klarer ausdrücken soll.«

»Ich verstehe schon. Ich hatte auch das Gefühl, dass ich chargiere. Ich habe es erzwungen.«

»Warum machst du das?«

»Ich weiß nicht. Wahrscheinlich ist es wieder die alte Geschichte: Ich will immer der Beste sein.«

»Du bist exhibitionistisch«, sagt Meisner. »Das muss gar nichts Schlechtes sein. Als Schauspieler brauchst du sogar eine gewisse exhibitionistische Veranlagung.«

»Soll ich Ihnen was sagen? Für mich klingt das, als wollte ich nur angeben.«

»Richtig. Was ist der beste Weg, ein guter Schauspieler zu werden?«

»Der beste Weg, ein guter Schauspieler zu werden, ist, wahrhaftig zu leben und keine künstlichen Situationen zu erschaffen.«

»Wenn du es schon weißt, warum muss ich dich dann überhaupt noch fragen?«

»Weil sich meine natürliche Veranlagung anscheinend immer wieder durchsetzt.«

»Deine *unnatürliche* Veranlagung.«

»Gut, meine unnatürliche Veranlagung. Ich habe über die Vorbereitung nachgedacht, und wahrscheinlich habe ich sie zu sehr durchgeplant. Ich wollte gut sein, anstatt einfach …«

»Ralph, hast du diesen Satz schon mal gehört? ›Tu so lange nichts, bis etwas passiert …‹«

»›… das dich zum Handeln zwingt‹«, sagt Ralph.

»Richtig. Was bedeutet das?«

»Dass ich nicht hätte versuchen sollen, die Lücken zu füllen.«

»Genau«, sagt Meisner. »Oder willst du etwa werden wie Milton Berle?«

»Nein.«

»Na, Gott sei Dank!«

»Wobei, irgendwo tief drinnen schon«, sagt Ralph, und die anderen Schüler lachen.

»Das Lustigste ist ja … wobei es gar nicht so lustig ist, ich habe schon lustigere Dinge gehört … aber das Lustigste an dir ist – und darüber habe ich lange nachgedacht –, dass ich neulich im Unterricht etwas zu dir gesagt habe, und seither bist du irgendwie aus dem Gleichgewicht. Weißt du noch, was ich gesagt habe?«

»Es ging darum, dass ich blockiert bin. Ich weiß, dass ich in einer Szene nicht wütend werden, mich nicht vorbereiten konnte. Ich habe das so verstanden, dass ich mich *gar nicht* vorbereiten kann, und wollte beweisen, dass ich es doch kann.«

»Das habe ich aber nicht gesagt.«

»Ich weiß, dass Sie das nicht gesagt haben. Das war mein … na ja …«

»Dein Auftritt hat mir richtig gut gefallen. Du bist singend hereingekommen. Aber es wäre wahrscheinlich besser gewesen, wenn Rachael nicht da gewesen wäre. Warum sage ich das?«

»Weil ich dann wahrscheinlich nicht den Drang verspürt hätte, etwas zu erzwingen. Ich hätte einfach gemacht, was ich machen muss, nämlich dieses lustige Gedicht schreiben, und hätte nicht versucht, aller Welt zu beweisen, dass ich mit meiner Partnerin arbeiten kann.«

»Was mache ich nur mit dir? Du antwortest immer sehr klug. Würde es dir etwas ausmachen, beim nächsten Mal einfach ein bisschen dumm zu sein und nur ganz simpel auf die Impulse zu reagieren, die du von deiner Partnerin bekommst? Du kannst nicht jeden Tag den Hamlet spielen. Seit ich dir das gesagt habe, hast du ein Problem.«

»Na ja … das …«, stottert Ralph.

»Du hast völlig recht. Das ist meine Schuld.«

»Schon in Ordnung«, sagt Ralph, und die anderen Schüler lachen.

»Jeder Schauspieler ist ein Exhibitionist. Wenn du kein Exhibitionist bist, bist du auch kein Schauspieler. Aber um ein guter Schauspieler zu werden …« Er bricht ab. »Ralph, du merkst schon, was hier gerade passiert, oder?«

»O ja.«

5. März

Ralph kommt herein, während Rachael am Tisch sitzt und einen Brief schreibt. Neben ihr liegt aufgeschlagen das Buch *Mr. Hitchcock, wie haben Sie das gemacht?* von François Truffaut. Ralph beachtet sie nicht weiter, sondern geht zum Bett hinüber, setzt sich auf den Bettrand, schlägt ein Notizbuch auf und fängt an zu schreiben. Beide schreiben weiter, eine gefühlte Ewigkeit lang.

»Was soll das werden?«, bricht Meisner schließlich das Schweigen. »Sind wir hier in der öffentlichen Bibliothek? Habt ihr keine Beziehung zueinander?«

»Er ist mein Cousin.« Rachael schaut von ihrem Brief auf.

»Das ist keine Beziehung.«

»Wir teilen uns die Wohnung.«

»Und was hat euch dazu gebracht, euch die Wohnung zu teilen?«

»Wir sind wie Geschwister. Wir sind zusammen aufgewachsen, und jetzt teilen wir uns diese Wohnung.«

»Aber für den ersten Moment«, sagt Meisner, »muss es zumindest einen Umstand geben, der euch zusammenbringt. Von mir aus kann das auch sein, dass er deinen Eltern erzählt hat, du würdest mit einem russischen Spion zusammenleben. Das ist die Wurzel einer Beziehung. Oder zumindest eine Rechtfertigung für die theatralische Realität, dass er auftritt und du ...«

»... und ich auf ihn reagiere.«

»Ja. Du kannst auch einfach nur sagen: ›Hallo, du Dödel.‹ Aber da war *überhaupt* nichts. Könnt ihr das nachvollziehen?«

»Ich schon«, seufzt Ralph niedergeschlagen.

»Oder wenn du nur das verwendest, was da ist, könntest du aus seinem verschlossenen Schweigen auch schließen, dass er ein notorisch unsozialer Mensch ist. Dann könntest du vielleicht sagen: ›Du bist manchmal stumm wie ein Fisch.‹ Aber du weißt natürlich nicht, dass er Fische nicht ausstehen kann, und so könnte er vielleicht antworten: ›Wenn du mir noch mal mit Fischen kommst, dann haue ich dir eine rein!‹ Ralph, was bedeutet es, das zu nutzen, was da ist?«

»Sich von dem, was geschieht, bewegen zu lassen.«

»Oder sich zumindest dessen bewusst zu sein. Was ist geschehen, als du hereingekommen bist?«

»Gar nichts. Sie saß einfach da und hat mir den Rücken zugedreht.«

»Das ist nicht *gar nichts*. Das ist *etwas*. Was bedeutet das?«

»Keine Reaktion ist auch eine Reaktion.«

»So etwas wie Nichts gibt es nicht.«

»Ich wollte nichts erzwingen. Ich wollte nicht den gleichen Fehler machen wie letztes Mal«, sagt Ralph.

»Vergiss die Vergangenheit!«

»Ich hatte nur das Gefühl … Ach, das ist einfach frustrierend.«

»Du bist immer noch ziemlich gehemmt, was? Du willst alles richtig machen.«

»Ja.«

»Aber wer will das nicht? ›So etwas wie Nichts gibt es nicht.‹ Rachael, was bedeutet das?«

»Dass immer etwas da ist, auch wenn es Schweigen ist.«

»Sogar, wenn es Nichts ist.«

»Stimmt.«

Meisner bleibt kurz still, während er sich überlegt, wie er weitermachen soll. Schließlich sagt er: »Ralph, geh nach draußen und komm noch mal rein. Lass dein Notizbuch hier auf dem Tisch liegen. Du kommst rein und findest es dort. Woher kommst du?«

»Von der Arbeit.«

»Das hat keine Bedeutung.«

»Ich hatte einen ziemlich schlechten Tag bei der Arbeit …«

»Und warum hattest du einen schlechten Tag?«

»Ich sollte den Müll wegbringen, aber das gehört nicht zu meinen Aufgaben.«

»Wie hast du dich dabei gefühlt?«

»Ich war sauer. Ich will kündigen. Ich werde meine Kündigung schreiben.«

»Heißt das, du bist wütend?«

»Ja.«

»Dann kommst du also von der Arbeit, wo du gerade gedemütigt worden bist. Das will ich sehen. Nimm deinen Mantel und bereite dich ein paar Minuten vor.«

Ralph geht nach draußen und schließt die Tür hinter sich. Meisner macht Rachael ein Zeichen, ihm Ralphs Notizbuch zu geben, und versteckt es in der Schublade seines Pults. Dann fragt er Rachael: »Und was machst du?«

»Ich schreibe einen Brief an jemanden, den ich verführen möchte, und der weiß sehr viel über Alfred Hitchcock.«

»Du willst verführt werden?«

»Nein, ich will ihn verführen.«

»Alfred Hitchcock?«

»Nein, aber der Mann, den ich verführen will, liebt die Filme von Alfred Hitchcock, und jetzt schreibe ich ihm einen Brief, um ihm für unser Mittagessen zu danken, und möchte möglichst viele Anspielungen auf Alfred Hitchcock einbauen.«

»Gut«, sagt Meisner. »Sag Ralph nicht, dass ich sein Notizbuch habe.«

Ralph kommt herein, schließt leise die Tür hinter sich und bleibt einen Moment stehen, ehe er den Mantel auszieht. Er ist sichtlich aufgewühlt und wirft den Mantel aufs Bett, dann geht er zu dem Tisch, wo er sein Notizbuch gelassen hat. Er ist ehrlich erstaunt, es nicht vorzufinden, und die Übung, die daraus entsteht, ist zwar kurz, aber sehr lebendig.

»Gut«, sagt Meisner nach ein paar Minuten. »Jetzt sag mir mal, was ich gemacht habe. Nicht, was *du* gemacht hast, sondern was *ich* gemacht habe.«

»Sie haben etwas passieren lassen«, sagt Ralph. »Sie haben dafür gesorgt, dass ich etwas brauche. Sie haben ein Bedürfnis geschaffen und es mir unmöglich gemacht ...«

»Ich habe es lebendiger gemacht«, sagt Meisner. »Oder etwa nicht? Wie habe ich das gemacht?«

»Sie haben mir etwas zu tun gegeben.«

»Ich habe dir ein Ereignis gegeben, von dem aus du handeln konntest.«

»Ja. Sie haben es konkreter gemacht.«

»Und was ist dadurch passiert?«

»Die Szene war lebendiger. Sie war schon fast auf dem Weg hin zu etwas Entscheidendem.«

»Sie ist zum Leben erwacht. Habt ihr miteinander gearbeitet?«

»Ja.«

»Weißt du, was ich mit dir gemacht habe, Ralph? Und das ist nichts Ehrenrühriges, ganz im Gegenteil. Ich habe dich wieder fast an den Anfang zurückgeführt. Warum habe ich das gemacht?«

»Weil ich mich verlaufen hatte.«

»Dann habe ich dir also einen Kompass gegeben.«

»Stimmt.«

»Und genau da bleibst du jetzt, bis ich den Eindruck habe, dass du wieder aus dir selbst heraus stark bist. Es wird nicht lange dauern – ein oder zwei Wochen.«

Ralph nickt, und Rachael und er gehen auf ihre Plätze zurück.

Meisner schweigt einen Moment, dann wendet er sich an alle. »Der Grundsatz lautet: ›Tu so lange nichts, bis etwas passiert, das dich zum Handeln zwingt.‹ Ralph kam in dieser Übung von der Arbeit zurück, wo es eine Auseinandersetzung gegeben hat: Er wollte den Müll nicht wegbringen. Sein Chef hat ihn schlecht behandelt, und er kam mit dem Vorhaben nach Hause, seine Kündigung zu schreiben. Beim ersten Mal war er nicht vorbereitet. Er ist hereingekommen, hat gleich nach dem Notizbuch gegriffen, um seine Kündigung zu schreiben, und uns kam es vor, als säßen wir in der öffentlichen Bibliothek. Beim zweiten Mal hatte er seine Wut, auf die er sich vorbereiten musste, und es war gut!«

Ralph lächelt schüchtern.

»Kommt nicht einfach aus dem Nirgendwo«, fährt Meisner fort. »Kommt aus einer Situation, in der euch irgendetwas die Möglichkeit bietet, mit eurer Vorbereitung anzudocken. Versteht ihr? Bevor der Unterricht letzten Herbst begonnen hat, war Ralph ein einwandfreier Schauspieler, doch dann hat er angefangen, richtig zu lernen. Und aus den verschiedensten Gründen ist er dabei krank geworden. Was konnte ich tun? Ich musste ihn impfen. Und worin bestand diese Impfung? *Bitte bloß keine Schauspielerei.* Das war gut, Ralph. Es war ganz schlicht, aber ihr habt richtig zusammengearbeitet. Was kann daran falsch sein? Es war gut.«

Ralph seufzt erleichtert auf.

»Seid keine Schauspieler«, sagt Meisner. »Seid Menschen, die mit dem arbeiten, was unter den imaginären Gegebenheiten vorhanden ist. Macht keine Darbietungen. Bietet euch selbst dar.«

8. März

»Moment noch. Ich gehe davon aus, dass du den Text kannst.«

»Beim letzten Monolog vor dem Schluss wackele ich noch ziemlich«, sagt Ralph.

»Und ich wackele durch das ganze Leben«, sagt Meisner, und die Schüler lachen. »Gibt es irgendetwas, das du als unabhängige Tätigkeit nehmen könntest?«

»Ja, ich könnte einen Brief schreiben.«

»Einen *wichtigen* Brief. Hol dir Stift und Papier. Und du, Rachael, du räumst das Zimmer auf, bis alles so ordentlich wie möglich ist, während du deinen Text sprichst.«

»Sollen wir den Text mechanisch sprechen?«, fragt Rachael.

»Nein. Passt euch einander an, während er mit seinem wichtigen Brief beschäftigt ist und du damit, das Zimmer in Ordnung zu bringen.«

Sie nickt, und die Szene beginnt. Ralph setzt sich an den Tisch und macht sich daran, seinen Brief zu schreiben, Rachael stellt die Bücher gerade hin, die sich auf dem Bücherregal stapeln. Der Text, den sie sprechen, arbeitet sich aktiv durch seine Konzentration auf den schwierigen Brief und ihr entschlossenes Bemühen, Ordnung zu schaffen.

Nach ein paar Minuten unterbricht Meisner. »Gut, damit möchte ich jetzt spielen. Die Färbung eures Textes, die Art, wie ihr ihn rübergebracht habt, hing von eurer körperlichen Tätigkeit im Moment des Sprechens ab: Bücher ordnen, Bett machen, Brief schreiben. Probieren wir jetzt einmal etwas Neues. In diesem Fall wird die – jetzt kommt ein großes Wort – organische Färbung des Textes davon abhängen, was emotional in euch vorgeht. Rachael, in dieser Szene geht es darum, dass dein geliebter Vater sich das Leben nehmen will. Er ist krank, die Krankheit ist tödlich, er hat Schmerzen. Du, Ralph, bist der reiche, leichtsinnige Bruder aus Southampton. Deine Schwester hat dich angerufen, und du bist gleich in deinen Jaguar gesprungen und nach East Hampton gerast, wo sie wohnt. Am Anfang ist deine vorherrschende emotionale Färbung deine unerschütterlich gute Laune. Die wird sich dann von selbst verändern, so wie sich auch die Textfarbe geändert hat, je nachdem, ob ihr Bücher sortiert oder das Bett gemacht habt oder was in dem Brief steht, den ihr gerade schreibt. Die Färbung hat sich doch abhängig von dem verändert, was ihr in dem Moment jeweils gemacht habt, richtig?«

Beide nicken zustimmend.

»Also, Rachael, du fängst mit einer Vorbereitung an, einem inneren emotionalen Zustand – jetzt werden keine Bücher mehr sortiert. Wenn du hereinkommst, ist es so, als ob du gerade vom Krankenbett kommst, wo dir der Arzt von den Depressionen deines Vaters berichtet hat. Der emotionale Schlüssel ist die Liebe zu deinem Vater. Der Schlüssel zu deinem Innenleben, Ralph, ist hingegen, dass du in der Inszenierung der *Lustigen Witwe* im Southampton Country Club die weibliche Hauptrolle übernehmen wirst. Warum erzähle ich dir das?«

»Weil es lustig ist. Leicht und humorvoll.«

»Wisst ihr noch, was ich euch vor etwa einer Woche über den Fluss und das Kanu erzählt habe? Für dich, Rachael, war der Fluss vorhin die Tatsache, dass du das Zimmer aufgeräumt hast. Und für dich, Ralph, war die Beschäftigung mit dem Brief der Fluss. Jetzt gehen wir einen Schritt weiter. Der Fluss fließt innerlich. Für dich, Rachael, dreht sich alles um deinen sterbenden Vater. Für dich, Ralph, ist der Fluss die Tatsache, dass du der Star der *Lustigen Witwe* bist. Und jeder dieser Flüsse hat viele verschiedene Strömungen auf seinem Weg. Versteht ihr das?«

»Ja«, antworten beide.

»Bestens. Versucht nicht, die ganze Szene zu spielen. Macht einfach nur so viel, wie ihr bis zum nächsten Mal am Montag problemlos schafft.«

12. März

Joseph und Anna lesen ausdruckslos ihre Szene aus *The Girl on the Via Flaminia (Ein Akt der Liebe)* von Alfred Hayes.

Meisner unterbricht. »Hört mir mal gut zu. Anna, wir haben hier eine junge Frau, die aus einer angesehenen Mittelstandsfamilie kommt. Sie ist anständig, feinfühlig und gebildet – eine außergewöhnliche Frau. Im Krieg mussten ihre Eltern und sie hungern. Es herrschten schreckliche Zeiten in Italien. Was macht also diese außergewöhnliche junge Frau? Sie lässt sich ganz bewusst mit einem amerikanischen Soldaten ein, weil Amerikaner reich sind und alles haben. Aber das Interessante ist: Sie entscheidet sich nicht für einen Gammler, sondern für jemanden, der auf seine Weise genauso außergewöhnlich ist wie sie. Dann kommt die Polizei, und die feinfühlige junge Frau wird verhaftet und gebrandmarkt; sie wird als gewöhnliche Prostituierte registriert. Für sie ist das die völlige Vernichtung. Bei ihrem Auftritt ist sie komplett zerstört. Das ist der Hintergrund ihrer Emotion.«

»Wissen die Eltern davon?«, fragt Anna.

»Nein. Aber die Leute, die unter ihr wohnen, wissen Bescheid, denn sie erzählen es dem Soldaten. Joseph, du hast gerade erst erfahren, was ihr zugestoßen ist, und ob dir das nun passt oder nicht, du bist der Grund dafür.«

»Dass sie jetzt als Prostituierte gebrandmarkt ist?«

»Genau! Auch du verspürst also ihre Erniedrigung und Demütigung, weil du ihr das unwissentlich angetan hast. Verstehst du?«

»Ja.«

»Ich kann dir noch etwas mitgeben, Anna. Beim nächsten Mal drückst du dich an die Wand, weinst und versuchst, einfach in der Wand zu verschwinden wie eine Kakerlake. Geht das Emotionale vorläufig langsam an, ihr müsst ja noch ablesen. Und spielt beim nächsten Mal nicht die ganze Szene, sondern bringt sie nur emotional auf den Weg. Verstanden, Joseph?«

»Wenn ich sage: ›Hätte ich etwas tun können, ich hätte es getan‹ – ist das nicht der Moment, in dem ich es erfahre?«

»Nein, die Leute unten haben es dir schon gesagt.«

»Also ist der Anfang mein erster Satz: ›Möchtest du einen Cognac?‹? Da beginnt die Emotion?«

»Die Emotion beginnt schon ein Stockwerk tiefer. Wenn du sie fragst, ob sie einen Cognac möchte, ist das nur der Versuch, sie aufzuheitern.«

»Dann soll ich also vorbereitet auftreten und die Szene genau da beginnen? ›Möchtest du …‹«

»›Möchtest du einen Cognac?‹ Da sollst du die Szene emotional beginnen. Gibt es noch Fragen? Lernt den Text nicht auswendig – lasst ihn einfach passieren. Improvisiert, macht alles, was ihr wollt, um dein Gefühl der Erniedrigung, Anna, und deine Schuldgefühle, Joseph, zum Leben zu erwecken. Wisst ihr noch, was ich über den Fluss gesagt habe und über die Worte, die wie ein Kanu darauf entlanggleiten? Ich möchte, dass ihr den Fluss *nach und nach* zum Fließen bringt.«

15. März

Anna kommt herein, schließt die Tür hinter sich, geht zum Bett hinüber und wickelt sich in die grüne Decke. Nach ein paar Minuten fängt sie an zu schluchzen. Dann kommt Joseph herein, und die Szene beginnt. Seine Vorbereitung geht nicht sehr tief und klingt schnell ab. Er ist ernst, beflissen, besorgt, aber nicht emotional. Anna ist hervorragend: Ihre Emotion ist sehr voll und zutiefst bewegend. Nur mit dem Text ist sie noch sehr unsicher.

»Besprechen wir das«, sagt Meisner. »Das war ein großer Fortschritt im Vergleich zum letzten Mal. Lern so viel Text wie möglich, denn wenn du über den nächsten Satz nachdenkst, unterbricht das den Emotionsfluss. Das Problem ist aber auch nicht das Textlernen – wie das geht, weißt du. Das Problem ist die Emotion, und du bist ein gutes Stück damit weitergekommen, sie in dir zu finden. Merkst du das?«

»Ja«, sagt Anna, die sich noch die Augen wischt.

»Joseph, du kannst noch weitergehen, vor allem am Anfang. Es ist in etwa so, als ob du vor der Tür stehen bleiben musst, um dich wieder ein wenig in die Gewalt zu bekommen, damit sie nicht sieht, wie sehr es dich belastet. Verstehst du?«

»Ja.«

»Wenn du fünfzig Prozent der Szene hinbekommst, bist du zu fünfzig Prozent über dich hinausgewachsen. Kannst du das nachvollziehen?«

»Ja.«

»Ich bin geduldig, und das solltest du auch sein. Das Problem ist die Emotion. Es geht darum, dich emotional in den Text einzubringen, damit der Fluss, wie ich schon sagte – und ich rede mit dir, Joseph –, mit einer gewissen Fülle fließen kann. Wenn du das zu fünfzig Prozent schaffst, dann ist das doch ein großer Fortschritt, oder?«

»Doch«, sagt Joseph. Er wirkt entmutigt.

»Ich frage mich, Joseph Morgan«, sagt Meisner, »ich frage mich wirklich, ob du in deiner Vorbereitung weit genug vom Stück weg- und weit genug in dich selbst hineingehst. Verstehst du mich?«

»Ja, ich mache das schon persönlich«, sagt Joseph. »Aber irgendwie dauert es ziemlich lange, mich darauf einzustellen… Ich weiß gar nicht, wie ich das formulieren soll. Die gegebenen Umstände müssen real für mich werden.«

»Vielleicht willst du es ja zu persönlich machen?«

»Das weiß ich nicht. Meistens setzt irgendwann etwas ein, das es für mich real macht. Meine Vorbereitung war sehr persönlich, sie hat mit meiner Familie zu tun – aber wenn sie einmal weg ist, dann ist sie auch wirklich weg.«

»Dann versuch auch nicht, sie zurückzuholen«, sagt Meisner.

»Das tue ich ja gar nicht. Ich glaube, es ist nur eine Frage der Zeit.«

»Der Meinung bin ich auch. Wenn wir am Donnerstag darüber reden, heißt das noch lange nicht, dass du am Montag danach bestens vorbereitet auftrittst. Es geht langsam voran. Bei Anna war der Unterschied zwischen heute und letztem Donnerstag ein echter Fortschritt, der sich auch auf dich ausgewirkt hat. Kannst du das nachvollziehen?«

Joseph nickt, und Meisner hält kurz inne.

»Nehmen wir mal an, du hast irgendwann – wann und wo genau, weißt du nicht mehr – einen dieser armen Obdachlosen beobachtet, die auf der Straße leben. Nehmen wir an, du hast ihn aus der Mülltonne essen sehen, und es hat dir fast den Magen umgedreht. Das könnte für diese Szene sehr gut funktionieren. Es ist natürlich meine persönliche Geschichte, aber sie entspringt meiner Phantasie. Das hochgradig Persönliche an der Vorbereitung heißt ja nicht, dass es wirklich immer ganz persönliche Erfahrungen sein müssen. Als mein Vater starb, stand ich mit meiner Familie am Grab.« Meisner steht auf, steckt den Verstärker in die rechte Jackentasche und greift nach seinem Stock. Er kommt hinter dem Pult hervor, bis er direkt vor den Schülern steht. »Als der Sarg ins Grab gelassen wurde, fiel mir plötzlich auf, was mein Fuß gerade machte. Während der Sarg abgesenkt wurde, machte mein Fuß das hier.« Er verlagert das Gewicht auf den rechten Ballen und bewegt ihn hin und her, als würde er eine Zigarette aus- oder eine Kakerlake zertreten.

»Mein Gott«, sagt Anna leise.

»Seht ihr! Seht ihr, wie sie reagiert?« Meisner deutet auf Anna. »Siehst du, wie du reagierst?« Er sieht Bette an. »Du bist geschockt, und sie war auf andere Weise geschockt. Und doch war mein einziger Gedanke, als ich dort am Grab stand: *Komm da bloß nie wieder raus!* Gibt es etwas Persönlicheres? Heute löst das aber gar nichts mehr in mir aus, außer dass ich vielleicht ein bisschen darüber lachen muss. Ich erzähle euch das, um euch zu zeigen, dass ihr nie genau wissen könnt, wie etwas eure Emotionen beeinflusst. Wenn ich auch nur ein bisschen Schamgefühl oder Selbstachtung besäße, hätte ich euch das nicht erzählt. Aber das fehlt mir nun mal.«

Während Meisner langsam zu seinem Pult zurückgeht, meldet sich Anna. »Wenn Sie ›persönlich‹ sagen, Sandy ... und Sie haben uns ja gerade gezeigt, dass etwas extrem persönlich sein und trotzdem keine tiefen emotionalen Auswirkungen haben kann ... ist es dann auch möglich, dass etwas *zu* persönlich ist, wie Sie eben zu Joseph gesagt haben? Dass man etwas so persönlich findet und es so sehr für sich behalten will, dass man Hemmungen hat, sich davon tief bewegen zu lassen?«

»Genau! Und nur ihr selbst könnt das auseinanderhalten.«

»Ob etwas persönlich und bewegend ist, man aber nicht das Bedürfnis hat, es für sich zu behalten?«

»Ja. Ich habe einem meiner zweiundvierzig Therapeuten die Geschichte von meinem Vater erzählt, und er war sehr beeindruckt von ihrer Aussage.«

»Das kann ich mir vorstellen«, sagt Anna.

»Die anderen einundvierzig haben nichts dazu gesagt. Aber das tun sie nie.«

***

Scott Roberts kommt in Meisners Büro.

»Genau, das ist das Buch«, sagt Meisner. »Ich habe es der Bibliothek vor dreißig Jahren gespendet.«

Scott reicht ihm das kleine Buch, Sigmund Freuds *Vorlesungen zur Einführung in die Psychoanalyse*, und Meisner blättert kurz darin. »Das ist der Abschnitt, nach dem du mich gefragt hast«, sagt er schließlich und deutet auf eine Seite am Ende des Buches. »Er ist absolut großartig. Ich kann dir gar nicht sagen, wie mir diese Analyse der Phantasie dabei geholfen hat, meine Gedanken zu diesem grauenhaften Problem der Vorbereitung zu ordnen.«

Er reicht Scott das Buch. »Lies das doch bitte einmal laut vor«, sagt er. »Ich sehe zu schlecht.«

Scott räuspert sich, dann liest er Freuds bahnbrechenden Text vor: »Ehe ich Sie heute entlasse, möchte ich aber Ihre Aufmerksamkeit noch eine Weile für eine Seite des Phantasielebens in Anspruch nehmen, die des allgemeinsten Interesses würdig ist. Es gibt nämlich einen Rückweg von der Phantasie zur Realität, und das ist – die Kunst. Der Künstler ist im Ansatze auch ein Introvertierter, der es nicht weit zur Neurose hat. Er wird von überstarken Triebbedürfnissen gedrängt, möchte Ehre, Macht, Reichtum, Ruhm und die Liebe der Frauen erwerben; es fehlen ihm aber die Mittel, um diese Befriedigungen zu erreichen. Darum wendet er sich wie ein anderer Unbefriedigter von der Wirklichkeit ab und überträgt all sein Interesse, auch seine Libido, auf die Wunschbildungen seines Phantasielebens, von denen aus der Weg zur Neurose führen könnte. Es muss wohl vielerlei zusammentreffen, damit dies nicht der volle Ausgang seiner Entwicklung werde; es ist ja bekannt, wie häufig gerade Künstler an einer partiellen Hemmung ihrer Leistungsfähigkeit durch Neurosen leiden. Wahrscheinlich enthält ihre Konstitution eine starke Fähigkeit zur Sublimierung und eine gewisse Lockerheit der den Konflikt entscheidenden Verdrängungen. Den Rückweg zur Realität findet der Künstler aber auf folgende Art. Er ist ja nicht der Einzige, der ein Phantasieleben führt. Das Zwischenreich der Phantasie ist durch allgemein menschliche Übereinkunft gebilligt, und jeder Entbehrende erwartet von daher Linderung und Trost. Aber den Nichtkünstlern ist der Bezug von Lustgewinn aus den Quellen der Phantasie sehr eingeschränkt. Die Unerbittlichkeit ihrer Verdrängungen nötigt sie, sich mit den spärlichen Tagträumen, die noch bewusst werden dürfen, zu begnügen. Wenn einer ein rechter Künstler ist, dann verfügt er über mehr. Er versteht es erstens, seine Tagträume so zu bearbeiten, dass sie das allzu Persönliche, welches Fremde abstößt, verlieren und für die anderen mitgenießbar werden. Er weiß sie auch so weit zu mildern, dass sie ihre Herkunft aus den verpönten Quellen nicht leicht verraten. Er besitzt ferner das rätselhafte Vermögen, ein bestimmtes Material zu formen, bis es zum getreuen Ebenbilde seiner Phantasievorstellung geworden ist, und dann weiß er an diese Darstellung seiner unbewussten Phantasie so viel Lustgewinn zu knüpfen, dass durch sie die Verdrängungen wenigstens zeitweilig überwogen und aufgehoben werden. Kann er das alles leisten, so ermöglicht er es den Anderen, aus den eigenen unzugänglich gewordenen Lustquellen ihres Unbewussten wiederum Trost und Linderung zu schöpfen, gewinnt ihre Dankbarkeit und Bewunderung und hat nun *durch* seine Phantasie erreicht, was er vorerst nur *in* seiner Phantasie erreicht hatte: Ehre, Macht und Liebe der Frauen.«*

Roberts klappt das Buch zu und legt es auf Meisners Mahagonischreibtisch.

»Ist das nicht großartig?«, fragt Meisner. »Nun hat er ›*durch* seine Phantasie erreicht, was er vorerst nur *in* seiner Phantasie erreicht hatte: Ehre, Macht und Liebe der Frauen.‹ Ich finde das einfach wunderbar.«

---

* Sigmund Freud, *Vorlesungen zur Einführung in die Psychoanalyse.* Frankfurt am Main 1990, S. 23; Vorlesung: »Die Wege der Symptombildung«.

9.

DAS MAGISCHE *ALS-OB:* SPEZIFIZIERUNG

> MEISNER: Ich will euch eines sagen: Euer größter Feind ist der Text.

26. April

Der Unterricht beginnt damit, dass Bette und Beth die letzte Szene aus Lillian Hellmans Stück *The Children's Hour (Kinderstunde)** spielen. Als die Szene zu Ende ist, äußert Meisner seine Kritik.

»Für mich und für uns alle, bis auf die Engländer – für Amerikaner, Russen, Deutsche –, wird Schauspiel aus Emotionen erschaffen. Es hat einen inneren Gehalt. Anders als die Engländer, die intellektuell erfassen, wie die Figur sich fühlen sollte, und das dann durch ihren verbalen Umgang mit dem Text markieren, arbeiten wir aus dem wahrhaftigen Leben unter imaginären Gegebenheiten. Beth, ich werde das sehr langsam erläutern. Im Stück steht, dass der Mann, den du liebst, dich verlässt, weil er dich für lesbisch hält. Richtig?«

»Ja.«

»Nehmen wir einmal an, das hat für dich persönlich keine Bedeutung. Du weißt nicht, wie es sich anfühlt, lesbisch zu sein,

---

* Die deutsche Übersetzung von Bernd Samland ist im Verlag Jussenhoven & Fischer, Theater & Medien erschienen. (Anm. d. Red.)

und hast auch keine Erfahrung damit. Es ist dir also fremd, aber du musst diese Rolle spielen. Für diesen Mann sind Lesben abstoßend und pervers, aber sein Verhalten und seine Worte lösen emotional nichts in dir aus. Es sind nur Buchstaben auf Papier, ein kalter Text. Wie löst du dieses Problem? In diesem Fall nehmen wir einmal an, die Situation wäre so, *als ob* dir etwas vorgeworfen wird, das du ganz entsetzlich findest. Ich weiß natürlich nicht, was du entsetzlich findest, aber wenn du ehrlich mit dir bist, wirst du in deiner Erfahrung oder deiner Phantasie schon etwas finden. Was könnte das sein? Es muss nicht zwingend etwas Sexuelles sein. Ich werde euch jetzt auf persönliche und doch imaginäre Weise etwas beschreiben, was ich keinem Menschen je erzählen würde, wenn es mir wirklich zugestoßen wäre. Nehmen wir an, die Schauspielerin, die diese Rolle spielen soll, wurde mit fünf Jahren von einer Bande von vier oder fünf stadtbekannten Rabauken überfallen. Sie haben sie auf ein verlassenes Grundstück verschleppt und ihr die Kleider vom Leib gerissen. Das Entsetzen und die Erniedrigung dieses Erlebnisses sind immer noch so lebendig in ihr, dass sie in Tränen ausbricht, wenn sie daran zurückdenkt. Eventuell wäre das also eine nützliche Vorbereitung, um diese Szene zu beginnen, Beth, denn im Augenblick liest du deinen Text einfach nur traurig vor, aber er hat kein Leben, keine Emotion.«

»Stimmt«, sagt Beth. »Ich hatte das Gefühl, dass ich irgendwie den Deckel nicht aufkriege.«

»Dafür gibt es die Vorbereitung. Ich kann mir keine Episoden oder Vorfälle für dich ausdenken, die Angst, Entsetzen, Scham in dir auslösen – wie immer du das Gefühl nennen willst. Das musst du selber tun. Aber wenn es nur Worte bleiben, ist das nicht gut genug. Darum geht es hier. Dieses ›Als-ob‹, das ist eine ›Spezifizierung‹ in dem Sinn, wie schon Stanislawski diesen Ausdruck verwendet hat.

Beth muss eine Szene spielen, in der ihr Freund, der Mann, den sie liebt – und es ist tatsächlich die ganz seltene, wahre Liebe –, sie verlässt, weil er die Frauen für ein Liebespaar hält. Wenn sie die Sätze liest – und erst einmal sind es nur Sätze…«, sagt Meisner und beginnt damit, den Text zu paraphrasieren: »›Er ist weg.‹ ›Kommt er zum Abendessen wieder?‹ ›Nein.‹ ›Du meinst, er kommt erst später?‹ ›Nein, er kommt nicht mehr zurück.‹ ›Nie wieder?‹ ›Nein.‹ Und ihre Partnerin sagt: ›Dann mache ich mal das Essen warm.‹ Hier kommt nun Stanislawskis ›Als-ob‹ ins Spiel. Es ist, *als ob* ihr etwas Grauenvolles passiert wäre, als sie fünf Jahre alt war – etwas Schreckliches, Erniedrigendes. Oder es könnte so sein, *als ob* sie total unter Schock stünde oder *als ob* sie plötzlich vor lauter Angst oder Anspannung wie gelähmt ist. In dieser Spezifizierung liegt die Vorbereitung.«

»Sandy«, sagt Beth. »Ich weiß nicht, wo genau das Problem liegt, aber wenn ich zu Hause bin, finde ich viele Erinnerungen oder Phantasien, die bestimmte Emotionen in mir auslösen. Hier hingegen funktionieren sie manchmal und manchmal auch nicht. Als ich draußen war und versucht habe, mich vorzubereiten, hat es sich angefühlt, als wollte ich etwas erzwingen. Es kam einfach nicht, ich bin immer nervöser geworden, und je mehr ich es erzwingen wollte, desto weniger hat es geklappt.«

»Es hat dir nichts bedeutet.«

»Aber als ich allein war, hat es etwas bedeutet.«

»Dann musst du die Vorbereitung ändern. Hast du nicht schon mal wiederholt ein Musikstück gehört und nach dem zehnten Mal plötzlich gedacht: ›Wenn ich das noch einmal höre, werfe ich die Platte aus dem Fenster!‹ Ändere etwas! Das belebt deine Vorbereitung.«

Er unterbricht kurz, um das Mikrofon zurechtzurücken.

»Aber eine Spezifizierung, ein *Als-ob*, das ist etwas ganz anderes. Es ist das persönliche Beispiel, das ihr aus eurer Erfahrung oder eurer Vorstellung auswählt, um das kalte Textmaterial emotional für euch zu klären.«

»Können Sie das bitte noch einmal sagen?«, fragt John.

Meisner wendet sich an Lila. »Was habe ich gesagt?«

»Sie sagten, dass das eigene persönliche Beispiel etwas klärt«, antwortet Lila. »Aber was, habe ich auch nicht verstanden.«

»Ich werde wahrscheinlich bis ans Ende des heutigen Unterrichts bei dem Thema bleiben. Es ist an der Zeit dafür. Ray, was habe ich bisher gesagt?«

»Wenn man einen Text vor sich hat, der einem kalt erscheint, der einem nichts bedeutet, weil die gegebenen Umstände so fremd sind, dann soll man eine Spezifizierung verwenden – ein anderer Ausdruck ist das *Als-ob* –, um für sich selbst eine Situation zu umschreiben, die einen *persönlich* an den für die Szene notwendigen emotionalen Ort bringt.«

»Du solltest nicht ›umschreiben‹ sagen, lieber ›entwickeln‹. In sich zum Leben erwecken. Nehmen wir ein anderes Beispiel aus dieser Szene, dann machen wir weiter. Beth, du bist nicht lesbisch, oder?«

»Nein«, sagt Beth.

»Und trotzdem musst du zu Bette sagen: ›Er hält uns für ein Liebespaar.‹ Was für eine Spezifizierung fällt dir ein, die dir klarer machen könnte, wie du ihr sagen sollst, dass dein Exfreund glaubt, ihr hättet eine Affäre?«

»Ich habe zwei Probleme«, sagt Beth. »Zum einen denke ich daran, dass ich traurig bin, weil mein Freund mich verlassen hat …«

»Vergiss die Handlung!«

»Dann sollte ich vielleicht daran denken, wie es wäre, wenn mich jemand, der mich wirklich geliebt hat, verlässt, weil …«

»Vergiss die Liebe!«

»Aber wenn er denkt, ich wäre mit jemand anderem im Bett gewesen und das stimmt gar nicht, und er macht mir unberechtigte Vorwürfe …«

»Vergiss den Sex! Du denkst wirklich immer nur an das eine!«

Die Schüler lachen.

»Sex oder Ehrgeiz«, sagt Beth. »Sie haben doch gesagt, es gibt nichts anderes.«

»Nehmen wir an, es wäre so, *als ob* du ihr erzählt hättest, dass dein Freund glaubt, ihr beiden wärt heroinsüchtig. Das ist doch mal ein tödliches Geheimnis. Oder es wäre so, *als ob* er den Verdacht hat, ihr wärt zusammen im Gefängnis gewesen oder hättet gemeinsam ein uneheliches Kind umgebracht oder euch an der Hexerei versucht. Das hier ist ein Bereich des Schauspielens, bei dem nur eure Vorstellungskraft gefragt ist. Stellen wir uns vor, Ralph und John werden als zwei Fußballer aus derselben Mannschaft besetzt, und nehmen wir weiter an, du, Ralph, wirst in dem Stück auf dem Spielfeld schwer verletzt und in die Umkleide gebracht. Da liegst du jetzt bewusstlos, während deine Mannschaft auf den Krankenwagen wartet. Nehmen wir weiter an, ich, der Regisseur, sage zu dir, John: ›Stell dich neben ihn und sieh ihn so an, *als ob* er deine Frau wäre, die im Sterben liegt.‹ Das hat weiß Gott wenig mit den beiden Fußballern zu tun, aber wir als Zuschauer werden niemals erfahren, woher deine Emotion kommt, John, und wir reagieren trotzdem darauf. Und falls dich dann jemand fragen sollte: ›Wo hast du diesen Moment hergenommen? Das war sehr berührend‹, dann sagst du nur: ›Schwirr ab!‹«

»Was der Regisseur zu John sagt, dient aber nur dazu, diese Situation klarer zu machen«, sagt Ralph. »Es ist keine Spezifizierung, die er für immer beibehalten muss, oder?«

»Welchen Teil der Situation soll es klarer machen?«, fragt Meisner.

»Seine Gefühle bei dem, was er da beobachtet.«

»Seine Emotion.«

»Aber gibt es denn einen Unterschied zwischen seiner Emotion und seinen Gefühlen wegen meiner Verletzung?«

»Die Zuschauer verknüpfen die Emotion mit seinen Handlungen. Er steht da und sieht, wie du langsam verblutest, und wir sehen, dass ihn das sehr bewegt. Aber wir wissen nicht, woher die Emotion kommt.«

»Also ist eine Spezifizierung etwas Ähnliches wie die Vorbereitung«, sagt Joseph, »nur für einen ganz konkreten Moment.«

»Man muss sich für sie entscheiden«, sagt Meisner.

»Und sie muss persönlich sein.«

»Ja. Und bei den Proben wird damit gearbeitet.«

»Das heißt, man macht seine Hausaufgaben und bringt sie mit zur Probe«, sagt Joseph.

»Ist die Spezifizierung denn ein fester Bestandteil der Inszenierung?«, fragt Rose Marie. »Wenn ich zum zweihundertsten Mal *Tod eines Handlungsreisenden* spiele ...«

»Ach, bis dahin hast du vielleicht fünfzig verschiedene Vorbereitungen verwendet, aber die Spezifizierungen – die *Als-obs*, die du dir in der Probe erarbeitet hast und die deiner Rolle jetzt ihre Gestalt geben – bleiben bestehen.«

Ray meldet sich. »Das heißt, wenn man sich für eine Spezifizierung entscheidet, entscheidet man auch, was der jeweilige Moment emotional bedeutet. Wie trifft man solche Entscheidungen? Können wir darüber jetzt sprechen, oder ist das ein Thema für eine spätere Unterrichtsstunde?«

»Sie entspringen eurem Instinkt.«

»Dem Instinkt in Bezug auf eine bestimmte Szene?«

»Natürlich.«

»Und sie sind das Ergebnis davon, wie man die Szene versteht oder auch missversteht?«, hakt Ray nach.

»Natürlich! Ich will euch eine Frage stellen. Egal, wie oft Beth die *Kinderstunde* spielt, wird es *jemals* einen Zeitpunkt geben, zu dem sich ihre Rolle nicht vor Verzweiflung windet, wenn sie erzählt, dass ihr Freund nicht mehr wiederkommt?«

Nach einer Pause sagt Ray: »Jetzt haben Sie mich in die Zwickmühle gebracht, denn einerseits will ich Nein sagen, aber gleichzeitig denke ich mir, es wäre doch eine ebenso plausible Lesart, dass sie der Frau, mit der sie zusammenlebt, wegen der Vorkommnisse böse ist und stattdessen Zorn zeigt.«

»Das wäre dann eine Fehlentscheidung.«

»Okay, das wollte ich wissen. Wie trifft man die *richtige* Entscheidung?«

»Mit dem Instinkt!«

»Und außerdem«, sagt Rose Marie, »gibt es ja noch den Regisseur.«

»Ja«, sagt Meisner. »Es gibt den Regisseur. Der Regisseur wird euch sagen, was ihr emotional vermitteln sollt. Chopin hat ein Stück geschrieben, die sogenannte ›Revolutionsetüde‹. *Alle Welt* hat sie schon gespielt. Aber kann sie je etwas anderes sein …« Er spielt auf dem Pult stumm das triumphale Musikstück an. »… als die ›Revolutionsetüde‹? Versteht ihr?«

»Ja, ich verstehe«, sagt Ray, »aber trotzdem möchte ich einwenden, dass jeder, der es spielt, es ein bisschen anders spielen wird, und dass jeder die Emotion, die der Regisseur von ihm haben will, auf einem anderen, persönlichen Weg erreicht.«

»*Wahre* Pianisten spielen es natürlich unterschiedlich, aber sie spielen doch alle dieselben Noten.«

»Wollen Sie damit sagen«, fragt Beth, »dass auch die Färbung oder der emotionale Ton gleich bleibt, wenn alle dieselben Noten spielen?«

»Mehr oder weniger«, sagt Meisner. »Oder kannst du dir einen *fröhlichen* Hamlet vorstellen?«

»Nein, wirklich nicht. Aber vielleicht ist das ja nur mein Problem. Manchmal, wenn ich mich vorbereite, fange ich plötzlich an, mich selbst dabei zu beobachten, anstatt es einfach nur zu machen, und wenn ich es dann auch noch bewerte, empfinde ich gar nichts mehr. Dann ist es so wie in dieser Szene, dass ich plötzlich erstarre.«

»Jetzt hast du mir gerade zum zehnten Mal erzählt, dass du dich selbst beobachtest. Das ist ein sehr spezielles Problem in deiner Technik, das weiter ungelöst bleibt.«

»Ich versuche ja herauszufinden, was ich dagegen tun soll.«

»Und ich versuche herauszufinden, was ich dir sagen soll, damit du das Problem lösen kannst«, sagt Meisner. »Moment. Es gibt da ein bestimmtes Element in der Vorbereitung – ich wünschte, es wäre nicht da, aber so ist es nun mal –, das deine Aufmerksamkeit auf dich selbst lenkt. Aber in dem Moment, in dem du anfängst zu spielen und dich auf etwas anderes konzentrierst, schwindet dieses Ichbewusstsein. Verstehst du?«

»Ja, ich verstehe. Vielen Dank.«

»Die Spezifizierung«, fährt Meisner fort, »ist im Grunde ganz einfach und bei Weitem nicht so kompliziert wie die Vorbereitung – und auch längst nicht so subtil. Nehmen wir einmal an, ich beschließe, dass ich Unterrichten hasse. Mehr brauche ich gar nicht zu sagen.« Er steht auf und geht zur Tür. »Ich komme also in den Unterrichtsraum …« Er kommt hereingehumpelt, wirft einen bösen Blick in die Runde und faucht: »Ach, seid doch still!« Die Schüler lachen. Dann tritt er noch einmal auf, kommt diesmal aber beschwingt herein und freut sich sichtlich, seine Schüler zu sehen. »Seid ihr alle da?«, ruft er, und wieder lachen alle. »Daran musste ich gar nicht lange arbeiten. Ich weiß ja, was der Gedanke ›Ich *hasse* Unterrichten‹ oder ›Ich *liebe* Unterrichten‹ emotional in mir auslöst. Nur eines darf ich nicht tun, und das ist *nichts tun* – also die Situation nicht interpretieren. Mit ein bisschen Phantasie ist das wirklich ganz einfach. Es ist reiner Instinkt.«

Meisner kehrt an sein Pult zurück. »Kennt ihr *Hedda Gabler* von Ibsen? Am Ende des Stücks verbrennt sie das Manuskript.

Erinnert ihr euch? Ich habe mich einmal mit Harold Clurman über diese Szene unterhalten, und Harold sagte mir, dass Hedda, indem sie das Manuskript verbrennt, auch den Mann verbrennt! Da brennt nicht nur das Buch, sondern auch ihr treuloser Liebhaber! Es ist ein ganz gewaltiger Unterschied, ob man ein Manuskript oder einen Menschen verbrennt. Und *das* ist eine Spezifizierung! Dieses Manuskript ist er! Nicht nur sein Buch, sondern *er selbst!*«

Meisner setzt sich, holt den Verstärker aus der Tasche und legt ihn auf das Pult.

»Ich will euch noch etwas sagen. Es gibt ein paar Rollen, die lassen sich nicht für jeden beliebigen Schauspieler spezifizieren. Wenn Helen Hayes Hedda Gabler spielen würde, dann wäre das doch ein Witz, oder?«

Die Schüler nicken.

»Der Text würde gesprochen werden – selbst Judith Anderson lernt schließlich ihre Texte –, aber die darunterliegende Emotion käme nicht zum Vorschein.«

»Sie würde die richtigen Entscheidungen treffen«, sagt Anna, »und das Richtige tun, aber das, was dabei herauskäme ...«

»Sie würde das Offensichtliche spielen.«

»Das ist meine größte Angst«, sagt Bette.

»*Das* ist deine größte Angst?«, fragt Meisner, und die Schüler lachen.

»Eine meiner zehn größten Ängste«, sagt Bette. »Ich habe ständig Angst davor, weil ich ...«

»Dazu will ich dir etwas sagen«, unterbricht Meisner. »Du bist, was du bist. Deine Persönlichkeit ist so, wie sie ist. -Manche Dinge kannst du nicht ändern, die solltest du einfach an dir akzeptieren. Jeder von uns hat einen bestimmten Rahmen und bestimmte Begrenzungen. Das ist unser Wesen, unser theatralisches Wesen, das uns beschränkt, egal, ob es sehr schmal oder sehr breit ist. Die Duse konnte keine Shakespeare-Stücke spielen. Sie hat es versucht, und sie ist daran gescheitert. Ihr solltet einmal lesen, was George Bernard Shaw über die Duse und die Bernhardt geschrieben hat, dann begreift ihr auf höchster Ebene, wie sehr sich theatralische Persönlichkeiten voneinander unterscheiden können.«

Meisner hält kurz inne und fährt dann fort. »Maureen Stapleton ist wirklich eine wunderbare Schauspielerin, aber wenn sie die Mutter aus der *Glasmenagerie* spielen soll, dann macht sie das einfach nicht besonders gut. In ihrem Temperament liegt etwas, das sich mit dieser Rolle nicht verträgt. Aber wenn man ihr die Hauptrolle in *Die tätowierte Rose* gibt, kommt keiner an sie heran. Es gibt Rollen, für die wir uns einfach nicht eignen, selbst wenn wir sie begreifen, und dann wiederum gibt es Rollen, für die sind wir so richtig, dass uns nicht einmal auffällt, ob wir sie begreifen.«

»Temperament heißt also so viel wie *emotionales* Begreifen?«, fragt Joseph.

»Was ist schon dabei?«, fragt Meisner. »Ich wünschte, ihr könntet mich einmal den Macbeth spielen sehen. Seht ihr, ihr lacht. Und mehr noch: *Ich* lache mit! Was macht es schon, wenn man gesagt bekommt, dass manche Rollen nicht richtig für einen sind? Im Group Theatre gab es eine Tradition. Die Regisseure lasen das neue Stück immer dem ganzen Ensemble vor, bevor es besetzt wurde und die Proben anfingen. Nun, nach ein oder zwei Stücken, wenn wieder einmal ein neues vorgelesen wurde und sich herausstellte, dass im Verlauf der Handlung eine Kommode beiseitegerückt wird und etwas zum Vorschein kommt, was schon seit Jahren verschwunden war, dachte ich mir manchmal: ›Mein Gott, *das* ist meine Rolle!‹ Ich habe mich praktisch nie getäuscht. Die Wahrheit ist, es gibt Rollen, die wir besser spielen können als andere.«

Rose Marie meldet sich zu Wort. »Glauben Sie, dass es nötig ist, ins Irrenhaus zu gehen und sich anzusehen, wie sich die Leute dort verhalten, um in *Einer flog übers Kuckucksnest* mitzuspielen?«

»Nein.«

»Man braucht sich einfach nur an die Ecke 42nd Street/8th Avenue zu stellen, oder?«

»Wenn man überhaupt so weit gehen muss«, meint Meisner. »Wisst ihr, als ich in Clifford Odets Stück *Verlorenes Paradies* den jüngeren Sohn Julie gespielt habe, da musste ich einen Jungen verkörpern, der an der Schlafkrankheit stirbt. Bin ich da vielleicht in das Krankenhaus gegangen, wo Narkolepsie-Patienten liegen? Nein. Aber ich habe einen Arzt nach den Symptomen der Krankheit gefragt, und er sagte: ›Es treten Lähmungserscheinungen auf.‹ Also habe ich meine linke Körperhälfte nicht mehr bewegt – nicht die rechte, die brauchte ich ja. Mehr nicht. Man pickt sich ein, zwei Dinge heraus und versucht gar nicht erst, sämtliche Symptome realistisch darzustellen.«

»Ich finde es immer wichtig, Informationen zu haben«, sagt Rose Marie.

»Beobachten. Und spezifizieren.«

»Genau. Wie damals, als Sie von dem Smaragdkleid im Weißen Haus gesprochen haben. Dafür brauche ich keine Exkursion ins Weiße Haus zu unternehmen oder alle Smaragde bei Cartier zu studieren; ich muss mir einfach nur vorstellen, dass ich keine Cheeseburger mehr servieren muss. Wenn ich etwas Persönliches für mich daraus mache, kommt der Rest von alleine.«

Meisner nickt zustimmend.

»Was habe ich euch also zu den Spezifizierungen, den *Als-obs*, erklärt? Beobachtet mal, wie ihr euch im richtigen Leben verhaltet. Da redet ihr ständig in *Als-obs*. ›Als die Sekretärin sagte, der Produzent wolle mich bei sich im Büro sprechen, da kam es mir vor, *als ob* mir das Herz stehen bliebe.‹ Seht ihr? ›Es war, *als ob* mir der kalte Schweiß ausbräche.‹ So etwas sagt man ständig. Und die Spezifizierung gibt dem Schauspielen einen Sinn. Ihr habt alle gehört, wie Beth Miss Hellmans Text am Anfang gelesen hat, ganz neutral, mit einem leichten, traurigen Unterton. Das war nicht gut. Das hat mich auf die Spezifizierung gebracht. Sie hat neutral gelesen und damit bedeutungslos. Aber hätte sie sich vorbereitet und sich dazu noch eine passende Spezifizierung ausgesucht, dann wäre es nicht mehr bedeutungslos gewesen. Die Art, wie ich euch begrüßt habe, als ich mit dem Gefühl hereinkam, das Unterrichten zu *lieben*, war ganz anders als die Art der Begrüßung, als ich es gehasst habe.« Er hält kurz inne, dann fragt er: »Habe ich heute ein wenig Eindruck hinterlassen?«

»Ich finde, wir haben heute richtig viel gemacht«, sagt Bette.

»Das ist aber sehr allgemein«, sagt Meisner.

»Dann muss ich das wohl relativieren ...«

»Und zwar richtig viel!«, sagt Meisner, und die Schüler lachen.

»Im Ernst«, fährt Meisner fort, »wie ist es, wenn man Schauspielunterricht nimmt, aber nicht spielt?«

»Toll«, sagt Anna.

»Hat es euch gefallen?«

»Hin und wieder ist das richtig gut«, sagt John. »Wirklich.«

»Es ist ein bisschen wie bei Stella Adler«, ergänzt Rose Marie, und Meisner lacht.

»Ja, Stella redet tatsächlich viel. Ich liebe Stella«, sagt er. »Ich liebe sie wirklich sehr. Sie ist meine beste Freundin. Wirklich! Ich habe ungeheuer viel von ihr gelernt. Wusstet ihr, dass sie sich am Ende des Unterrichts immer an ihre Schülerhorden wendet und ruft: ›Liebt ihr mich?‹«

Er hebt beide Arme in die Höhe, und die Schüler lachen und rufen: »Ja, ja!«

»Schwört es!«, ruft Meisner.

»Ich schwöre es! Ich schwöre es!«, rufen verschiedene Stimmen, und alle applaudieren, während Meisner über das ganze Gesicht strahlt.

30. April

»Letzte Woche habe ich einem Paar erklärt, dass sie von ihrem Material überzeugter sein müssen, und ich habe den Vorschlag gemacht, dass eine passende Spezifizierung, ein *Als-ob*, ihr Spiel vertiefen könnte. In der Szene, die wir gerade gesehen haben, war die schlichte Realität zwischen euch wirklich schön. Das war eindeutig das Verhalten von zwei Menschen. Shaw hat einmal gesagt: ›Selbst-Verrat, so weit vergrößert, dass er der Optik des Theaters entspricht: Darin besteht die ganze Schauspielkunst.‹ Was bedeutet das?«

»Dass man das Wahrhaftige der Szene in sich selbst finden und sichtbar machen muss«, sagt Anna, »und es so weit anwachsen lassen muss, dass es auf reale Weise kommuniziert werden kann.«

»Nehmen wir mal an, jemand sagt zu mir: ›Ich schenke dir eine rote Krawatte von Countess Mara.‹ Schauspielen ist die Kunst des Selbst-Verrats, also muss ich begreifen, wie ich zu der Farbe Rot stehe, denn im Stück soll ich antworten: ›Bloß keine rote!‹« Er sieht Bette an. »Sag mir, dass du mir eine rote Krawatte von Countess Mara schenken willst.«

»Sandy«, sagt Bette, »ich möchte Ihnen eine Krawatte von Countess Mara schenken, eine rote.«

Anfangs blickt Meisner noch erfreut drein, aber als er das Wort »rot« hört, verzieht er das Gesicht. Und die Antwort bricht aus ihm heraus: »Bloß keine rote!«

»Dann vielleicht eine blaue?«, fragt Bette.

Meisner lächelt vergnügt, und die Schüler lachen.

»Also, was habe ich gerade gemacht?«

»Sie haben eine Reaktion in sich gefunden, die groß genug war, um …«

»Und spontan, stimmt's? Sag mir, dass du mich zum Abendessen einladen wirst, sobald dein Esszimmer neu gestrichen ist, und dass es zum Hauptgang Artischocken geben wird.«

»Sandy, sobald mein Esszimmer neu gestrichen ist, möchte ich Sie gern zum Abendessen einladen. Zum Hauptgang gibt es Artischocken.«

Wieder verzieht Meisner unwillig das Gesicht, als er das Wort »Artischocken« hört, während er vorher durchaus erfreut aussah.

»Mögen Sie keine Artischocken?«, fragt Bette.

»Das sah man, oder?«, erwidert Meisner, und wieder lachen alle. »Das ist das Material, auf die Optik des Theaters vergrößert. Kannst du das nachvollziehen?«

»Ja.«

»Und was genau kannst du nachvollziehen?«

»Es war keine kleine Reaktion. Es war eine Reaktion, die bis zu dem Punkt vergrößert wurde, an dem …«

»… an dem sie sein soll. Ihr müsst wissen, was das, was ihr sagt, *für euch bedeutet.* Im großen Maßstab ist das eure Arbeit an der Rolle. Versteht ihr?«

»Dann sollen wir also die Rolle nach Dingen absuchen, auf die wir persönlich reagieren können?«, fragt Beth.

»Aber erst, *nachdem* ihr die grundlegende Realität etabliert habt. Reden wir noch ein bisschen weiter darüber. Was meinst du, Ray?«

»Ich finde es bemerkenswert, dass Sie sagen, man soll mit dieser Suche warten, bis man die grundlegende Realität der Szene etabliert hat. Darüber habe ich bisher nie nachgedacht, aber es klingt sehr einleuchtend, weil man sich dadurch davon abhält, zu viel in etwas hineinzuinterpretieren und das Ergebnis zu verfälschen. Verstehe ich das richtig?«

»Oder man verfällt ins Klischee.«

»Wenn man also erst die grundlegende Realität auf der Gesprächsebene erfasst und anschließend die tieferen Bedeutungen entdeckt, die diese Realität mit der Optik des Theaters beleben, dann steht das Ganze nicht auf einem Fundament aus Klischees«, sagt Ray.

»Und was heißt die ›Optik des Theaters‹?«

»Dass man, wenn man die reale Situation auf die Bühne bringt, ihre Realität so dosieren muss, dass sie für einen selbst ebenso glaubhaft bleibt wie für die Zuschauer. Gleichzeitig muss man sie aber auch auf eine Ebene *über* dem richtigen Leben heben. Sonst vermittelt sie sich nicht.«

»Sprichst du gerade von der Emotion?«, fragt Meisner.

»Ich glaube schon, ja. Sie ist ein Teil davon, aber ich dachte gerade auch an Energie.«

»Die Energie kommt von alleine. Das Hauptproblem bei englischen Schauspielern ist ihr Einsatz von Energie. Natürlich gehört das auch dazu, aber sie betrachten es als Bühnen-Energie, ohne emotionales Rückgrat, ohne Stütze.«

»Wenn also zuerst die Emotion da ist, dann entsteht die Energie daraus, wie tief die Emotion geht, im Gegensatz zu einer Energie, die keine Grundlage hat.«

»Sag mir noch mal, dass du mir eine Krawatte schenken möchtest.«

»Sandy«, sagt Bette, »ich möchte Ihnen eine Krawatte von Countess Mara schenken, eine rote.«

Diesmal verzieht Meisner nur den Mund und sagt in leicht geziertem Ton: »Oh … rot!«

»Seht ihr?«, fährt er dann fort. »Diesmal habe ich versucht, nur mit dem Ton meiner Stimme zu arbeiten, während ich vorher reagiert habe, *als ob* Bette nicht ›rot‹, sondern ›Hitler‹ zu mir gesagt hätte.« Seine Miene zeigt erneut tiefe Abscheu. »Ich übertreibe dabei ein bisschen, aber eben nur ein bisschen. Erst kommt die Realität: Die habt ihr bereits. Hinzu kommt die Fülle, mit der ihr euch ausdrückt. Um das auf die Bühne zu bringen, bedarf es der Kunst des Selbst-Verrats, vergrößert auf die Optik – den Blick, die Ebene, wie immer ihr das nennen wollt – des Theaters. In eurer Szene beispielsweise will sie von dir wissen, ob du mit ihrem Mann geschlafen hast. Was antwortest du darauf?«

»Dass es rein körperlich ist«, sagt Anna.

»Na klar doch«, sagt Meisner mit leiser Verachtung in der Stimme. »Könnt ihr das nachvollziehen? Das war im Grunde eine organische Lektüre. Was meine ich mit ›organischer Lektüre‹?«

»Keine künstlichen Zusätze«, sagt Bette. »Und keine Konservierungsstoffe.«

»Echt und ohne Scheiß«, sagt Ray.

»Echt und ohne Scheiß«, wiederholt Meisner. »Das ist die hochste Form der Kritik.« Die Schüler lachen. »Das Problem ist also gelöst, sobald ihr wisst, wie ihr zu dem steht, was ihr da sagt. Ich finde es sehr schwierig, euch klarzumachen, wie ihr euch mit einer Fülle an Bedeutung ausdrücken könnt. Nächstes Mal möchte ich *Die Toten von Spoon River* mit euch durchnehmen. Das wird euch die Augen öffnen.«

»Ich glaube, wir haben alle Angst davor, etwas Unechtes zu machen«, sagt Rose Marie. »Daher auch die Tendenz, zurückhaltend zu spielen ...«

»Dann muss ich euch eben anstacheln!«

10.

»MACHT EUCH DIE ROLLE ZU EIGEN!«

Meisner: Ein amerikanischer Schauspieler hat großes Glück. Warum? Weil so wenig von ihm erwartet wird.

3. Mai

»Sind alle da?«, fragt Meisner, als er eilig in den Unterrichtsraum kommt. Scott Roberts sieht sich im Raum um und nickt. »Gut.« Meisner setzt sich an sein Pult. »Fangen wir ganz einfach an. Heute wollen wir mit der Arbeit an den Texten aus Edgar Lee Masters' Gedichtsammlung *Die Toten von Spoon River** beginnen. Für unsere schauspielerischen Zwecke sind es aber keine Gedichte, und wir werden sie auch in keiner Hinsicht als Monologe oder Solo-Auftritte betrachten. Stattdessen werden wir sie wie Texte aus einem Stück behandeln, die auf ein Stichwort hin erfolgen, das ich gleich noch näher erläutern werde. Ray, wofür hast du dich entschieden?«

»Ich habe eine Auswahl von fünf Texten, zwischen denen ich mich noch nicht entschieden habe.«

»Dann entscheide dich.«

»Jetzt gleich?«

---

* Edgar Lee Masters, *Die Toten von Spoon River*. Berlin/Weimar 1966. Übersetzt von Wolfgang Martin Schede. (Anm. d. Ü.)

»Jetzt gleich. Nimm das einfachste. Das dir am meisten entspricht.«

»Ich weiß gerade nicht genau, was Sie mit ›einfach‹ meinen.«

»Einen Text, der schlicht und persönlich ist und für den du ein echtes Gefühl aufbringst.«

»Gut«, sagt Ray. »Dann lese ich ›Robert Southey Burke‹.« Er setzt sich auf einen der grauen Klappstühle in der Mitte der Spielfläche und liest mit klarer, ruhiger Stimme vor:

»Ich gab mein Geld dafür hin, Ihre Wahl
Zum Bürgermeister zu unterstützen, Mr. Blood.
Ich verschwendete meine Bewunderung an Sie,
Weil Sie mir so vollkommen schienen.
Sie verschlangen meine Persönlichkeit,
Meine Jugendideale
Und die Kraft meiner hohen Gefolgschaftstreue.
Alle Hoffnung, die ich in die Welt setzte,
All meinen Glauben an das Wahre
Schmolz ich im hellen Feuer
Meiner Verehrung ein und goss sie
Zu Ihrem Bildnis.
Doch als ich sah, wie Sie waren:
Die Seele kümmerlich, die Worte falsch
Wie Ihr bläulicher Zahnersatz
Und Ihre Zelluloidmanschetten,
Da hasste ich meine Liebe zu Ihnen,
Ich hasste mich selbst, hasste Sie
Für meine verwüstete Seele, verwüstete Jugend.
Und ich sage jedem: Hütet euch vor Idealen,
Hütet euch, eure Liebe hinzugeben
An irgendeinen, der lebt.«

»Okay«, sagt Meisner. »In einem Stück könnte das Stichwort für diesen Text lauten: ›Ray, warum hast du dich so plötzlich von ...‹ Wie heißt er noch gleich?«

»Blood«, sagt Ray.

»Also: ›Warum hast du dich so plötzlich von diesem Blood abgewandt, wo du ihn doch einst *bewundert* hast?‹ Eine solche Frage könnte man dir stellen, und der Text wäre deine Antwort auf die Frage.«

»Ich soll mir also eine Frage ausdenken, die mir das Stichwort gibt?«

»Wer ist deine Partnerin?«

»Rose Marie.«

»Sie kann dir die Frage stellen. Und was ist deine Antwort?«

»Der Text?«, fragt Ray zurück.

»Ja. Er ist kein Monolog. Er ist die Antwort auf eine Frage, ist dir das klar?«

»Ja.«

»Gut, dann frag ihn doch mal, Rose Marie, einfach nur so zum Spaß, warum er auf einmal so gegen Mr. Blood ist. Ray, du legst das Buch beiseite und antwortest ihr einfach.«

»Warum bist du auf einmal so gegen Mr. Blood?«, fragt Rose Marie.

»Weil ich mein ganzes Geld dafür ausgegeben habe, damit er Bürgermeister wird«, antwortet Ray. Seine Stimme ist ein eindringlicher, gleichmäßiger Singsang. »Ich hielt ihn für den größten Politiker der Welt und habe wirklich hart für ihn gearbeitet. Aber dann habe ich entdeckt, was für ein Schwindler er in Wirklichkeit ist, und als ich das gemerkt hatte, fand ich es nur noch furchtbar, dass er mir einmal so viel bedeutet hat. Ich habe mich selbst dafür gehasst, ihn für einen guten Menschen gehalten und die Wahrheit nicht erkannt zu haben.«

»Gut«, sagt Meisner. »Das geht in die richtige Richtung. Ray, wie lauten die letzten Zeilen deines Textes?«

Ray hebt das Buch vom Boden auf und schaut in dem Gedicht nach. »›Und ich sage jedem: Hütet euch vor Idealen, / Hütet euch, eure Liebe hinzugeben / An irgendeinen, der lebt.‹«

»Was für ein Gefühl löst das in dir aus?«

»Das ist echt brutal! Ich fühle mich verraten und bin wütend.«

»Kannst du dich darauf vorbereiten?«

»Ja.«

»Gut. Hört mal alle her. Die emotionale Essenz jedes einzelnen dieser Texte liegt normalerweise in den letzten beiden Zeilen. In diesem Fall lautet sie: *Ich hasse falsche Idole!* Richtig?«

»Richtig«, sagt Ray. »Jetzt weiß ich, was Sie mit der persönlichen Reaktion darauf meinen.«

»Gut. Jetzt zeige ich euch noch etwas, und wir werden sehen, ob es eine Bedeutung für euch hat. Nehmen wir einmal an, ich habe einen kurzen Text in einem Stück, den ihr gleich hören werdet. Lachen fällt mir schwer, aber ich tue es trotzdem.« Meisner macht ein Gesicht, als würde er sich über etwas Wunderbares freuen, und klatscht begeistert in die Hände.

»Mein Text beginnt folgendermaßen: ›Ich hatte gerade den schwersten Taxi-Unfall meines Lebens! Zwei Menschen sind dabei gestorben!‹ Und dann, nach weiterem Gelächter und weiteren Sätzen, komme ich schließlich zur letzten Zeile, die lautet: ›Aber mir ist nichts passiert und meiner Begleitung auch nicht!‹ Die emotionale Essenz liegt in der letzten Zeile, und sobald ihr euch auf diese Freude vorbereitet habt, fangt ihr mit dem Text an, auch wenn die erste Zeile lautet: ›Ich hatte gerade den schwersten Taxi-Unfall meines Lebens!‹ Bei diesen Texten geben die letzten beiden Zeilen dem Ganzen seine emotionale Färbung. Um bei dem Beispiel zu bleiben, stellt euch einmal vor, euer Partner sagt in dieser Szene zu euch: ›Du bist so gut gelaunt. Warum lachst du denn die ganze Zeit?‹ Und eure Antwort lautet: ›Ich hatte gerade den schwersten Taxi-Unfall meines Lebens!‹ Bis ihr dann am Ende sagt: ›Und ich danke Gott, dass ich noch am Leben bin!‹ Könnt ihr die Logik darin nachvollziehen?«

Ray nickt.

»Gut, dann probst du das mit Rose Marie. Sie bekommt auch einen Text. Eure Vorbereitung nehmt ihr aus den letzten beiden Zeilen, und dann denkt ihr euch – nur für diese Übung – ein einfaches Stichwort aus, das dem Text seine Motivation gibt. Ich sage es noch einmal: Behandelt das wie einen Text aus einem Stück, erst das Stichwort, dann die Antwort. Es sind keine Solo-Auftritte.«

»Wenn ich die Wörter aus dem Buch spreche, dann sage ich sie also zu Rose Marie?«

»Ja. Du erklärst ihr, warum du so bitterlich wütend bist. Und womit fangt ihr an?«, fragt er Rose Marie.

»Mit einer Vorbereitung, die sich auf die letzten beiden Zeilen des Textes stützt.«

»Nehmt euch Zeit für die Vorbereitung«, fügt Meisner noch hinzu. »Und dann improvisiert den Text, antwortet in euren eigenen Worten, die allerdings zumindest ein paar Elemente des ursprünglichen Textes enthalten sollten. Anschließend bereitet ihr euch wieder vor und lest den tatsächlichen Text. Erst improvisieren, dann lesen, dann wieder improvisieren – aber immer mit Vorbereitung. In der nächsten Stunde werde ich euch den eigentlichen Text nicht mehr lesen lassen. Das macht ihr erst wieder, wenn ich das Gefühl habe, dass ihr mit dem Material emotional sicher seid. Ihr müsst aus dem Text Realität, ihn euch zu eigen machen, indem ihr ihn mit einer Vorbereitung verseht, die sich vom Ende herleitet, und diesen Inhalt dann mit euren eigenen Worten auf euren Partner bezieht. Gibt es dazu noch Fragen?«

»Ja«, sagt Rose Marie. »Bei diesem Text über Mr. Blood – kann Ray beim Improvisieren diesen Blood auch einfach nicht erwähnen?«

»Aber sicher!«

»Er könnte also auch nur etwas sagen wie: ›Ich kann es nicht ausstehen, wenn man mich unfair behandelt‹?«

»Genau! Es geht in dem Text ja gar nicht um Mr. Blood. Es geht um falsche Idole.«

Die Schüler nicken.

»Gut, Ray, du kannst dich wieder setzen«, sagt Meisner. »Beth, hast du einen Text?«

Beth kommt nach vorn. Sie hat sich das dichte Haar zurückgebunden und trägt eine graue Hose. Sie setzt sich und liest das Gedicht »Ida Frickey« vor.

»Nichts im Leben ist ohne tieferen Sinn.
Ich kam, ein mittelloses Ding, aus Summum,
Und in Spoon River stieg ich aus dem Frühzug.
Da starrten mich die Häuser an – verschlossne Türen,
Verschlossne Läden – ich war ausgeschlossen.
Für mich war weder Platz noch Anteil irgendwo.
Ich ging vorbei am Landsitz der McNeely,
Dem Schloss von Stein inmitten großer Gärten,
Gepflegt und gut bewacht von Arbeitsleuten,
Von Staat und Land dem stolzen Eigentümer
Instand gehalten.
Ich war so hungrig, mir kam ein Traumgesicht:
Vom Himmel sah ich eine mächtige Schere
Sich niedersenken wie ein Baggerarm
Und dieses Haus zerschneiden wie ein Tuch.
Doch dann im Gasthof sah ich einen Mann,
Der zwinkerte mir zu, als ich nach Arbeit fragte –

Es war McNeelys Sohn.
Und der erwies sich als das Bindeglied,
Durch das die Hälfte dieses Hauses an mich fiel,
Weil er sein Eheversprechen brach – die Schere.
Seht ihr, so hat von meinem ersten Lebenstage an
Dies Haus auf mich gewartet.«

»Worum geht es in diesem Text? Ich möchte keine Vorlesung hören. Erzähl uns in deinen eigenen Worten von einer persönlichen Erfahrung.«

»Es geht darum, irgendwo anzukommen und sich zwar isoliert und ausgeschlossen zu fühlen, aber trotzdem die Vision zu haben, dass man dort hingehört und hilfreich sein kann. Und durch die eigene Arbeit schafft man es dann auch, die Türen zu öffnen und sich den Ort zur Heimat zu machen – und zu beweisen, dass er immer schon Heimat war.«

»Davon handelt der Text aber nicht«, sagt Meisner. »Pass auf, ich mache es dir vor.« Sein ganzes Gesicht erstrahlt in einem glücklichen Lächeln. »Ich bin in einer fremden Stadt aus dem Zug gestiegen«, sagt er. »Ich kannte keinen dort, und keiner kannte mich. Es war früh am Morgen, ich lief herum, und auf einmal kam ich an einem großen herrschaftlichen Haus vorbei. Ich war so hungrig, dass ich die Vision hatte, jemand würde das Haus mit einer riesengroßen Schere durchschneiden! Ich ging in den Gasthof, und dort zwinkert mir ein Mann zu. Und was mache ich? Ich zwinkere zurück! Er hat mich zum Essen eingeladen. Wir waren miteinander im Bett, und am Ende hat er mir versprochen, mich zu heiraten. Und als er dann nicht mehr wollte, habe ich ihn vor Gericht gezerrt! Mir wurde das halbe herrschaftliche Haus zugesprochen! Mir! Was nur wieder beweist, dass alles im Leben einen tieferen Sinn hat. Ist das nicht wunderbar?«

Seine Freude an der Erzählung ist ansteckend, und die Schüler lachen fröhlich.

»Siehst du? Das bedeutet dieser Text.«

»Ja«, sagt Beth.

»Was glaubst du, wie könntest du dich darauf emotional vorbereiten?«

»Für mich wäre da der Gedanke, dass alles möglich ist. Einen Traum zu haben, ihn sich auszumalen …«

»Das ist keine Emotion, das sind nur Sätze. Bist du kitzlig?«

»Eigentlich nicht.«

Meisner deutet auf Bette, die in der ersten Reihe sitzt. »Komm her und kitzele sie«, kommandiert er. »Kitzele sie!«

Bette geht zu Beth, legt ihr von hinten die Arme um die Taille und fängt an, sie zu kitzeln.

»Ich bin nicht kitzlig«, sagt Beth. »Echt nicht!« Dann muss sie lachen, ein schallendes, echtes Lachen, in das alle einstimmen.

»Und jetzt«, sagt Meisner, »erzähl ihr die Geschichte! Schnell!«

»Ich bin aus dem Zu-hug gestie-hie-hiegen«, ruft Beth, »und da habe ich dieses wahnsinnig tolle Haus gesehen! Mein Gott, ich war so hungrig! Ich bin zum Gasthof gegangen, um nach Arbeit zu fragen …« Inzwischen lacht auch Bette fröhlich mit. »Und da treffe ich doch tatsächlich den Mann, dem das Haus gehörte!« Beide Frauen lachen jetzt immer vergnügter. »Er hat mir versprochen, mich zu heiraten«, erzählt Beth weiter, »und als er das dann nicht mehr wollte, habe ich ihn um sein ganzes Vermögen verklagt, jeden einzelnen Cent! Und weißt du was?« Bette schüttelt den Kopf. »Ich habe gewonnen!« Sie lachen noch ein Weilchen herzlich zusammen.

»Was zeigt uns das?«, fragt Meisner.

»Wenn ich kitzlig bin«, antwortet Beth fröhlich, »dann ist alles möglich!«

»Begreift ihr langsam, worum es hier geht?«, fragt Meisner, an alle gewandt.

»Wir sollen also das«, sagt John, »was wir für die letzten beiden Zeilen verwenden würden, gleich vom ersten Wort an einsetzen? Erst dachte ich, wir sollten uns darauf vorbereiten und es uns für die letzten beiden Zeilen aufheben. Aber Sie wollen, dass wir den ganzen Text so sprechen, oder?«

»Wie war das bei meinem Beispiel mit dem Unfall?«

»Da war es von Anfang an.«

Bette und Beth prusten wieder los, als wären sie beschwipst.

»Erhaltet euch das bis nächsten Montag!«, sagt Meisner, und alle lachen. »Dave? Hast du dir einen Text ausgesucht?«

»Ja.«

»Dann lass mal hören.«

Dave liest mit lauter, klarer Stimme »Dr. Siegfried Iseman« vor.

»Ich sagte, als sie mein Arztpatent mir gaben,
Ich sprach zu mir selber: Gut will ich sein,
Und klug und ehrlich, und hilfsbereit zu allen.
Ich sprach: Ich werde den christlichen Glauben
Im Dienst der Medizin lebendig werden lassen.
Irgendwie weiß es die Welt, und die andern Ärzte
Wissen, was es bedeutet, wenn du
Solch einen hochgemuten Beschluss gefasst hast.
Aber wie geht es? Sie hungern dich aus,
Und niemand kommt zu dir als die Armen.
Und zu spät siehst du ein, dass Arzt sein
Ein Broterwerb ist wie jeder andre.
Und wenn du arm bist und den christlichen Glauben
Und Weib und Kinder zu schleppen hast –
Das ist zuviel!
Drum habe ich das Lebenselixier gemacht,

Das mich ins Zuchthaus brachte,
Als Schwindler und Verbrecher gebrandmarkt
Von einem biederen Richter.«

»Wie lauten die letzten beiden Zeilen?«, fragt Meisner.

»Na ja, es sind eher vier Zeilen: ›Drum habe ich das Lebenselixier gemacht, / Das mich ins Zuchthaus brachte, / Als Schwindler und Verbrecher gebrandmarkt / Von einem biederen Richter.‹«

»Was empfindest du dabei?«

»Empörung.«

»Und was ist stärker als Empörung?«

»Hass.«

»Gut. Was empfindest du noch?«

»Dass das alles ein Witz ist.«

»Welche Sorte Witz?«

»Dass so ein biederer Mann Richter sein will.«

»Warte mal. Was ist dir bei Beths Übung aufgefallen?«

»Durch die Vorbereitung, durch das Lachen, war sie ganz eins mit ihrem Vortrag.«

»Und was hatte es mit meiner Freude auf sich, als ich euch erzählte, ich hätte gerade den *schwersten* Taxi-Unfall *meines Lebens* gehabt? Was ist dir da aufgefallen?«

»Sie haben das eine gesagt, aber etwas ganz anderes empfunden.«

»Allerdings.« Meisner hält kurz inne. »Was machst du nun mit der an Wahnsinn grenzenden Verbitterung dieses Mannes? Ich würde sagen, er wird fast verrückt an seiner Machtlosigkeit. Das Stichwort für den Text ist ganz einfach. ›Mein Gott, Dave, wie bist du denn bloß ins Gefängnis gekommen?‹ Wenn du zu Hause mit Sarah daran arbeitest, nimm dir ein paar Bleistifte und brich sie in tausend Stücke, um den Hass in dir zu wecken, und wenn du dann so weit bist, erzählst du Sarah in deinen eigenen Worten, was dich ins Gefängnis gebracht hat. Hast du verstanden?«

»Ja.«

»Hört mal, Leute! Ich habe ihm gerade eine Rolle zu spielen gegeben. Er braucht sich nicht zu schminken, er braucht auch seinen Schnurrbart nicht abzurasieren, und er braucht keinen Akzent. Er braucht nur eines: *Mordlust im Herzen*. Er ist verrückt. Ist euch das klar? Die Figur entsteht daraus, *wie ihr das tut, was ihr tut*. Es ist nicht leicht, so viel Hass in sich freizusetzen.«

Nach einer kurzen Pause fährt er fort: »Es gäbe auch noch eine andere Art, das zu spielen: heulend und unter Tränen, gebrochen von der Tragödie des eigenen Lebens. Bisher habt ihr euch alle emotional hochkomplizierte Texte herausgesucht. Es gibt auch einfache Texte in dem Buch. Aber wenn ihr begriffen habt, was Beths herzliches Lachen bedeutet – das ist die Essenz dieser Übung. Du bist dran, Mary.«

Mary Franc, eine blonde Frau Ende vierzig, war von Anfang an als Zuhörerin im Unterricht dabei. Als Vincent den Kurs verlassen hat, ist sie in die Gruppe der aktiven Schüler aufgerückt. »Ich lese ›Hannah Armstrong‹«, sagt sie.

> »Ich schrieb einen Brief an Abraham Lincoln und bat ihn,
> Um unserer alten Freundschaft willen
> Meinen kranken Jungen aus der Armee zu entlassen –
> Aber vielleicht konnte er ihn nicht lesen?
> So ging ich zur Stadt und ließ James Garber,
> Der so schön schreiben konnte, den Brief verfassen –
> Aber vielleicht ist er auf der Post verlorengegangen?
> So machte ich mich auf den weiten Weg nach Washington
> Und suchte dort eine Stunde lang nach dem Weißen Haus.
> Und als ich hinkam, ließen sie mich nicht hinein
> Und lächelten heimlich. Da dacht ich bei mir:
> Nun ja, er wird nicht der Gleiche sein wie damals,

Als er bei uns aß in Menrad und mit meinem Mann schaffte
Und wir ihn alle nur Abe nannten.
Ein letzter Versuch: Ich wandte mich an eine Wache und sagte:
›Bitte sagen Sie ihm, die alte Tante Hannah Armstrong
Aus Illinois sei da und möchte gern mit ihm reden
Wegen ihres kranken Sohnes bei den Soldaten!‹
Was sagt ihr? Da ließen sie mich plötzlich hinein!
Und als er mich sah, fing er an zu lachen
Und ließ seine Präsidentengeschäfte liegen
Und schrieb mit eigener Hand Dougs Entlassung
Und sprach dabei von den alten Zeiten
Und den alten Geschichten.«

»Gut«, sagt Meisner, »ich gebe dir eine Interpretation vor. Wir erfahren aus dem Text, dass Lincoln ein guter Mensch war. Ein liebevoller Mensch – hilfsbereit, menschlich. Wie lauten die beiden letzten Zeilen?«

»Die letzten Zeilen lauten: ›Und sprach dabei von den alten Zeiten / Und den alten Geschichten.‹«

»Was empfindest du dabei?«

»Ich habe das Gefühl, sie …«

»Du! Du!«

»Ich bin froh darüber, dass dieser große Mann sich noch an mich erinnert.«

»Das ist die Geschichte. Er *erinnert* sich an dich. Das hat emotionale Folgen.«

»Ich fühle mich stolz dabei und voller Liebe.«

»Gut, dann zeige ich dir jetzt etwas. Ich möchte, dass du dir irgendein Ereignis ausmalst, das so gut und wunderbar war und so sehr für das Gute im Menschen spricht, dass du gar nicht daran denken kannst, ohne dass dir die Tränen kommen. Such nicht nach einem echten Erlebnis, ich bezweifle, dass du eines finden wirst. Such in deiner Phantasie und denk dir ein Beispiel menschlicher Nächstenliebe aus, das so besonders ist, dass dir die Tränen kommen, wenn du nur daran denkst. Und wenn du fertig bist mit dieser Vorbereitung, dann erzählst du Ralph die Geschichte von Abraham Lincoln. Hast du das verstanden?«

Mary nickt unsicher.

»Es ist so, als ob ich sagen würde: ›Wisst ihr, ich kann kaum an meine Mutter denken, ohne dass mir gleich die Tränen kommen. Ich erzähle euch eine Geschichte, die euch zeigt, was für ein Mensch sie war…‹ Das ist es, was ich eigentlich tue, auch wenn mein Text jetzt anders lautet: ›Ich hatte große Probleme, und da ist mir mein alter Freund Abraham Lincoln eingefallen, also bin ich zu ihm gefahren. Irgendwann haben sie mich tatsächlich zu ihm vorgelassen. Und er war noch genauso wie früher. Es bricht mir fast das Herz, jetzt, wo er tot ist.‹ Emotional beschäftige ich mich mit etwas, von dem ich weiß, dass ich darauf reagiere, beispielsweise mit der Güte und Herzenswärme mancher Menschen. Es ist, als ob die ganze Geschichte von der Aussage zusammengehalten würde: ›Ich werde euch erzählen, was für ein *Engel* er war.‹ Und wenn ihr euch *emotional ganz in Ruhe lasst*, dann geschieht auch etwas. Wenn du das also nachvollziehen kannst, bereitest du dich vor und lässt dich von dem tragen, was du hast, und dann erzählst du die Geschichte deinem Partner. In Ordnung?«

»In Ordnung«, sagt Mary.

»Ihr sucht euch so komplizierte Texte aus!«

»Die sind alle kompliziert«, sagt Mary.

»Das stimmt nicht. Ihr werdet sehen. Joseph Morgan, welchen hast du ausgesucht?«

»›Harry Wilmans‹.«

»Lies vor.«

»Ich war grade einundzwanzig geworden,
Und Henry Phipps, der Sonntagsschulvorsteher,
Hielt eine Rede in Bindles Theater.
›Die Ehre der Fahne muss aufrechterhalten werden‹, sprach er,
›Ob sie nun angegriffen wird von einer Horde Barbaren
Oder der größten Macht Europas.‹
Und wir schrien hurra! hurra! und schwenkten die Fahne
Zu seiner Rede.
Und ich ging in den Krieg, gegen den Willen des Vaters,
Und folgte der Fahne, bis wir sie hissten
Bei unserm Lager in einem Reisfeld unweit Manila,
Und alle schrien hurra! hurra!
Aber da gab es Fliegen und giftige Dinger,
Und da war das todbringende Wasser,
Die grausame Hitze,
Das faule, verdorbene Essen
Und der Gestank der Latrine dicht hinter den Zelten,
Wo sich die Soldaten entleerten.
Und da waren die Huren, die uns folgten, mit ihrer Syphilis,
Und die Schweinereien, die wir allein
Oder miteinander trieben,
Und Raufhändel, Hass und Erniedrigung unter uns,
Tage des Überdrusses und Nächte der Angst,
Bis zur Stunde des Angriffs durch den dampfenden Sumpf,
Der Fahne nach,
Bis ich aufschrie und fiel, durch die Därme geschossen.
Jetzt weht eine Fahne über mir in Spoon River –
Eine Fahne!«

»Was empfindest du bei den letzten beiden Zeilen?«, fragt Meisner.

»Ein Gefühl, als müsste ich jemanden umbringen, der mir das Leben geraubt hat.«

»Bist du zornig?«

»Ich bin für die in den Krieg gezogen, und sie haben mich getötet.«

»Sie haben einen leichtgläubigen Narren aus dir gemacht, stimmt's?«

»Genau.«

»Was löst das in dir aus?«

»Ich will jemanden umbringen. Ich will Henry Phipps umbringen. Ich könnte *brüllen.*« Joseph schlägt sich mit der Faust auf den Oberschenkel.

»Dann mach das beim nächsten Mal mit deinen eigenen Worten – brüll sie heraus! Du hast dich zum Narren machen lassen! Zum Deppen! Wie würdest du dich fühlen, wenn du fünfzehn wärst und auf eine Weihnachtsparty gehst und dort fragst: ›Aber wo ist denn der Weihnachtsmann?‹, und alle kugeln sich auf dem Boden und lachen dich aus. Wie würdest du dir da vorkommen?«

»Ich käme mir blöd vor.«

»Und wie würdest du dich fühlen, wenn sie dir zum siebzehnten Geburtstag einen Plüsch-Weihnachtsmann schenken würden?«

»Dann würde ich am liebsten jemandem in die Fresse hauen!«

»Genau *das* ist dein Ansatz. Könnt ihr das nachvollziehen?«, fragt er, an die anderen Schüler gewandt, und alle nicken. »Warum hast nur du eine Fahne über deinem Grab und niemand sonst? Leg das Buch weg!«

»In meinen Augen ist das ein leeres Symbol dafür, dass ich mein Leben für mein Land gegeben habe.«

»Was ist passiert?«

»Ich wurde erschossen.«

»Aber wie hat es angefangen – in deinen eigenen Worten.«

»Tja, ich habe mir so einen aufgeblasenen Wichtigtuer angehört, der sich hingestellt und uns erzählt hat, wir müssten unser Land verteidigen, und ich war jung und glaubte, was er sagte. Also bin ich zum Militär gegangen …«

»Ich glaube, da ist noch mehr Selbsthass dabei. ›Ich *hasse* mich für das, was ich getan habe. Ich *hasse* die, weil sie mich dazu gebracht haben. Und ich *hasse* das, was sie mit mir gemacht haben, als ich wieder hier war!‹ Hat das irgendeine Bedeutung für dich?«

»Ja.«

»Genau genommen sind das Joseph Morgans Emotionen. Es ist Joseph Morgan, der völlig außer sich ist. Am Ende bist es immer *du*. Was habe ich gerade zu dir gesagt?«

»Dass die Emotion aus mir kommen muss.«

»Bist du aufbrausend?«

»Ja, schon.«

»Wo kommt dann diese Beherrschtheit her?«

»Wahrscheinlich von meiner Erziehung.«

»Ich *hasse* Eltern!«, ruft Meisner aus, und die Schüler lachen. »Würdest du gern ohne Narkose operiert werden?«

»Nein danke.«

»Aber genau das passiert hier, Joe. Genau das passiert hier.«

7. Mai

»Ihr beurteilt das Material mit dem Kopf, nicht mit dem Herzen. Ihr urteilt aus dem heraus, was ihr versteht, und weil ihr unglücklicherweise alle auf dem College wart, gibt es in diesen Texten kein einziges Wort, mit dem ihr Verständnisschwierigkeiten hättet.«

»Soll ich lieber ein anderes nehmen?«, fragt Sarah. Sie hat gerade ein philosophisches Gedicht über eine alte Putzmacherin vorgelesen.

»Etwas Einfaches«, sagt Meisner. »Etwas, das dich zum Lachen oder zum Weinen bringt oder dich wütend macht. Ich rede hier von Emotionen! Hast du noch ein anderes?«

»Ich würde das lieber auf Montag verschieben, wenn Sie nichts dagegen haben.«

»Aber sicher. Also, Leute, als ich um die zwanzig war, da war mein Lieblingskomponist Chopin. Romantisch, melodisch, emotional. Mein Freund Aaron Copland hat sich jedes Mal vor Lachen ausgeschüttet, weil er Komponisten bevorzugte, die avantgardistisch waren, atonal und dissonant. Dabei war *ich* der Schlaue, nicht er. Wer weiß, vielleicht fand er sich ja genauso schlau, aber für mich war das, was mir gefiel, auch das Richtige. Ich wünschte, es gäbe hier ein Klavier, dann könnte ich es euch beweisen.« Pantomimisch spielt er eine pathetische, Chopinhafte Melodie auf dem Pult. »Wundervoll! Ich sage euch, wählt mit dem Herzen! Nicht mit dem Kopf! Warum kann es nicht auch mal einfach sein? Ist es denn gleich ein Verbrechen, wenn etwas einfach ist?« Er hält kurz inne. »Wisst ihr, meine größte Aufgabe als Lehrer besteht darin, euch als Schauspieler mit euch selbst zusammenzubringen. Das ist die Wurzel kreativen Schauspielens.« Er wendet sich an Ray. »Was lernst du aus der *Spoon-River*-Übung?«

Ray antwortet: »Bei mir kommt vor allem an, wie man sich das Material zu eigen macht. Wenn wir es erst in unseren eigenen Worten erzählen und uns vollständig vorbereiten, ist der Sprung zum eigentlichen Text gar nicht mehr so groß. Und wenn wir den Sprung machen, sind die Worte des Textes wie unsere eigenen und behindern uns nicht mehr so sehr. Sie kommen aus *uns.*«

»Hat Chopin komponiert, weil er Mozart nachahmen wollte?«, fragt Meisner.

»Das würde ich nicht sagen«, sagt Ray.

»Wen hat er dann nachgeahmt?«

»Ich glaube, er hat komponiert, um Musik zu schaffen, die ihm gefällt. Er komponierte aus seinem eigenen Instinkt und Geist heraus.«

»Aus seinem eigenen ...?«

»Instinkt und Geist – aus seiner Seele.«

»Kennt ihr den Maler Cézanne? Hat er gemalt, um Rembrandt nachzuahmen? Nein? Seid ihr sicher? Wen hat er dann nachgeahmt?«

»Er hat niemanden nachgeahmt.«

»Was hat er dann getan?«

»Er hat nur für sich selbst gemalt.«

»Und woher nahm er seine Ideen?«

»Aus seinem Instinkt, seiner Phantasie.«

»Wen hat die Duse nachgeahmt? Die habt ihr natürlich nie spielen gesehen. Aber worauf will ich hinaus?«

»Dass die eigene Arbeit aus einem selbst kommt«, sagt Beth. »Auch wenn das Material bereits da ist, erfüllt man es doch mit dem eigenen Leben. Und für jeden, der damit arbeitet, ist es einzigartig.«

»Es dauert lange«, sagt Meisner, »bis man das Schauspielen lernt. Es besteht nur aus dem Menschen, der die Arbeit macht. Jeder von euch hat bestimmte menschliche Elemente, die weit oben liegen und leicht zu spielen sind. Andere Elemente sind schwieriger, aber alles, was ihr aus den einzelnen Übungen mitnehmt, ist Teil eures Lernprozesses und eures Fortschritts. Wenn ihr Maler oder Musiker wärt, würdet ihr euch das Material suchen, das euch bereits etwas bedeutet, aber als Schauspieler steht ihr vor einem sehr viel schwierigeren Problem. In den allermeisten Fällen bekommt ihr Material vorgesetzt, das *nichts* mit euch zu tun hat, und ihr müsst lernen, es euch zu eigen zu machen. Ihr müsst lernen, euch selbst als Schauspieler einzusetzen. Es gibt nur sehr wenige Charakterschauspieler. Es müsste zwar viel mehr geben, aber heutzutage wissen Schauspieler nicht mehr, wie man etwas verwendet, das nicht spontan in einem selbst entsteht. Das Fernsehen ist das beste Beispiel für ein Spiel, das nur *so* tief ist …« Er zeigt den winzigen Abstand mit Daumen und Zeigefinger. »… und nur nach dem Aussehen geht.«

Meisner sieht Beth an. »Was für ein Instrument spielst du?«

»Gar keins«, sagt Beth.

»Du willst einfach nur ein Star werden?«

»Ich bin Autorin.«

»Autorin?«

»Ja, ich spiele die Schreibmaschine.«

»Und wen ahmst du nach?«

»Niemanden.«

»Was bedeutet es, wenn man sagt, ein Künstler ist einzigartig?«

»Dass er aus sich selbst heraus arbeitet«, sagt Joseph.

»Lernst du das hier?«

»Ja.«

»Und was bedeutet es, aus sich selbst heraus zu arbeiten?«

»Sich impulsiv auszudrücken und nicht zu sehr darüber nachzudenken, was man gerade macht, oder sich selbstkritisch zu beobachten.«

»Sich impulsiv auszudrücken. Nach welchen Maßstäben?«

»Nach dem Maßstab, sich selbst treu zu bleiben.«

»Richtig«, sagt Meisner. Er unterbricht kurz, um sein Mikrofon zurechtzurücken. »Und was bedeutet es, dass man nicht gleichzeitig Schauspieler und Gentleman sein kann?«

Joseph antwortet. »Auf der Bühne darf man Dinge tun, die man im Leben niemals machen würde. Auf der Bühne darf man sich ausdrücken und braucht sich nicht zu beherrschen, so wie man es im richtigen Leben muss.«

»Und was bedeutet das, ›sich beherrschen‹?«

»Sich selbst zensieren. Die Gesellschaft stellt die Regeln auf, aber das hat nichts mit Schauspielen zu tun.«

»Das stimmt, aber was meinst du damit?«

»Schauspielen hat nichts mit dem alltäglichen Leben zu tun.«

»Es hat etwas mit Wahrheit zu tun«, sagt Meisner.

»Ja, mit Wahrheit schon«, sagt Joseph, »aber nicht mit dem normalen Leben außerhalb des Theaters.«

»Das stimmt. Ich habe Maureen Stapleton einmal auf einer Party reden hören, als wäre sie eine kultivierte Frau. Wem will sie damit was vormachen? Auf der Bühne zeigt sie uns etwas ganz anderes. «

»Na ja, das sind ja auch zwei verschiedene Dinge.«

»Wie meinst du das?«

»Man bringt sein besonderes Ich, sein Schauspieler-Ich, in die Arbeit ein, aber nach außen hin ist man doch anders.«

»Aber man bringt sein *richtiges* Ich ein, oder?«

»Sein wahrhaftiges Ich«, sagt Joseph.

»Deswegen sollt ihr euer Material auch nicht nach Ehrgeiz oder Intellekt aussuchen. Ihr müsst das Material wählen, das euch aus dem Bauch heraus anspricht. Es sei denn, ihr braucht einen Job«, setzt Meisner noch hinzu, und die Schüler lachen.

10. Mai

»Welchen Text liest du?«, fragt Meisner Bette.

»Ich wollte Sie erst mal fragen«, antwortet sie. »Eine Frau, die etwa acht Mal verheiratet war und am Ende in Paris landet und dort vergiftet wird.«

»Ich glaube, das ist nicht das Richtige für dich.«

»Okay«, sagt Bette. »Eigentlich mochte ich auch ›Elsa Wertman‹ am liebsten.«

»Dann los.«

Bette setzt sich und liest vor:

»Ich war ein Bauernmädchen aus Deutschland,
Blauäugig, rosig, fröhlich und stark.
Mein erster Dienst war bei Familie Greene.
An einem Sommertag, als die Frau aus dem Haus war,
Schlich er sich in die Küche, nahm mich
In seine Arme und küsste mich auf den Hals.
Ich wehrte ihn ab, doch dann schienen wir beide
Nicht mehr zu wissen, was geschah.
Und ich weinte, was nun aus mir werden sollte,
Und weinte, als sich mein Geheimnis nicht länger verbergen ließ.
Eines Tages sagte die Frau, sie verstünde schon
Und sie wolle mir keine Schwierigkeiten machen.
Und weil sie selber ohne Kinder war, wollte sie meins adoptieren.
(Er hatte ihr viel versprochen, damit sie still war.)
So verbarg sie sich im Haus und ließ herumerzählen,
Sie sei selber gesegneten Leibes.
Alles ging gut. Das Kind kam – sie waren so nett zu mir.
Später heiratete ich dann Gus Wertman. Die Jahre vergingen.
Wenn aber bei politischen Versammlungen die Umsitzenden
Meinten, ich weinte, weil Hamilton Greene so schön sprach –
Das war es nicht!
Nein, ich wollte schreien:
Mein Sohn ist er! Mein Sohn!«

»Was empfindest du bei den letzten beiden Zeilen?«

»Sie brechen mir das Herz.«

»Gut, dann bereite dich genau darauf vor! Fang an zu weinen!

Fang an zu weinen, und wenn du dich kaum noch beherrschen kannst, erzählst du uns die Geschichte.«

Sofort setzt Bette an: »Okay. Ich bin aus Deutschland hierhergekommen …«

»Nein! Du bist nicht vorbereitet.«

Bette holt tief Luft und legt die Hände vors Gesicht. Nach kurzer Zeit fängt sie an zu zittern. Ein langer, tiefer Seufzer entfährt ihr, und ihre großen braunen Augen füllen sich mit Tränen.

»Jetzt fang an«, sagt Meisner.

»Ich war noch sehr jung, als ich aus Deutschland kam«, erzählt Bette, während ihr die Tränen über die Wangen laufen. »Und meine erste Stelle fand ich bei Hamilton Greene. Es waren nette Leute, aber eines Tages war sie nicht da, und er kam in die Küche und …«

»Weine!«, ermuntert Meisner sie. »Es ist völlig in Ordnung zu weinen. Lass deine Gefühle raus!«

»Er kam in die Küche und fing an, mich zu küssen, und als ich das Gesicht wegdrehte, hat er mich auf den Hals geküsst.« Sie weint leise. »Ich weiß nicht mehr, was dann passiert ist, aber hinterher war ich schwanger und habe mich so geschämt. Dann hat sie zu mir gesagt, sie würde verstehen, was passiert ist …«

»Du musst mehr weinen!«, sagt Meisner. »Hab keine Angst davor, dich gehen zu lassen!«

Nach einer Pause weint Bette richtig herzzerreißend. »Sie hat gesagt, sie würde das Kind behalten, dann hat sie allen erzählt, sie wäre schwanger, und ist neun Monate lang im Haus geblieben. Ich bekam mein Kind, und sie hat es mir weggenommen!« Ihre Stimme ist vom Weinen ganz dünn und hell. »Und wenn ich jetzt zu politischen Versammlungen gehe, muss ich immer weinen, weil …« Sie unterbricht sich, ringt um Fassung. »Alle denken, ich weine, weil er so gut redet. Aber das ist es nicht! Ich weine, weil ich am liebsten rufen würde: ›Das ist mein Sohn!

Mein Sohn!‹« Sie schlägt die Hände vors Gesicht und schluchzt weiter.

»So ist es gut!«, sagt Meisner. »Die Schwächen sind technischer Natur, rein technisch. Wir haben dich schlecht verstanden.«

»Okay«, sagt Bette und muss lachen.

»Genau *das* habe ich die ganze Zeit gemeint! Erzählt es in euren eigenen Worten, und wenn ihr damit fertig seid, geht ihr den geschriebenen Text durch und kehrt danach noch einmal zur freien Improvisation zurück – immer mit Vorbereitung.«

»Auch wenn wir den Text lesen?«, fragt Bette.

»Beim Lesen *und* beim Erzählen. Immer.«

»Aber ich soll nicht ins Buch schauen, um ein Wort nachzuschlagen?«

»Nein! Das kommt dann schon von alleine.«

14. Mai

»Erzähl den anderen in eigenen Worten von dir.«

»Ich war sehr krank«, sagt Rachael verhalten, »und danach war ich nur noch ein Schatten meiner selbst.«

»Weswegen wurdest du operiert? Du brauchst nicht zu raten, es liegt auf der Hand.«

»Krebs.«

»Du hast das Krankenhaus als Schatten deiner selbst verlassen, wie das bei Krebs eben ist. Erzähl ihnen die ganze Geschichte, so, wie sie dir gerade einfällt.«

»Ich hatte Krebs und wurde deswegen operiert, und danach war ich einfach nicht mehr ich selbst. An unserem zehnten Hochzeitstag, als ich mich wenigstens ein bisschen wie früher fühlte, machten mein Mann und ich einen Waldspaziergang. Wir haben über alles Mögliche geredet, nur nicht über unsere wahren Gefühle, und wir haben versucht, so zu tun, als wäre alles wie immer. Aber so war es nicht mehr. Das hat mich so sehr belastet, vor allem, als …«, sie fängt an zu weinen, »… als er mich dann kurz im Zimmer allein gelassen hat und ich mich im Spiegel sah. Da ist mir klar geworden, dass ich eigentlich schon halb tot bin! Und dass ich genauso gut ganz tot sein könnte!« Sie weint jetzt richtig, die Tränen laufen ihr über die Wangen. »Da habe ich mich umgebracht, und ich weiß nicht, ob er je verstanden hat, warum ich das getan habe.«

»Sehr schön«, sagt Meisner nach ein paar Minuten, als Rachaels Emotion wieder abgeklungen ist. »Du solltest dich so vorbereiten, wie du geendet hast, und dann genau so anfangen. Die Vorbereitung hat etwas sehr Konkretes, sie dreht sich um eine Frau, die einmal jung und voller Hoffnung war, jetzt aber weiß, dass ihr Leben im Grunde vorbei ist, und erzählt, was sie dabei empfindet. Das ist, als ob dein Partner zu dir sagt: ›Wie kann sich eine junge, hübsche Frau wie du einfach erschießen?‹ Die Antwort darauf ist dein Text. So wird Dichtung zum lebendigen, aktiven Teil einer Rolle. Sie ist kein bloßes Gedicht mehr. Erinnert ihr euch an John Gielgud? Er hatte einmal ein Programm mit lauter Gedichten von Shakespeare. Er hat eine wunderschöne Stimme. Begonnen hat er immer in C-Dur, dann wechselte er zu d-Moll, und jeder Text hatte eine andere Tonart. Hier gibt es keine Tonarten, das bist einfach nur du. Und hör erst auf, wenn die Emotion wieder abklingt.«

»Soll ich es beim Proben auch in meinen eigenen Worten erzählen?«

»Du kannst natürlich noch andere emotionale Ansätze zur Vorbereitung ausprobieren, aber das, was du gerade gemacht hast, war im Grunde das, worum es geht.«

Rachael strahlt, und die anderen Schüler lachen.

17. Mai

»Welchen Text hast du vorbereitet?«

»Eine weitere Selbstmörderin«, sagt Rose Marie. »›Julia Miller.‹ Sie nimmt Morphium. Sie ist dreißig Jahre alt und mit einem viel älteren Mann verheiratet.«

»Lies vor.«

»Wir hatten an jenem Morgen gestritten,
Denn er war fünfundsechzig und ich dreißig,
Und ich war reizbar und ging mit dem Kind,
Dessen Geburt ich fürchtete.
Ich sann über den letzten Brief nach, den
Dieses entfremdete junge Gemüt mir geschrieben hatte,
Dessen Verrat ich verhehlte,
Indem ich den Alten zum Mann nahm.
Dann nahm ich Morphium und setzte mich zum Lesen hin.
Durch diese Schwärze, die dann meine Augen überkam,
Seh ich noch jetzt im Flackerlicht die Worte:
›Und Jesus sprach zu ihm: Wahrlich
Ich sage dir, heute noch wirst du mit mir
Im Paradiese sein.‹«

»Das ist schwierig. Warum?«

»Der Text basiert auf der Hoffnung, dass mich und mein Kind im Himmel etwas Besseres erwartet.«

»Hoffst du das, oder weißt du es?«

»Ich weiß es. Gott wird dort sein.«

»Und wie fühlst du dich dabei?«

»Erleichtert. Ich habe Angst, aber ich bin auch erleichtert.«

»Erleichtert?«

»Fast schon glücklich. Sie können mir alle nichts mehr anhaben.«

»Das ist schwierig«, sagt Meisner. »Religiöse Verzückung jeder Art ist wirklich schwer zu spielen. Ich erzähle euch eine Geschichte, als Beispiel, was es vielleicht bedeuten könnte. In Florenz gibt es ein altes Kloster, dort geht man eine lange Treppe hinauf, und oben, am Treppenabsatz, befindet sich ein Wandgemälde. Ich sah dort den Engel, der der Jungfrau Maria die bevorstehende Geburt Jesu Christi verkündet. Aber die Darstellung war so menschlich, so beseelt! Marias Gesicht! Ich sehe es noch ganz klar vor mir. Immer noch …«

»Haben Sie wirklich ein Gemälde gesehen, oder war das eine Vision?«, fragt Rose Marie.

»Es war ein Fresko von Fra Angelico mit dem Titel *Verkündigung*. Mein Vorschlag wäre, dass du diesen Text so behandelst, als ob er ein Gebet wäre. Du weißt, dass du sterben und in den Himmel kommen wirst, weil du Morphium genommen hast. Im Himmel hält das Leben nichts als wunderbare Ruhe und Frieden für dich bereit. Das ist wirklich schwierig. Willst du es trotzdem machen?«

»Ja.«

»Worum geht es bei der Vorbereitung?«

»Um vollkommene, blinde Freude, um Freudentränen, weil ich endlich das bekomme, was ich mir am meisten wünsche.«

»Und das wäre?«

»Das reine Glück.«

»Okay. Sprich nicht weiter darüber. In diesem Text wäre das vergleichbar mit der Verkündigung des Engels an die Mutter Maria, dass sie Jesus Christus gebären wird. Es ist ein Gebet der Freude!«

»Das Morphium ist also ein Segen?«

»Ja, das ist eine gute Sichtweise. Ich spreche wirklich nicht gern darüber, weil es so ein heikles Gefühl ist, aber in der Stille und der Ruhe eines Augenblicks absoluter Freude öffnet man sein Herz. Rührt das etwas in dir an?«

»Ja.«

»Willst du es jetzt gleich machen?«

»Ich werde es versuchen«, sagt Rose Marie, und nach kurzer Zeit fährt sie fort: »Er kann mir nichts mehr anhaben. Er kann nicht mehr an mich heran. Ich weiß nicht mal mehr, warum ich ihn geheiratet habe. Doch, ich weiß, warum ich ihn geheiratet habe.« Sie weint leise. »Er ... hat mich vor dem bewahrt, was ich nicht ertragen konnte. Der Jüngere wollte mich nicht mehr, und deshalb ...« Der Rest des Satzes ist nicht mehr zu verstehen, weil ihre Emotion sie überwältigt. »Ich bin nervös, aber eigentlich habe ich keine ...« Durch das Weinen spricht sie undeutlich. »Denn dieses Mal weiß ich, dass ich nach Hause komme! Ich sehe, wie mir schwarz vor Augen wird, aber auch das macht mir keine Angst. Denn ich weiß noch, was ich gerade gelesen habe – jetzt kann ich die Seite schon nicht mehr sehen, aber ich habe gelesen, dass ich bald zu Hause sein werde, und mein Kind wird bei mir sein. Und dann kann mich keiner ... keiner mehr verletzen!«

»Das geht in die richtige Richtung. Es kam mir so vor, als ob du zu dem einzigen Heiligen beten würdest, an den du glaubst. Bist du eine gute Katholikin?«

»Ich bin ausgetreten, aber es gab eine Zeit, da habe ich zu Heiligen gebetet.«

»Dann arbeite damit weiter.«

21. Mai

»Ich war krank, / mehr noch, ich war wie von Sinnen / Über die elende Polizei, das elende Spiel des Lebens ...«

»Was bedeutet das?«

»Sie haben betrogen und gelogen, diese Heuchler, und ich werde sie bloßstellen«, sagt Rachael. »Sie wollen etwas vertuschen.«

»Und was? «

»Dass ich einen reichen Mann erschossen und umgebracht habe.«

»Was hatte der denn in deinem Zimmer zu suchen?«

»Ich war Prostituierte.«

»Erzähl weiter.«

»Also habe ich an den Polizeichef von Peoria geschrieben: ›Ich bin hier in meinem Elternhaus in Spoon River und sieche langsam dahin. Aber kommt mich ruhig holen. Ich habe den Sohn des reichen Kaufmanns in Madame Lous Maison getötet. Die Zeitungen, die geschrieben haben, er hätte sich zu Hause zufällig selbst erschossen, als er seine Flinte gereinigt hat, haben dreist gelogen, um den Skandal zu vertuschen. Sie wurden mit Anzeigenaufträgen bestochen.«

»Womit?«

»Der Vater hat die Zeitungen bestochen. Ihm gehört die ganze Stadt.«

»Weiter.«

»Ich habe ihn bei Madame Lou erschossen, weil er mich niedergeschlagen hat, als ich ihm sagte, ich würde trotz all seinem Geld in der Nacht meinen Liebsten treffen. Das hat ihn beleidigt, er schlug mich nieder, und dann habe ich ihn erschossen.«

»Und wer war dein Liebster?«

Die Frage ist Rachael noch gar nicht in den Sinn gekommen, und sie hat keine Antwort darauf.

»Das steht nicht im Text. Du musst es dir selbst ausdenken«, sagt Meisner. »Pass auf. Die Fragen, die ich dir stelle, sind im Grunde keine technischen Fragen, sondern Fragen für die *Phantasie*. Das gehört auch zu dem Prozess, den wir ›sich die Rolle zu eigen machen‹ nennen. Stell dir vor, du hättest dem Sohn des reichen Mannes gesagt: ›Ich schlafe heute nicht mit dir. Ich werde mit Tony schlafen, der den Kohlentransporter deines Vaters fährt.

Er ist nämlich mein wahrer Geliebter, nicht du!‹ Und nachdem du ihn damit provoziert hast, ist er so wütend geworden, dass er die Flinte hat fallen lassen. Du hast sie dir geschnappt und ihn erschossen. Aber die Polizei und die Zeitungen sind so korrupt, dass sie über diesen Skandal nie berichtet haben. Weißt du noch, wie es war, als Rockefeller starb?«

»Daran denke ich schon die ganze Zeit«, sagt Bette.

»Die Heuchelei, die Betrügereien, die ganze Korruptheit der Zeitungsmacher widert dich an, stimmt's? Und jetzt, wo du ohnehin sterben wirst, sagst du endlich: ›Das ist die *Wahrheit*, ihr Schweine!‹ Mir kommt es vor, als ob hier jemand mit großem Genuss Rache nimmt …«

»Sie ist sehr zufrieden mit sich«, sagt Rachael.

»Allerdings! ›Alle Welt weiß, was für ein Schuft du bist, aber keiner außer mir traut sich, es auszusprechen. Jetzt seht zu, wie ihr damit klarkommt!‹ Verstehst du? Das bedeutet es, dir die Rolle zu eigen zu machen. Den kalten Text mit deinem Leben erfüllen, das ist es, was diesen Vorgang ausmacht.«

»Sandy«, sagt Bette. »Ich fand es toll, was Sie gerade mit Rachael gemacht haben. Ich muss unbedingt lernen, solche Fragen zu stellen.«

»So arbeitet ihr an einer Rolle. Bei der Arbeit mit diesen Texten geht es nur ums Interpretieren. Meine provokante Aussage wäre, dass ihr alle durch die Arbeit mit *Spoon River* etwas ganz Wesentliches gelernt habt und euch klarer geworden sein solltet, wie ihr eine Rolle angeht. Stellt euch vor, ein Schauspieler, der den Othello spielen soll, kommt zu seinem Regisseur und sagt: ›Das mit der Eifersucht musst du mir erklären.‹ Was impliziert das?«

»Dass er die Rolle nicht spielen sollte, würde ich sagen«, meint Bette.

»Zweifellos. Woher weiß man, dass es in *Othello* um große Liebe und große Eifersucht geht?«

»Das springt einen einfach an, wenn man das Stück liest«, sagt Beth. »Man spürt es einfach.«

»Es springt einen einfach an. Das gefällt mir. Es springt einen einfach an. Hier im Kurs gibt es ein paar Leute, die sich wegen des Rollenproblems große Sorgen machen. Aber was ist eigentlich eine Rolle? Wie beantwortet ihr diese Frage?«

»Warum schauen Sie mich an?«, fragt John.

»Eure Fragen machen mir Sorgen, weil sie mir zeigen, dass ihr euch nicht organisch mit eurer Rolle beschäftigt. Was meine ich damit? Ihr beschäftigt euch nicht organisch mit eurer Rolle.«

»Dass die Beschäftigung damit nur im Kopf stattfindet«, sagt Bette.

»Und woher kommt das?«

»Aus dem Hirn. Von außen.«

»Und woher sollte es eigentlich kommen?«

»Aus dem Bauch.«

»Eure Art zu handeln und das, was ihr bei den Texten empfindet und was euch so handeln lässt, wie ihr handelt, das bestimmt den Charakter der Rolle. Ich würde meinen, dass die *Spoon River*-Texte euer Wissen, wie ihr die Rolle in euch findet, enorm erweitert haben. Sprechen wir über Charakter. Schauen wir mal, was das für euch bedeutet. Ihr wisst ja, dass ich auch ein kleiner Teufel bin, und deswegen habe ich euch vor einiger Zeit gefragt, wie viele von euch hier tatsächlich etwas lernen. Erinnert ihr euch? Wisst ihr noch, wie Vincent gesagt hat, er würde nichts lernen?«

»Das werde ich nie vergessen«, sagt Bette.

»Und was habe ich getan? Ich habe ihn rausgeworfen. Da habt ihr zwei Seiten meines Charakters zu sehen bekommen. Meine Boshaftigkeit und meinen Dünkel. Man kann sagen, Charakter definiert sich über das, was man tut.«

»Und *wie* man es tut, oder?«, fragt Rose Marie.

»Das hängt von euch und eurer Phantasie ab. Die Emotion stellt sich dadurch ein, wie ihr das tut, was ihr tut. Wenn ihr immer von Moment zu Moment geht und jeder einzelne Moment Bedeutung für euch hast, dann fließt die Emotion auch immer weiter. Vielleicht lässt es sich so zusammenfassen, dass sich die Interpretation am besten in dem finden lässt, was euch zutiefst bewegt. Das muss nicht kompliziert sein und auch nicht unbedingt originell. *Ihr*. Ihr seid es. Ich glaube, zumindest das habt ihr aus der Arbeit mit *Spoon River* gelernt. Oder?«

24. Mai

»Was ist los?«, will Meisner von Ray wissen.

»Ich kam irgendwie nicht weiter und habe mich etwas unwohl gefühlt, obwohl ich Sie sogar vergessen hatte.«

»Ach, zum Teufel mit mir. Du hast den Schurken in *Octoroon* gespielt. Kennst du das Stück?«

»Ehrlich gesagt nein. Als ich das Gedicht vorbereitet habe, dachte ich, das ist eins dieser Historienspiele, die um Halloween herum aufgeführt werden.«

»Nein, es ist ein ganz berühmtes Stück mit einem großartigen Schurken. Bring sie zum Lachen, wenn du die Zeile sagst.«

»›Ich blies auf dem Horn und malte Bilder, / Modellierte in Ton …‹« Ray hat eine halbe Oktave höher gesprochen, doch jetzt, am Ende der Zeile, verfällt er in einen sonoren Bass. »… und spielte den Schurken / In *Octoroon*.‹«

»Zwirble deinen Schnurrbart«, sagt Meisner.

Ray zwirbelt einen gewaltigen, nichtexistenten Schnurrbart, und die anderen Schüler lachen.

»Was denken deine Eltern über dich?«

»Die halten mich für ein Genie.«

»Dann zeig uns, dass du ein Genie bist.« Meisner deutet mit beiden Zeigefingern auf sein Gehirn. Erneut lachen alle.

»Ach so«, sagt Ray verzagt, »etwas in der Art.« Ohne die Geste wiederholt er: »Sie hielten mich für ein Genie.«

»Nein«, sagt Meisner. »Ich meinte …« Und wieder deutet er plakativ und etwas übertrieben mit beiden Fingern auf seinen Schädel.«

Ray macht ihm die Geste nach und sagt: »›Meine Eltern meinen, ich müsste so groß / Wie Edison werden oder gar größer …‹« Dann lacht er nervös und sagt: »Ich weiß nicht, was ich machen soll. Ich hänge.«

»Schon gut. Gehen wir ans Ende des Textes. Inzwischen hast du alles sorgfältig durchdacht. Was ist die Wahrheit über dich?«

»Die Wahrheit ist die …«

»Spring auf!«, ruft Meisner, und Ray tut es und spricht dann die letzte Zeile: »›Ich habe das Pulver nicht erfunden.‹« Die Schüler lachen.

»Weißt du, ich versuche dir zu vermitteln, dass du Elemente finden musst, so wie den Schurken, die du fast pantomimisch darstellen kannst, um uns zu zeigen, worum es geht. So etwas wie: ›Ich habe gelernt und gelernt und gelernt!‹« Bei jeder Wiederholung schlägt sich Meisner mit der Faust an den Kopf.

»Verstehe«, sagt Ray. »›Im Sinn – im Sinn – im Sinn – im Sinn!‹«, fährt er fort und versucht dabei, die Geste nachzumachen, die Meisner ihm vorgegeben hat.

»Genau«, sagt Meisner, »aber mit einem Gefühl für die Absurdität daran. ›Im Sinn!‹« Er tut so, als würde er sich mit dem Zeigefinger die Stirn aufbohren. »Kannst du das nachvollziehen?«

»Ja, schon«, sagt Ray, »aber ich hätte mich nicht getraut, das zu machen, bevor ich es bei Ihnen gesehen habe. Wissen Sie, was ich meine?«

»Ich glaube schon. Du hast gedacht, damit chargierst du.«

»Genau.«

»Wenn du das tätest, würde ich es dir sagen. Aber dieser spezielle *Spoon River*-Text bietet sich geradezu dafür an, die ganze Absurdität auf die Spitze zu treiben. ›Wisst ihr, wie die Sache in Wahrheit aussieht?‹« Meisner deutet wieder auf seinen Kopf und schielt übertrieben. Die Schüler lachen. »Das hast du dich nicht getraut.«

»Stimmt. Und interessanterweise ist das genau die Art von Spiel, die mir früher immer am leichtesten gefallen ist«, sagt Ray lachend. »Vor dem Unterricht hier. Natürlich ohne Emotion dahinter, aber diese Art von plakativem Klischee. Solche Klischees habe ich immer voll eingesetzt.«

»Gegen Klischees ist nichts einzuwenden, wenn sie passen. Was meine ich damit?«

»Dass ein Klischee das Spiel verstärkt und nicht schlechter macht, wenn es stilistisch passt und die Emotion hinter der Handlung authentisch ist.«

»Richtig«, sagt Meisner. »Sag mal ›Garnelenspieß‹ zu mir.«

»›Garnelenspieß‹«, sagt Ray.

Meisner reagiert übertrieben, aber trotzdem glaubhaft, so als hätte Ray ihm beim Aussprechen von »-spieß« ins Auge gespuckt. »Kannst du das nicht auch?«

»Oh ja. Klar kann ich das!«, sagt Ray.

Meisner öffnet die rechte Seite seiner Anzugjacke, schaut zur Innentasche und flüstert: »Habt ihr gehört, was er gesagt hat?« Die Schüler lachen, und Bette applaudiert. »Farce, Komödie! Gebt doch nicht allen Texten so viel Gewicht. Kennt ihr Beethovens Stück *Für Elise*? Ich kann leider nicht singen. Aber es geht etwa so: Di-da-di-da-di-da-da-da-da. Ein ganz schlichtes, fast schon naives Musikstück, aber es ist ja von *Beethoven*, da muss es doch *Tiefe* haben! Falsch! Ihr solltet nicht *zu* bedeutungsschwer arbeiten.«

Ray nickt.

»Frag mich, wie alt meine Mutter war, als sie starb?«

»Wie alt war Ihre Mutter, als sie gestorben ist?«, fragt Ray.

»Sie war fünfundachtzig!«, ruft Meisner, und man hört ihm an, dass er damit sagen will: Ist es nicht großartig, dass sie so ein gesegnetes Alter erreicht hat! »Jetzt frag mich noch einmal.«

»Wie alt war Ihre Mutter, als sie gestorben ist?«

Meisner tut, als würde er in Tränen ausbrechen und es kaum schaffen, die Frage zu beantworten. »Sie war«, sagt er, »fünf- ... undachtzig.« Die Schüler lachen. »*Da* haben wir ein Klischee: Mutter – Sterben, da *muss* man einfach weinen. Wisst ihr«, fährt er mit großem Ernst fort, »ich habe tatsächlich gehört, dass es Schauspiellehrer geben soll, die nur unterrichten können, wenn sie dabei auch ganz tief empfinden. Frag mich, was ich heute Morgen gefrühstückt habe.«

»Was haben Sie heute Morgen gefrühstückt, Sandy?«

Die anderen Schüler fangen bereits an zu kichern, denn Meisner scheint so von Gefühlen überwältigt, dass er kaum ein Wort herausbringt. Schließlich ringt er sich eine Antwort ab: »Corn- ... flakes.« Alle lachen. »Versteht ihr? Es muss in die *Tiefe* gehen, sonst kann ich kein guter Lehrer sein. Aber ich bin hier, um euch zu sagen: ›Seid ihr selbst! Nehmt alles an, was spontan aus euch herauskommt!‹ Wenn ihr etwas zu leicht oder zu schwer nehmt, bin ich der Erste, der es euch sagt!«

***

»Sandy«, sagt Scott Roberts, »Anfang der Vierziger, nach der Auflösung des Group Theatre, haben Sie drei Stücke am Broadway inszeniert. Hat es Ihnen nicht mehr gereicht, Schauspieler zu sein, oder dachten Sie sich: ›Vielleicht kann ich ja unterrichten und Regie führen‹?«

»Ich glaube, ich habe immer das gemacht, was mir gerade zuflog«, antwortet Meisner. Er trinkt einen Schluck. Sie sitzen im Wohnzimmer von Meisners Wohnung. Das Stück, das Scott für die Circle Repertory Company inszeniert hat, steht kurz vor der Premiere, und er ist gekommen, um Meisner zu einer offenen Probe mitzunehmen.

»Ich war nie ein besonders guter Regisseur«, fährt Meisner fort. »Das liegt daran, dass ich nicht gut mit Erwachsenen umgehen kann. Ich habe kein Selbstvertrauen. Etwas in meiner Psyche lässt mich Erwachsenen gegenüber verschüchtert und gehemmt wirken, und ich konnte meine Autorität nicht richtig geltend machen. Ganz im Gegensatz zum Playhouse, wo ich wirklich gute Inszenierungen gemacht habe und ganz frei arbeiten konnte. Als ich später darüber nachdachte, wurde mir klar, dass ich mir das erhalten habe, was ich schon als Kind tat, als ich mit meinen Cousins und Cousinen kleine Stücke inszeniert habe. Mit jungen Leuten kam ich gut zurecht, bei arrivierten Erwachsenen konnte ich mich nicht durchsetzen. Ich dachte immer, dass das einer der Gründe sein muss, warum ich kein guter Regisseur geworden bin, denn ansonsten habe ich alle Anlagen dazu. Zu den Schülern am Neighborhood Playhouse stehe ich im gleichen Verhältnis wie zu meinen jüngeren Cousins und Cousinen, als ich dreizehn war.«

»Ist das im Unterricht mit Lila ein Problem?«, fragt Scott.

»Ja«, sagt Meisner. »Aber ich behandele sie ja wie ein Kleinkind.«

»Stimmt.«

»Siehst du? Ich behandele sie nicht wie jemanden, der schon einen Ruf hat. Ich weiß, wo ihre Probleme als Schauspielerin liegen, und damit beschäftige ich mich. Aber all diese Leute stehen in einem bestimmten Verhältnis zu mir, dem Verhältnis zwischen Schüler und Lehrer. In so einem Rahmen, wo ich die Autorität bin und die Autorität innehabe, funktioniere ich. Ich weiß nicht, wie es jetzt wäre. Aber es interessiert mich auch nicht mehr.«

»Das Regieführen?«, fragt Scott.

»Genau. Oder auch das Schauspielen. Mich interessiert das Theater, nicht das Schauspielen. Eigentlich mag ich Schauspieler nicht besonders, obwohl ich selbst sehr gern spiele. Es macht Spaß – zumindest manchmal. Aber was es in meiner Persönlichkeit zutage fördert, gefällt mir nicht: das Egozentrische, die kindische Eitelkeit, das Infantile. Ein Schauspieler braucht das alles.«

Scott schaut auf die Uhr.

»Recht hast du.« Meisner erhebt sich schwerfällig. »Gehen wir uns dein Stück anschauen.«

II.

REFLEXIONEN ÜBER SCHAUSPIELER UND DAS SCHAUSPIELEN*

SCHÜLER: Sandy, Sie wollten doch, dass einer von uns Sie nach dem Sinn der Satzzeichen beim Spielen fragt.
MEISNER: Die Satzzeichen folgen der Emotion, nicht der Grammatik. Wenn ihr zum Beispiel sagt: »Sein *[Pause]* oder Nichtsein *[Pause]*; das! *[Pause]* ist hier die Frage«, dann sind in dieser Zeile drei Kommas, drei *emotionale* Kommas, und ein Ausrufezeichen enthalten, die nicht auf dem Papier stehen.

»Ein Mädchen wird mit acht Jahren verführt, worauf alle sie für eine Hure halten und nichts mehr mit ihr zu tun haben wollen. Dann zieht jemand Neues in die Stadt. Er heiratet sie, erfährt erst danach von ihrer Vergangenheit und verlässt sie. Daraufhin stirbt sie, weil sie einfach nicht mehr leben will. Traurig, findet ihr nicht? Es gibt viele Wege, Traurigkeit auszudrücken. Ihr müsst nicht immer weinen. Aber ihr dürft auch nicht emotional fast leer sein, weil eure eigene Geschichte zu stark ist. Als Jesus am Kreuz hing, muss er unwahrscheinlich gelitten haben, aber ge-

---

* Die Betrachtungen in diesem Kapitel entstanden während der dreizehn Monate, die der Kurs gedauert hat. Sie werden hier nach Themenfeldern geordnet angeführt, nicht, wie im Rest des Buches, nach Datum.

weint hat er nicht. Er hat seine Tränen unterdrückt, hatte sich unter Kontrolle. Aber um die Kontrolle zu behalten, muss auch etwas da sein, das ihr kontrollieren *könnt.*«

»Die großartige Komödiantin Fanny Brice hat mir einmal erzählt, dass es ihr jedes Mal, kurz bevor sie auf die Bühne trat, so ging…« Meisner lässt seine Hände heftig zittern. »Und zwar auch noch am Ende ihrer Karriere, als ihr Name schon in solchen Lettern draußen am Theater hing…« Er hält die Hände einen guten halben Meter auseinander. »… und der Titel des Stücks in solchen.« Er zeigt einen viel kleineren Abstand mit Daumen und Zeigefinger. »Ihr werdet also immer nervös sein! *Seid es einfach!* Kennt ihr den Satz – eigentlich kennt ihn jeder Schauspieler –: ›Ich dachte, ich sterbe, bis ich meinen ersten Lacher hatte!‹? Versteht ihr? Der erste Lacher heißt: ›Wir lieben dich.‹«

»Das war sehr gut.«

»Ich wusste den Text nicht mehr.«

»Das macht gar nichts. Ich werde euch jetzt eines sagen, euch allen. Das war echtes Schauspielen, Sarah. Jeder Moment kam ganz spontan aus dir heraus, und jeder einzelne hatte eine Bedeutung für dich. Die Psychoanalyse hat sich weiß Gott bemüht, trotzdem weiß bis heute niemand, wo Talent eigentlich herkommt. Aber eine Möglichkeit besagt, dass das, was dem Talent Leben schenkt, was es überhaupt erst auftreten lässt, teilweise aus dem mangelnden Selbstbewusstsein der Leute kommt, aus ihrem Gefühl, nicht geliebt zu werden. Was hat mich auf diesen Gedanken gebracht? Jede negative Erfahrung, die das Leben für uns bereithält, wirkt sich in unterschiedlichem Maß auf uns aus. Dazu gehört auch das Gefühl, wenn man gesagt bekommt, man habe etwas falsch gemacht, man sei schlecht und nicht liebenswert, obwohl man gerade erst so groß ist…« Meisner zeigt mit der Hand die Größe eines Kleinkinds an. »Und obwohl das Gefühl, schlecht behandelt zu werden oder nicht gut zu sein, ein Überbleibsel aus einer Zeit ist, als ihr praktisch noch ein Baby wart, kann es zu einer mächtigen Kraft in eurem Spiel werden. Das Selbstbewusstsein, das es euch ermöglicht zu sagen: ›Ich *bin* jemand!‹, braucht lange, um sich sicher in euch zu verankern. Probleme entstehen dann, wenn das Gefühl der Wertlosigkeit auf einen festen Bestandteil unserer Branche trifft: dass man Schauspielen nämlich nur lernen kann, wenn man auch kritisiert wird. Wenn ihr solche Kritik mit der Unsicherheit aus eurer Kindheit zusammenbringt, wird es schrecklich für euch. Stattdessen müsst ihr jede Kritik objektiv betrachten und sie nur auf die Arbeit beziehen, um die es gerade geht. Stellt euch vor, ihr sagt zu einem Klempner: ›Ich glaube, die Toilette ist immer noch verstopft‹, und er bricht daraufhin in Tränen aus! Nur in den kreativen Künsten ist das Selbstbewusstsein ein gewaltiges Problem. Wenn Sarah ihren Text mehrmals vorträgt und man jedes Mal zu ihr sagen würde: ›Du warst wunderbar!‹ – dann würde ihr Selbstbewusstsein richtig erblühen! Eine gute Kritik ist wie ein Kuss auf die Wange.«

»Bei dieser Szene hat eindeutig etwas Entscheidendes gefehlt, Bette. Am Anfang hattest du es noch, aber dann hast du es verloren. Weißt du, was das sein könnte?«

»Kontakt?«

»Innere Haltung. Ich zeige euch etwas. Beth, erzähl mir vom Leben deiner Figur.«

»Mein Leben?«, fragt Beth, Bettes Partnerin, leise. »Besonders erfreulich erscheint es mir nicht. Mein Leben ist irgendwie hoffnungslos.«

»Na so was!«, ruft Meisner mit etwas wie unbändiger Freude aus.

»Es sieht trostlos aus«, fährt Beth fort.

»Aha«, erwidert Meisner boshaft-erfreut.

»Finden Sie das etwa komisch?«, fragt Beth ungehalten.

»Nein!« Meisner lächelt fröhlich.

»Es sieht aber so aus, als würde Sie das freuen!«

»Das war nicht meine Absicht«, sagt Meisner versöhnlich und fährt dann fort: »Siehst du, Bette, meine Reaktion auf Beth hatte eine durchgehende Haltung. Und zwar diese.« Er hält kurz inne. »›Letzte Woche ist meine Großmutter gestorben.‹ ›Oh!‹« – Er lächelt freudig – »›Das kann doch nicht dein Ernst sein!‹ ›Doch, sie wurde eingeäschert.‹ ›Ooooh!‹« Meisners Stimme trieft vor falscher Anteilnahme, und die Schüler lachen. »Das muss gar nicht logisch sein. ›Meine Großmutter wurde vor zwei Wochen eingeäschert.‹« Meisner klatscht begeistert in die Hände und ruft: »›Das tut mir aber leid!‹«

Wieder lachen alle.

»Verstehst du, Bette? Es ist das Gegenteil von dem, was es sein soll. Das *Gegenteil.* Kannst du das nachvollziehen?«

»So in etwa. Glaube ich«, antwortet sie zögernd.

»Ray, hast du verstanden, was ich gerade gesagt habe?«

Ray nickt, sagt aber nichts.

»Erzähl mir etwas. Irgendetwas Tragisches.«

»Meine Schwester hat Leukämie«, sagt Ray.

»Daran kann sie sterben!«, erwidert Meisner mit spürbarem Genuss an der Tragödie.

Die Schüler lachen.

»*So* musst du diese Rolle spielen. Das Gleiche, was ich gerade mit Ray gemacht habe, solltest du meiner Meinung nach auch tun.«

»Okay.«

»Wie reagierst du, wenn ich dir erzähle, dass meine Schwester Leukämie hat? Was tust du?«

»Ich lache«, sagt Bette.

»Lass mal hören!«

Bette grinst zufrieden, lacht leise und sagt dann, mit leicht zusammengebissenen Zähnen: »Daran kann sie sterben.« Die anderen lachen erneut. »Okay, ich hab's«, sagt sie. »Mein Gott ... ich hab's!«

»Wenn ihr euren Text lest, müsst ihr zuallererst euch selbst finden – euch *wirklich* finden. Erst findet ihr euch und danach einen Weg, die Rolle so zu spielen, wie es ihrem Charakter entspricht. Auf Basis dieser Realität findet ihr den Kern der Rolle. Sonst könnte ja auch jeder Trottel von der Erasmus Hall High School Schauspieler werden, denn lesen kann dort jeder. Nehmen wir mal an, im Text steht die Zeile: ›Oh, das habe ich ganz vergessen.‹ Da kommt dann also der Star vom Theater-Club der Erasmus Hall High School, und wir hören: ›Oh, das habe ich ganz vergessen.‹ Eine klare, aber völlig uninteressante Wiedergabe der Worte. Wenn aber stattdessen der Trottel von nebenan daherkommt, der nie auf einer richtigen Schule war, und sagt: ›Oh!‹« Meisner schlägt sich beide Fäuste an die Schläfen, als wäre ihm gerade siedend heiß etwas eingefallen. Es folgt eine lange Pause, während ihm klar wird, dass es zu spät ist und er das Beste draus machen muss. Schließlich sagt er beiläufig, fast achselzuckend: »›Das habe ich ganz vergessen.‹ Wer von beiden ist der Schauspieler?«

»Der Trottel«, sagt Bette.

»*Lesen* kann jeder. Aber Schauspielen ist *Leben* unter imaginären Gegebenheiten. Ein Textbuch ... kann sein, dass ich das schon einmal gesagt habe ... ein Textbuch ist wie ein Libretto. Ihr wisst, was ein Libretto ist, oder?«

»Der Text, für den der Komponist einer Oper die Musik schreibt«, sagt Ray.

»Richtig. Der Komponist liest im Libretto den Satz: ›Wie eiskalt ist dies Händchen!‹, und der Musiker in ihm übersetzt das in eine herrliche Melodie. Ein Schauspieler ist eine Art Komponist. Was ihr in eurem Textbuch lest, ist nur ein kleiner Hinweis auf das, was ihr tun müsst, um die Rolle wirklich zu spielen.«

»Was für ein Beruf! Seit siebenundvierzig Jahren gebe ich jetzt Schauspielunterricht. Ich habe mit sieben angefangen und bin jetzt vierundfünfzig.« Die Schüler lachen. »Was ist daran so komisch?«

»Wann haben Sie mit dem Unterrichten angefangen?«, fragt Joseph. »1935?«

»Ja, ungefähr.«

»Da waren Sie noch beim Group Theatre, oder?«

»Bis es 1941 aufgelöst wurde.«

»Wo haben Sie denn als Erstes unterrichtet? Hier, am Neighborhood Playhouse?«

»Auf professioneller Basis hier. Aber meine Lehrzeit habe ich an verschiedenen Orten absolviert.«

»Und wie sind Sie zum Unterrichten am Playhouse gekommen?«

»Über meinen Freund Clifford Odets.«

»Ehrlich?«

»Seine Freundin war Schülerin hier, und es wurde jemand gesucht, der beim Abschlussstück Regie führt. Eigentlich hatte sie ihn vorgeschlagen, aber damals hatte *Wachet auf und rühmet!* gerade Premiere gehabt, und er war auf einmal berühmt – so berühmt, dass er auf dem Titelblatt des *TIME*-Magazins abgebildet war. Da sagte er zu mir: ›Mach du es!‹ Er war mein bester Freund.«

»Hat Martha Graham damals auch hier unterrichtet?«

»Ja. Sie hat jahrelang Bewegungsunterricht gegeben.«

»Spielen Sie eigentlich noch Klavier?«

»Damit habe ich aufgehört. Aber auf Bequia spiele ich die Kirchenorgel.«

»Das ist jetzt ziemlich indiskret von mir, ihr müsst mir versprechen, dass ihr es nicht mehr als dreißig Leuten weitersagt. Eine gewisse Mrs. Cartier – ihre Familie hat einen kleinen Juwelierladen an der Fifth Avenue – ist hinter mir her … doch, wirklich! Ich soll mich mit einer Gruppe ihrer Freundinnen treffen. Sie wollen mehr über das Schauspielen erfahren, um beurteilen zu können, ob sie auch etwas für ihr Geld bekommen haben, wenn sie vierzig Dollar für eine Theaterkarte hinblättern. Ich habe fast die ganze Nacht deswegen wach gelegen. Sie wollen Unterricht.«

»Im Ernst?«, fragt Joseph.

»Das ist doch mal Material für ein Theaterstück«, sagt Bette.

»Ein schrecklich altmodisches Stück. Sie hat mich gestern Abend angerufen.«

»Vielleicht können Sie ihnen ja noch was beibringen«, sagt Joseph.

»Und wen interessiert das?«

»Wahrscheinlich wissen sie einfach nicht, was gutes Schauspiel ist«, meint Joseph.

»Das wissen die wenigsten. Aber könnt ihr euch vorstellen, wie Mrs. Cartier und Mrs. Guggenheim das Wortwiederholungsspiel miteinander machen?«

»›Ich liebe dein Diadem!‹ ›Du liebst mein Diadem?‹«, sagt Ralph, und die Schüler lachen.

»Einmal habe ich in Kalifornien einen Vortrag an einem großen Theater gehalten und über all das gesprochen, woran ich seit jeher glaube. Am Ende sagte jemand zu mir: ›Was sollen wir machen? Das ist Hollywood!‹ Und ich sagte: ›Ich habe mir nie erlaubt zu vergessen, was das Theater sein kann, und daran werde ich auch festhalten.‹ Was soll ich sonst machen? Ich war beim Group Theatre. Das war außerordentlich. Mit Mrs. Cartier könnte ich niemals so reden, wie ich mit euch rede. Sie ist eine nette Frau. Sie hat einen Diamantring mit siebenunddreißig Karat, aber trotzdem ist sie eine nette Frau. Glaubt mir, ich habe wirklich nichts gegen diesen Diamanten!«

»Sandy«, sagt Ray, »wäre auch eine Situation in einem Stück denkbar, in der ich zu dem Schluss komme, dass meine Figur ihre wahren Gefühle zu verstecken versucht.«

»Keine Figur versteckt ihre Gefühle. Das braucht sie erst gar nicht zu versuchen. Die Gefühle sind da, sie würden nur nicht preisgegeben. Verstehst du?«

»Nein. Bei Tschechow versuchen doch alle Figuren, ihre Gefühle zu verstecken, oder? Also, die Gefühle sind natürlich da, aber sie wollen sie verbergen.«

»Ach, Tschechow! Das ist eine große Frage. *Drei Schwestern** fängt damit an, dass sich Mascha, die mittlere Schwester, zu Tode langweilt. Der Monolog, der mit den Worten ›Vater starb genau vor einem Jahr‹** beginnt, ist voller Melancholie, aber er ist doch keine Totenwache. Sie befindet sich in einer ganz bestimmten Gemütsverfassung, wenn sie von der Vergangenheit spricht. Dann kommt Maschas Mann, ein Lehrer und ganz großer Langweiler, herein. Er will sie abholen, aber sie kann ihn nicht ertragen und will nicht mitgehen. Dann tritt Werschinin auf und verzaubert die ganze Familie mit seiner Persönlichkeit.

* Die Schilderungen weichen vom eigentlichen Stückverlauf ab, ihr emotionaler Gehalt ist aber akkurat wiedergegeben. (Der Monolog »Vater starb genau vor einem Jahr …« stammt von Olga, nicht von Mascha. [Anm. d. Red.])

** Alle Tschechow-Zitate folgen dem Band: Anton Tschechow, *Der Kirschgarten. Dramen.* München 2009. (Anm. d. Ü.)

Und nach einer Weile sagt Mascha aus heiterem Himmel: ›Ich bleibe zum Essen!‹ Warum tut sie das?«

»Sagen Sie's mir.«

»Sie hat sich Hals über Kopf in Werschinin verliebt. Trotzdem sagt sie kein Wort zu ihm, und er nimmt kaum zur Kenntnis, dass sie im Raum ist.«

»Aber versucht die Schauspielerin, die Mascha spielt, vor den anderen zu verbergen, dass sie sich in ihn verliebt hat?«

»Es verändert sie, dass er da ist. Er sagt etwas, das sie inspirierend findet, vielleicht findet sie ihn auch einfach sexy. Wer weiß? Es ist typisch für Tschechow, das ist das Entscheidende, und die Emotion ist ganz und gar innerlich. Sie *tut* ja nichts, stimmt's?«

»Erst, wenn sie sagt, dass sie zum Essen bleibt.«

»Erst dann. Aber am Anfang des Aktes jammert sie ständig, dass sie unbedingt nach Hause muss. Dieser radikale Umschwung findet komplett in ihrem Innern statt. Am Anfang der *Möwe* sagt Medwedenko, ein anderer Lehrer, zu einer anderen Mascha: ›Warum tragen Sie immer Schwarz?‹ Und sie antwortet: ›Ich trauere um mein Leben.‹ Könnt ihr euch vorstellen, wie viele Wahlmöglichkeiten die Schauspielerin hat, um eine Motivation für diesen Satz zu finden? Vielleicht entscheidet sie ja, dass Mascha in ihren Vater verliebt ist, vielleicht auch, dass sie *nie* auch nur irgendwen geliebt hat. Aber die Schauspielerin muss sich für *etwas* entscheiden und das dann hinter einem Lächeln verstecken, als würde sie einen Witz machen.«

»Es *gibt* also bestimmte Fälle, bei denen man etwas in sich fühlt und es trotzdem versteckt.«

»Nein, man muss immer einen Hinweis darauf geben, dass man es als Witz versteht, der die Wahrheit *verschleiert*, dass man nämlich Schwarz trägt, weil man tatsächlich um das eigene Leben trauert. Verstehst du, wo der Unterschied liegt? Tschechow schreibt aus ungeheuer tiefen Quellen! Am Ende von *Der Kirsch-*

garten sagt Madame Ranewskaja ›Leb wohl!‹ zu dem Mann, der die Kirschbäume abholzt. Es klingt ganz harmlos, dabei geht gerade eine Ära zu Ende! Tschechow ist entsetzlich!«

»Wieso?«, fragt Ray.

»Weil er so undurchschaubar ist.«

»Und welcher Autor ist nicht entsetzlich?«

»Tschechow«, sagt Meisner. »Aber schaut euch nur an, wie schwierig er ist. Jemand sagt: ›Iwan, bring mir ein Pfund Tomaten vom Markt mit‹, und die Regieanweisung dazu lautet: ›Sie bricht in Tränen aus.‹« Die Schüler lachen. »Ja, er ist großartig, aber auch wirklich sehr schwierig, das steht außer Frage!«

»Ich hätte noch eine Frage, die nichts mit dem Unterricht zu tun hat«, sagt John. »Ich wüsste gern mehr darüber, wie es war, als Sie noch beim Group Theatre waren und Stella Adler aus Paris zurückkam und sagte: ›Leute, hört her, was Lee Strasberg hier veranstaltet, ist gar nicht das, was Stanislawski wirklich gemeint hat.‹ Hatten Sie und die anderen Schauspieler schon den Verdacht, dass der Arbeitsprozess nicht ganz stimmt, bevor Stella mit Stanislawski gesprochen hat?«

»Verbreitet war es nicht. Vielleicht ahnten einige etwas, aber mehr auch nicht. Stella kam unter anderem mit dem Begriff der ›gegebenen Umstände‹ zurück – wie man die Essenz der ›gegebenen Umstände‹ eines Stückes begreift. Stella und Strasberg waren sich eigentlich schon spinnefeind, bevor wir das Group Theatre gegründet haben. Wir hatten noch nicht einmal angefangen, da sagte sie schon: ›Er ist ein Hochstapler.‹«

»Aber wie erklären Sie sich dann die schauspielerischen Qualitäten mancher seiner Schüler?«, will Ray wissen. »Sie sagen, Sie könnten jedem den bestmöglichen Weg zur bestmöglichen schauspielerischen Leistung zeigen, zu der er fähig ist. Aber unter allem liegt das *Talent*, und was das ist, wissen auch Sie nicht. Sie wissen, dass es etwas mit der Phantasie, mit der Vorstellungskraft zu tun hat, aber was genau, das wissen Sie nicht. Das weiß keiner. Wenn Strasberg also im Wesentlichen Schauspieler, die bereits introvertiert sind, noch introvertierter macht, ihnen zu privaten Erfahrungen auf der Bühne verhilft, die nicht ausgedrückt werden, dann müssten die Leute, die bei ihm Unterricht hatten und so wunderbar spielen, das gewissermaßen *trotz* ihrer Ausbildung tun.«

»Das stimmt. Wer zum Beispiel?«

»Pacino.«

»Al Pacino ist seit fünfundzwanzig Jahren so!«

»Das finde ich ja auch – als Schauspieler, als Talent und als Person. Aber gilt das nicht für alle?«, fragt Ray.

»Wie meinst du das?«

»Ich meine, wer nicht schauspielen kann, kann eben nicht schauspielen. Oder?«

»Ja.«

»Aber wenn man richtig gut schauspielen kann, wenn man zu den Menschen gehört, denen ein wunderbares Spiel einfach entströmt, weil sie dafür gemacht sind, dann schafft man das doch unter allen Umständen.«

»Ja. Und weißt du was? Strasberg würde ein solches Talent sehen und es in sein Actors Studio einladen, lauter berühmte, talentierte Menschen, um dann später sagen zu können: ›Das war mein Schüler!‹«

»Hat er das auch mit Duvall gemacht?«, fragt Joseph.

»Duvall war mein Schüler.«

»Ich weiß, dass er erst bei Ihnen war, aber danach war er auch noch im Actors Studio.«

»Um an sich zu arbeiten, nicht um Schauspielen zu lernen! Das ist ein großer Unterschied.«

»Was meinen Sie mit ›an sich arbeiten‹?«

»Es war ein Ort, an dem man auf andere Schauspieler traf. Das war der große Vorteil des Actors Studio.«

»Um noch einmal auf meine Frage zurückzukommen«, sagt John. »Als Stella aus Paris kam, haben Sie sich da mit ihr getroffen, einfach nur zu zweit, und sie sagte: ›Sandy, darum geht es wirklich!‹?«

»Mit ihr und Clurman. Harold Clurman war auch dabei.«

»Und dann haben Sie zu dritt das System ausgearbeitet, das wir jetzt lernen?«

»Mehr oder weniger, aber Stella unterrichtet ganz anders als ich.«

»Das kann man wohl sagen!«, wirft Rose Marie ein.

»Und haben Sie die Wiederholungsübung damals schon entwickelt?«, fragt Ralph.

»Nein, das kam viel später. Ich habe sie im Unterricht zusammen mit meinen Schülern erfunden.«

»Und woher wussten Sie, dass es der richtige Weg ist?«, fragt Joseph.

»Instinkt!«

»Sie wussten also, dass allein aus der Wiederholung etwas Neues entstehen kann, wenn die Paare ihre Sätze immer wieder sagen – dass sich dadurch etwas organisch verändert?«

»Ja, in etwa wusste ich das. Bei der Arbeit hier an der Schule und in meinen Privatstunden hatte ich herausgefunden, dass daraus eine Art Lebendigkeit entsteht, die nichts von Introvertiertheit an sich hat. Genauso die Sache mit der Vorbereitung: Ich hatte gewaltige Einwände gegen Strasbergs Art der Vorbereitung.«

»Sie haben die Wiederholungsübung also nach der Zeit am Group Theatre entwickelt«, sagt John.

»Ja, aber erst Ende der Fünfziger, Anfang der Sechziger nahm sie die Form an, die sie heute hat.«

»Haben Sie beim Group Theatre schon etwas Ähnliches gemacht?«

»Nein.«

»Das folgte dann eher der Methode, die Strasberg unterrichtet hat?«, fragt Rose Marie.

»Mehr oder weniger, ja.«

Ralph meldet sich. »Hatte Harold Clurman auch eine Technik oder eine Theorie über das Schauspielen?«

»Er hatte ein allgemeines, sehr einfühlsames Wissen über Schauspiel.«

»Aber er war hauptsächlich Regisseur?«

»Ja, aber auch Historiker. Seine Bücher sind hervorragend.«

»O ja, allerdings«, sagt Rose Marie. »Clurman war Regisseur, aber Sie waren Schauspieler, Sie wussten, was es heißt, dieses Leben zu führen. Und nach allem, was ich höre, waren Sie ein sehr guter Schauspieler. Aber Strasberg soll als Schauspieler gar nicht so erfolgreich gewesen sein. Stimmt das?«

»Er war ein grauenhafter Schauspieler.«

»Das erzählt vielleicht auch etwas.«

»Er war ein Stubengelehrter, weiter nichts. Ich will das jetzt nicht vertiefen, aber in der Informationsbroschüre des Neighborhood Playhouse, die wir an potenzielle Schüler verschicken, findet sich hinten eine Liste aller Absolventen. Wenn ihr euch auf fremde Kosten ein bisschen amüsieren wollt, könnt ihr euch die mal durchlesen, dann seht ihr, wie viele Leute er in sein Studio eingeladen hat, um dann zu behaupten: ›Das war mein Schüler.‹ Es ist wirklich erstaunlich.«

»Wie viele der Männer hier in der Klasse wollten mal Lehrer werden?«

Ray hebt die Hand.

»Tatsächlich?«

»Als ich mit dem Studium anfing, dachte ich, ich würde Lehrer werden.«

»Schauspiellehrer?«

»Daran habe ich auch mal gedacht, aber …«

»Kurz bevor ihr gekommen seid, habe ich mir einen der Kurse hier im Playhouse* angeschaut. Es hat mich wirklich erschlagen, wie schrecklich das war. Grauenhaft.«

»Waren die Schüler so schlecht«, fragt Joseph nach, »oder die Arbeit im Unterricht?«

»Die Arbeit war richtig schlecht.«

»Und wie viele neue Lehrer suchen Sie jetzt?«, fragt Bette.

»Zwei oder drei, aber wo soll ich sie finden?«

»Und Sie suchen nur Männer?«, fragt Rose Marie.

»Nicht unbedingt.«

»Sind die Dozenten hier am Playhouse, die unter Ihrer Leitung die jüngeren Schüler unterrichten, nicht alle auch ehemalige Schüler von Ihnen?«, fragt Joseph.

»Sie wurden alle von mir ausgebildet.«

»Dann liegt es vielleicht doch nicht an den Lehrern«, sagt Rose Marie. »Ich glaube eher, es liegt an den Schülern heutzutage. Viele junge Leute, die lesen, dass Robert Duvall und Diane Keaton hier studiert haben und von Ihnen unterrichtet wurden, wollen vielleicht einfach genauso sein und begreifen nicht, wie viel Arbeit dahintersteckt.«

»Diese Leute haben geschuftet wie die Tiere.«

---

* Die Neighborhood Playhouse School of the Theatre, 340 East 54th Street, New York, bietet eine zweijährige Theaterausbildung für maximal 110 Studierende pro Jahrgang an, die meist Anfang zwanzig sind. In den Achtzigerjahren bestand die Fakultät aus vierzehn Dozenten, von denen vier unter Sanford Meisners Leitung Schauspiel unterrichteten. Weitere Kurse umfassen Sprech- und Atemtechnik, Gesang, Bewegungstechnik, Tanz, Fechten, Maskenbildnerei sowie Schauspieltechnik in historischen Stücken. Neben der Arbeit mit diesen Schülern unterrichtete Sanford Meisner immer wieder ältere, professionelle Schauspieler, so wie es im vorliegenden Buch beschrieben wird.

»Das glaube ich. Ich meinte auch gar nicht, dass sie Naturtalente waren. Ich bin mir sicher, dass sie sehr, sehr hart gearbeitet haben.«

»Zusätzlich zum Naturtalent.«

»Zusätzlich zum Naturtalent«, bestätigt Rose Marie.

»Aber wie bringt man jemandem bei, ein guter Schauspiellehrer zu werden?«, fragt John. »Das erfordert doch sicher …«

»Man kann es nicht!«

»Eben, das meine ich ja«, sagt John. »Ich glaube das auch, weil es die heikelste Art des Unterrichtens ist, die man sich vorstellen kann.«

»Ich glaube«, sagt Ray, »die Hälfte der Leute, die unterrichten, weiß nicht, was gutes Schauspiel ist. Mich treibt in diesem Kurs vor allem meine Überzeugung an, dass Sie wissen, was Sie vor sich sehen, und es bedeutet mir sehr viel, wenn Sie mir sagen, ob ich in die richtige oder in die falsche Richtung gehe. Das ist meine Motivation: Ich glaube, dass Sie wissen, wovon Sie reden. Und ich glaube das aus zweierlei Gründen: aufgrund Ihres Rufs und aufgrund der Art, wie Sie das, was Sie sehen, hier im Unterricht besprechen. Sie wissen wirklich, wovon Sie reden.«

»Ich will euch eines sagen«, erwidert Meisner, »und das meine ich ganz objektiv. Es gibt praktisch keine Schauspiellehrer, die *sehen* können.«

»Es sind so viele vorgebliche Techniken im Umlauf«, sagt Ralph, »aber kaum jemand hat eine klare Vorstellung davon, was man tun muss. Zumindest nicht nach meiner Erfahrung. Ich brauche im Unterricht eine gewisse Klarheit – eine Art Schritt-für-Schritt-Programm. Ich habe schon mit zahllosen Leuten gearbeitet, die Szenen unterrichten und ganz genau wissen, wie man an alle möglichen Szenen herangeht, aber sie haben trotzdem keine Klarheit, keine Technik, keine Möglichkeit, ihre Schüler Schritt für Schritt heranzuführen. Das verwirrt doch nur!«

»Es gibt keine Lehrer, die Schauspieltechnik unterrichten. Das sind alles Schwindler! Das meine ich jetzt gar nicht persönlich, ich betrachte nur ihre Arbeit. Ich weiß gar nicht, wie wir überhaupt auf dieses Thema gekommen sind, aber ich habe einmal ein Foto von einem bekannten französischen Maler gesehen, der mit dem Rücken zum Fotografen saß und malte. Er hatte an jede Hand einen Pinsel gebunden, weil er schon sehr alt war und durch Gott weiß was für Krankheiten gelähmt. Aber er konnte einfach nicht mit dem Malen aufhören. So bin ich auch. Ich kann einfach nicht mit dem Unterrichten aufhören. Ich kann nicht aufhören, auf Gedeih und Verderb. Dabei wäre ich längst alt genug. Ich sehe fast nichts mehr, ich kann praktisch nicht mehr sprechen, ich kann kaum noch laufen.«

»Warum haben Sie mit dem Unterrichten angefangen?«, fragt Anna.

»Warum fängt ein Künstler mit dem an, wofür er gemacht ist? Das weiß er selbst nicht. Er folgt nur dem Bedürfnis, das er in sich spürt.«

»Und das Neighborhood Playhouse?«, fragt Ray. »Was wird daraus?«

»Wenn ich nicht mehr da bin?«

»Ja.«

»Ganz objektiv? Und unpersönlich? Ich hoffe, sie schließen es. Die Arbeit ist dann getan.«

»Sandy«, sagt Scott Roberts. »Ich muss kurz die Batterie wechseln.«

»Na, dann mal los.«

Scott hockt sich neben das graue Pult, holt eine neue Neun-Volt-Batterie aus der Packung und öffnet den kleinen Verstärker, der auf dem Pult steht und Meisners Stimme an die Lautsprecher am anderen Ende des Raums überträgt.

»Ich wünschte, ich könnte mich umbringen.«

»Wirklich?«, fragt Anna. »Meinen Sie das ernst?«

»Ich bin viel zu feige, darum kann ich das sagen.«

»Aber warum wünschen Sie sich, Sie wären nicht so feige?«

»Ich sage es euch gleich, wenn er fertig ist, damit ihr meine Antwort auch alle hört.«

Scott legt die neue Batterie in den Verstärker ein, klappt ihn wieder zu und kehrt auf seinen Platz am Mischpult auf der anderen Raumseite zurück.

»Weil das Leben scheiße ist.«

»Das stimmt«, sagt Anna.

»Ich habe genug davon.«

»Aber das ist doch eh klar«, sagt Ray. »Was spielt das für eine Rolle? Sie können nichts dagegen tun.«

»Es ist Vollmond, Sandy«, sagt Beth. »Nächste Woche geht es Ihnen wieder besser.«

»Bei Vollmond herrscht immer Gefühlschaos«, sagt Bette.

»Nächste Woche wollen Sie dann wieder leben und tanzen«, sagt Beth.

»Ich habe mal in einem Stück gespielt ... Scott hat es gesehen, ein Stück von Sam Behrman ... wie hieß es noch gleich?«

»*The Cold Wind and the Warm*«, sagt Scott.

»*The Cold Wind and the Warm*. Ich spielte die Rolle eines dicken, reichen, gefühllosen Geschäftsmanns – eine fürchterliche Gestalt. In einer Szene frage ich eine junge Frau – Suzanne Pleshette –, ob sie mich heiraten will. Sie fällt fast vom Stuhl vor Lachen. Ein *einfühlsamer* Mensch hätte ihr Lachen so gedeutet: ›*Ich dich* heiraten? Das kann ja wohl nicht dein Ernst sein!‹ Aber so ein Trampel, wie ich ihn spielen musste, für den bedeutete es ...« Er strahlt vor Freude und reibt sich mit siegessicherer Geste die Hände. Die Schüler lachen. »Ich habe den Sinn ihres Lachens aus meiner Rolle geholt, was wohl heißt, dass ich etwas vom Wesen eines gefühllosen Trampels verstehen muss. Das kommt alles aus dem Instinkt.«

»Aber auch aus dem Moment, oder? «, fragt Ray.

»Es *entsteht* aus dem Moment. Charakter zeigt sich darin, *wie* ihr das tut, *was* ihr tut. Ich frage sie, ob sie mich heiraten will, und sie lacht mich aus. Aber ich habe keine Ahnung von Gefühlen. Ich glaube, sie nimmt den Antrag an.«

»Es gibt sicher viele, die das so spielen würden, als ob sie verstehen, was sie meint«, sagt Rose Marie, »aber Sie haben es so gespielt, als würden Sie gar nichts mitbekommen.«

»Doch, mitbekommen habe ich es schon. Ich habe es nur falsch interpretiert, weil ich so gefühllos bin.«

»Eine Charakterentscheidung«, sagt Rose Marie.

»Aber Sie haben diese Entscheidung mit dem Instinkt getroffen, nicht mit dem Kopf«, sagt Ray.

»Bei der Arbeit an der Rolle konnte *ich* entscheiden, wie ich sie spiele.«

»Okay«, sagt Ray, »Ihre Figur ist also gefühllos, und als die junge Frau lacht, kommen Sie zu dem Schluss, dass sie Ihren Antrag annimmt, weil Sie ihr Lachen missverstanden haben. Aber wenn man zu viele Entscheidungen trifft, während man den Text durchgeht, und sie zu sehr von hier holt …« Er deutet auf seinen Kopf. »Besteht dann nicht die Gefahr, dass das Spiel artifiziell wirkt?«

»Doch.«

»Selbst wenn die Entscheidungen, die man gefühlsmäßig trifft, und die Entscheidungen, die man beim Lesen des Stücks mit dem Kopf trifft, ungefähr gleich sind, sind doch auch die, die man intellektuell trifft, keine, von denen man sagt: ›Ach, wäre doch mal interessant, wenn man das so und so macht.‹ Sonst wäre es auf lange Sicht ja besser, wenn jemand anders die Rolle spielt.«

»Kannst du das noch mal wiederholen?«

»Sie haben die Entscheidung nicht aufgrund abstrakter Vorstellungen getroffen, die besser funktioniert hätten, wenn jemand anders die Rolle spielt«, sagt Ray.

»Richtig.«

»Das würde ich gern lernen«, sagt Bette. »Ich möchte herausfinden, wo meine Grenzen sind – welche Rollen ich annehmen und welche ich lieber meiden sollte. Ich kann für alles ein *Gefühl* entwickeln, aber woher weiß ich, was ich nicht spielen kann?«

»Kannst du auch ein Gefühl für Peter Pan entwickeln?«

»Ja.«

»Dafür eignest du dich nicht.«

»Okay«, sagt Bette, »eine Rolle weniger. Aber genau so etwas wüsste ich gern.«

»Leben, Leben, Leben.«

»Sie meinen, mit der Zeit finde ich es heraus?«

»Das letzte Stück, das im Group Theatre geprobt wurde, war *Drei Schwestern* von Tschechow. Zum Glück wurde es nie zur Aufführung gebracht. Ich hatte die Rolle des Baron Tusenbach bekommen. Ich sagte: ›Das spiele ich nicht. Ein kleiner deutscher Adliger im vorrevolutionären Russland?‹ Das sagte mir gar nichts – absolut nichts. Versteht ihr?«

»Früher dachte ich immer«, sagt Rose Marie, »dass ich keine gute Schauspielerin bin, wenn mir Rollen nicht gefallen und ich sie ablehne. Wenn ich *wirklich* gut wäre, dann wäre ich wie Meryl Streep, die alles spielen kann.«

»Das kann sie doch gar nicht.«

»Stimmt«, sagt Rose Marie.

»Ich werde immer als das nette, unbeschwerte Mädchen von nebenan besetzt«, sagt Bette. »Ich bekomme nie die Rollen, die ich eigentlich möchte.«

»Welche zum Beispiel?«

»Die richtig tollen Rollen.«

»Das liegt an unserem Theatersystem.«

»Na, das ist doch ermutigend«, sagt Bette, an die ganze Klasse gewandt. »Er sagt nicht, dass ich die Rollen nicht spielen könnte, nur, dass das *System* es mir nicht zutraut oder dass das *System* mich nicht in diesen Rollen sehen will. Man will die Leute gar nicht richtig spielen sehen. Alle sollen genau das sein, wofür man sie dem Aussehen nach hält. Wenn man ein bestimmtes Äußeres hat, kommt man damit entweder an oder eben nicht. Etwas anderes ist im System nicht vorgesehen.«

»So läuft das nun mal beim Vorsprechen. Wir hatten einen Schüler hier – einen Schwarzen, hoch talentiert. Er machte seinen Abschluss, sprach für eine Rolle vor und bekam sie auch. Man sagte ihm: ›Kommen Sie morgen wieder, dann können Sie Ihren Vertrag unterschreiben.‹ Er kam wieder – ich schwöre, das ist die Wahrheit –, und die Produzentin fragte ihn: ›Ach, übrigens, wie alt sind Sie?‹ Er sagte: ›Dreiundzwanzig.‹ Und sie sagte: ›Aber die Figur ist einundzwanzig.‹«

Alle Schüler schnappen nach Luft.

»Das ist mir auch schon passiert«, sagt Bette.

»Es gehört zum Beruf.«

»Hollywood ist schrecklich«, sagt Anna.

»Hier ist es auch nicht viel besser«, meint Meisner.

»Aber dort wollen sie alles von Sechzehnjährigen gespielt haben.«

»Oder von Fünfundsiebzigjährigen.«

»Ja, die sind auch auf dem Vormarsch«, sagt Anna.

»Ist euch schon mal aufgefallen, dass im Fernsehen die Heldinnen immer blond sind und die Helden schwarze Locken haben?«

»Blonde Männer werden nicht ernst genommen«, sagt Rose Marie.

»Erzähl das mal Robert Redford«, meint Ray.

»Aber sie hat recht«, sagt Meisner. »Das dauert noch drei Jahre.«

Die Schüler lachen.

»Blonde Frauen kommen dagegen ganz gut klar«, sagt Bette.

»Drei Jahre noch«, sagt Meisner. »Dann ändert sich auch das wieder.«

»In drei Jahren …«, Bette streicht sich über ihren schwarzen Zopf, »… schlägt dann meine Stunde.«

»Einmal habe ich meinen ganzen Mut zusammengenommen und einem berühmten Psychoanalytiker die kleine Parabel von den zwei Fässern erzählt, und anstatt vor Lachen darüber zusammenzubrechen, meinte er tatsächlich, da sei etwas Wahres dran. Die Geschichte geht so: Wir haben alle zwei Fässer in uns. Im ersten Fass werden alle Säfte gesammelt, die unsere Probleme ausschwitzen. Das ist das Neurosen-Fass. Aber gleich daneben steht noch ein zweites Fass, und durch eine Art Osmose zwischen den Fässern geraten manche Problemsäfte aus dem ersten Fass in das zweite, wo sie dann, durch ein Wunder, das niemand wirklich vollständig begreifen kann, in ein Talent zum Malen, zum Komponieren, zum Schreiben, zum Musizieren oder zum Schauspielen verwandelt werden. Unser Talent entsteht also im Grunde aus der Verwandlung unserer Probleme.«

Meisner hält kurz inne.

»Bis dahin hatte ich immer geglaubt, Shakespeare und Beethoven müssten die beiden glücklichsten, seligsten Personen sein, die man sich denken kann, doch der Arzt, dem ich meine Parabel erzählte, meinte: ›Nein, nein. Shakespeare hatte zahllose Probleme, besser gesagt: Neurosen, und Beethoven auch‹, und dann nannte er mir die offensichtlichen Probleme von beiden. Für mich war das der Beweis, dass der osmotische Prozess zwischen den beiden Fässern nie vollständig funktioniert. Es bleiben immer Säfte im Problem-Fass zurück, ganz gleich, wie voll das Talent-Fass ist. Die Probleme können nie ganz ohne Rückstände einfach zu Talent werden, nicht einmal bei den talentiertesten Menschen.«

»Dieser Moment in dem Stück, das die Duse 1895 in London gespielt hat, als sie den Mann wiedersieht, der vor dreißig Jahren ihr Geliebter war und der Vater ihres Kindes ist, und versucht, nett und höflich zu sein, aber dann unvermittelt errötet – das ist lupenreines Genie. Ein Erröten kann man nicht vortäuschen – man kann nicht kurz in die Garderobe laufen und sich etwas Rouge besorgen. Und man kann sich auch nicht darauf vorbereiten. Man kann es nicht planen. George Bernard Shaw hat in der berühmten Rezension zu dieser Aufführung geschrieben, er wüsste aus rein beruflicher Neugier gern, ob ihr das wohl jedes Mal gelingt. Ich glaube, es ist passiert, als es passiert ist. Mehr nicht. Entscheidend ist, dass man sich auf so ein Erröten nicht vorbereiten kann. Und falls im Text ausdrücklich stehen sollte: ›Sie errötet‹, dann *streicht* ihr das!«

»Warum?«, fragt Ray.

»Solche Dinge muss man streichen, weil sie der Intuition widersprechen. Die kleinen Wörter, die im Text hinter dem Namen der Figur in Klammern stehen, Wörter wie ›leise‹, ›verärgert‹, ›flehentlich‹ oder ›angestrengt‹, das sind Hilfestellungen für den *Leser* eines Stücks, nicht für den Schauspieler, der es spielen soll. Die müsst ihr als Allererstes streichen.«

»Sagen Sie uns, warum Sie sie streichen«, verlangt Ray.

»Weil sie eine Lebendigkeit diktieren, die sich nur spontan erzeugen lässt.«

»Das kann man sich gut merken«, sagt Bette.

»Habt ihr schon mal die späteren Stücke von Eugene O'Neill gelesen? Sie enthalten so viele Regieanweisungen, dass man sich, falls man eine Rolle darin bekommt, am besten als Erstes einen Bleistift besorgt und sie alle streicht, denn niemand, auch der Autor nicht, kann vorgeben, wie sich ein Leben auf einfühlsame, instinktive Weise auf der Bühne leben lässt. Ich muss euch allerdings warnen: Das Leben des Schauspielers *darf keinesfalls* die tieferen Implikationen des Stücks ausräumen, die der Autor hineingeschrieben hat.«

***

Ray Stanton kommt in Meisners Büro. »Scott meinte, Sie wollen mich sprechen?«, sagt er.

»Ja. Komm herein und setz dich. Du hast ja sicher schon gehört, dass Scott ein erfolgreiches Stück inszeniert hat.«

»Ja«, sagt Ray. »Im Circle Rep. Die Kritiken waren großartig.«

»So großartig«, sagt Meisner, »dass er beschlossen hat, mir in Zukunft nicht mehr zu assistieren. Er meinte, du hättest vielleicht Spaß daran, diese Aufgabe zu übernehmen. Hättest du?«

»Großer Gott«, sagt Ray. »Ich bin sprachlos, aber ja, liebend gern. Danke!«

»Scott hat mich daran erinnert, dass du im Unterricht einmal gesagt hast, du hättest früher Lehrer werden wollen. Stimmt das?«

»Ja.«

»Gut. Wir werden sehen. Am besten rufst du Scott an. Er wird dir sagen, wann er aufhört und was die Arbeit alles umfasst.«

12.

SCHLUSS-SZENEN: »NICHT *NUR* WAHRHAFTIGKEIT«

27. September

Frühlings Erwachen von Frank Wedekind, III. Akt, 5. Szene.*

Ein Schlafgemach. – Frau Bergmann *und* Medizinalrat Dr. v. Brausepulver. – Wendla *im Bett.*
(Frau Bergmann geleitet den Doktor vor die Tür.)

Wendla: Manchmal wird mir so selig – alles Freude und Sonnenglanz. Hätt' ich geahnt, dass es einem so wohl ums Herz werden kann! Ich möchte hinaus, im Abendschein über die Wiesen gehn, Himmelsschlüssel suchen den Fluss entlang und mich ans Ufer setzen und träumen … Und dann kommt das *Zahnweh*, und ich meine, dass ich morgen am Tag sterben muss; mir wird heiß und kalt, vor den Augen verdunkelt sich's, und dann flattert das Untier herein – – – Sooft ich aufwache, seh' ich Mutter weinen. O, das tut mir so weh – […]

Frau Bergmann *(kommt zurück)*: Er meint, das Erbrechen werde sich auch geben; und du sollst dann nur ruhig wieder

---

* Frank Wedekind, *Frühlings Erwachen*. Stuttgart 2000, S. 68–71, leicht gekürzt. (Anm. d. Ü.)

aufstehen ... Ich glaube auch, es ist besser, wenn du bald wieder aufstehst, Wendla. [...]
WENDLA: Was hat er noch gesagt, Mutter, als er draußen war?
FRAU BERGMANN: Er hat nichts gesagt. – Er sagte, Fräulein von Witzleben habe auch zu Ohnmachten geneigt. Es sei das fast immer so bei der Bleichsucht.
WENDLA: Hat er gesagt, Mutter, dass ich die Bleichsucht habe?
FRAU BERGMANN: Du sollest Milch trinken und Fleisch und Gemüse essen, wenn der Appetit zurückgekehrt sei.
WENDLA: O Mutter, Mutter, ich glaube, ich habe nicht die Bleichsucht ...
FRAU BERGMANN: Du hast die Bleichsucht, Kind. Sei ruhig, Wendla, sei ruhig; du hast die Bleichsucht.
WENDLA: Nein, Mutter, nein! Ich weiß es. Ich fühl es. Ich habe nicht die Bleichsucht. Ich habe die Wassersucht ...
FRAU BERGMANN: Du hast die Bleichsucht. Er hat es ja gesagt, dass du die Bleichsucht hast. Beruhige dich, Mädchen. Es wird besser werden.
WENDLA: Es wird nicht besser werden. Ich habe die Wassersucht. Ich muss sterben, Mutter. – O Mutter, ich muss sterben!
FRAU BERGMANN: Du musst nicht sterben, Kind! Du musst nicht sterben ... Barmherziger Himmel, du musst nicht sterben!
WENDLA: Aber warum weinst du dann so jammervoll?
FRAU BERGMANN: Du musst nicht sterben. – Kind! Du hast nicht die Wassersucht. Du hast ein *Kind*, Mädchen! Du hast ein Kind! – Oh, warum hast du mir das getan!
WENDLA: – Ich habe dir nichts getan –
FRAU BERGMANN: O leugne nicht noch, Wendla! – Ich weiß alles. Sieh, ich hätt' es nicht vermocht, dir ein Wort zu sagen. – Wendla, meine Wendla ...!

WENDLA: Aber das ist ja nicht möglich, Mutter. Ich bin ja doch nicht verheiratet...!
FRAU BERGMANN: Großer, gewaltiger Gott –, das ist's ja, dass du nicht verheiratet bist! Das ist ja das Fürchterliche! – Wendla, Wendla, Wendla, was hast du getan!!
WENDLA: Ich weiß es, weiß Gott, nicht mehr! Wir lagen im Heu... Ich habe keinen Menschen auf dieser Welt geliebt als nur dich dich, Mutter.
FRAU BERGMANN: Mein Herzblatt –
WENDLA: O Mutter, warum hast du mir nicht alles gesagt!
FRAU BERGMANN: Kind, Kind, lass uns einander das Herz nicht noch schwerer machen! Fasse dich! Verzweifle mir nicht, mein Kind! Einem vierzehnjährigen Mädchen das sagen! Sieh, ich wäre eher darauf gefasst gewesen, dass die Sonne erlischt. Ich habe an dir nicht anders getan, als meine liebe gute Mutter an mir getan hat. – O lass uns auf den lieben Gott vertrauen, Wendla; lass uns auf Barmherzigkeit hoffen und das Unsrige tun! Sieh, *noch* ist ja nichts geschehen, Kind. Und wenn nur wir jetzt nicht kleinmütig werden, dann wird uns auch der liebe Gott nicht verlassen. Sei *mutig*, Wendla, sei *mutig!* [...] Was zitterst du?
WENDLA: Es hat jemand geklopft.
FRAU BERGMANN: Ich habe nichts gehört, liebes Herz. *(Geht an die Tür und öffnet.)*
WENDLA: Ach, ich höre es ganz deutlich. – – Wer ist draußen?
FRAU BERGMANN: – Niemand – – Schmidts Mutter aus der Gartenstraße. – – – Sie kommen eben recht, Mutter Schmidtin.

»Wenn man so töricht ist, ein schwächliches Kanu auf einen stürmischen Fluss zu lassen, was bestimmt dann die Bewegungen des Kanus?«

»Die Strömung des Flusses«, sagt Sarah.

»Der Fluss. Das wisst ihr bereits. Der Fluss entspricht den Emotionen, stimmt's? Eines müsst ihr über dieses Stück wissen. Es wurde als flammender Protest dagegen verfasst, Kinder bewusst ahnungslos zu halten. Vierzehn Jahre – sie ist noch ein Kind, Sarah, verstehst du? Mit vierzehn schwanger, das ist etwa so, als ob deine Mutter erfahren würde, dass du wegen Drogenbesitzes oder Mords lebenslänglich ins Gefängnis musst. Es ist eine Szene über etwas Unabwendbares. Verstehst du?«

»Ja«, sagt Sarah.

»Das Problem dieser Szene liegt in der Vorbereitung, im unruhigen Fluss, und in deinem Verständnis der Tatsache, dass das Stück scharf gegen die Unwissenheit junger Menschen protestiert. Es ist, *als ob* deine Mutter und du gerade erfahren hättet, dass dein Mann, mit dem du erst zwei Tage verheiratet bist, bei einem Unfall ums Leben gekommen ist. Es ist eine Szene der Trauer angesichts der Unglücksfälle des Lebens.«

»Sie meinen, mir ist etwas ganz Schreckliches passiert und ich kann absolut nichts dagegen tun?«

»Du kannst nichts dagegen tun, wenn der Richter ›Lebenslänglich!‹ sagt. Absolut nichts. Im Stück ist es so, *als ob* dieses Zimmer deine Gefängniszelle wäre. Drücke ich mich klar genug aus?«

»Ja«, sagt Sarah, »völlig klar.«

»An deiner Stelle würde ich eine Übung machen, die für dich den emotionalen Gehalt der Szene freisetzt. Was ich gerade über das Kanu im Wirbelsturm gesagt habe, ist ein Beispiel, das den Rhythmus und den Gehalt dieser Szene erläutern soll. Gibt es Fragen?«

»Meinen Sie damit das emotionale Leben beider Figuren?«, fragt Lila.

»Ihr sitzt beide im selben Kanu.«

»Okay, sie sind also zusammen in diesem Wirbelsturm. Aber ist es nicht auch wichtig, dass die Mutter sich verantwortlich fühlt und schuldig an der Unwissenheit ihrer Tochter?«

»Darüber braucht ihr euch keine Gedanken zu machen, das kommt im Lauf der Handlung gut heraus. Ihr müsst einfach nur euer Kanu auf den Fluss bringen.«

»Das Kanu zu Wasser lassen?«, fragt Sarah.

»Das ist die Vorbereitung. Wisst ihr, die Szene ist so kurz, da könntet ihr …«

»Wir machen es am Montag«, sagt Lila.

»Lernt den Text. Und am Montag fangt ihr an, ja?«

»Ja«, sagt Lila. »Ich meine, am Montag machen wir es dann ohne Textbuch.«

»Wenn ihr in eurem Kanu sitzt!«

4. Oktober

»Bleibt, wo ihr seid. Und legt die Bücher weg. Setz dich, Lila. Sarah, nimm die Decke weg. Lila, du hast gerade erfahren – und ich rede hier nur von Phantasie –, dass deine Tochter ins Gefängnis muss. Mach irgendwas! Egal! Siehst du? Es ist mir völlig egal, woran du denkst. Weine! Und hör nicht auf zu weinen, bis ich es dir sage. So ist es gut. Fang an zu weinen! Sarah, du bist Schauspielerin. Wenn dein Arzt dir sagen würde, dass du Lungenkrebs hast, würde dich das aufwühlen?« Sarah nickt, und Lila fängt an zu weinen. »Gut so. Sarah, wenn dir jemand erzählen würde, dass deine Mutter im Sterben liegt, würde dich das aufwühlen?«

»Ja.«

»Gut, dann fang an zu weinen.«

Nach einer Pause sagt Lila: »Der Arzt sagt, du …«

»Kein Text! Kein Text! Nur Emotion! Wenn ihr Text verwenden wollt, dann auf Basis dessen, was ich euch über den Krebs und das

Gefängnis gesagt habe.« Beide weinen jetzt still vor sich hin. Eine Pause entsteht. »Wenn euch Textzeilen einfallen, die ihr zueinander sagen könnt, dann redet ruhig miteinander. Aber nur, *wenn* euch eine Zeile einfällt. Wenn nicht, ist es auch in Ordnung.«

Das Weinen wird stärker. Lila weint jetzt ganz hemmungslos: Die Tränen laufen ihr aus den großen blauen Augen, ihre Wimperntusche verwischt. Die beiden Frauen fangen mit der Szene an, und der Text fließt auf Lilas tief empfundener Emotion dahin. Sarah hingegen wirkt niedergeschlagen, aber nicht weiter gerührt.

»Weinen, Sarah!«

»Ach!«, brüllt sie und schlägt mit beiden Fäusten frustriert auf das Bett. Gleich darauf schluchzt sie. Es ist herzzerreißend. »Ich habe nicht die Bleichsucht! Ich weiß es!«, schluchzt sie.

Nach einer kurzen Pause, als ihr Schmerz es wieder zulässt, antwortet Lila keuchend, von Schluchzern unterbrochen: »Du hast … die Bleichsucht … und es … wird besser werden …«

Sarah schreit auf, wie unter großen Schmerzen: »Es wird nicht besser werden! Es wird nicht besser werden!« Dann fasst sie sich wieder etwas und fährt fort: »Oh, Mutter, ich muss sterben.«

»Du musst nicht sterben«, schluchzt Lila. »Du musst nicht sterben. Barmherziger Himmel! Du musst nicht sterben!«

»Aber«, fragt Sarah vorwurfsvoll, »warum weinst du dann so sehr?«

Mit zittriger, von Tränen halb erstickter Stimme sagt Lila: »Du musst nicht sterben … Du hast nicht die Wassersucht … Du hast … Du hast ein Kind! Warum hast du mir das angetan?«

»Ich habe dir nichts angetan!«

»O doch, du hast mich belogen. Ich weiß alles. Ich habe es nur nicht vermocht, dir ein Wort zu sagen. Oh Wendla!« Sie wird erneut von Tränen überwältigt.

Sarah ist wie vor den Kopf geschlagen und flüstert: »Das ist doch nicht möglich. Ich bin nicht verheiratet.«

»Das ist es ja. Du bist nicht verheiratet. Oh, was hast du nur getan?«

»Mutter, ich habe keinen Menschen auf dieser Welt geliebt als nur dich. Dich, Mutter!«

Das klingt gezwungen, und Meisner unterbricht. »Das kommt aus dem Buch!« Lila schluchzt weiter. »Ich bin sehr zufrieden damit, denn *das* ist die Szene – nur die Szene, ohne die ganzen verdrehten Sätze. Es geht in dieser Szene um zwei Menschen, die etwas Schreckliches erleben, und jede Schickse – damit meine ich nicht euch – könnte den Text auswendig lernen, wenn sie muss. Aber ich habe euch beim letzten Mal – und das ist jetzt keine Kritik – von dem Kanu erzählt! Genau *das* ist das Kanu. Es kommt als Erstes, und wenn ihr ›voll‹ seid und euch einzelne Textzeilen einfallen, nur raus damit! Das schadet gar nichts!« Die Schüler lachen. »Aber *das ist die Szene.* Kein Buch. Kein Text. Mehr muss ich dazu nicht sagen. Könnt ihr das nachvollziehen?«

»Ich glaube schon.« Lila wischt sich mit einem Seidentaschentuch die Augen. »Ich hatte mir eine sehr starke Vorbereitung überlegt, um …«

»Wo war die?«

»Na ja, ich fand, sie ist noch nicht an dem Punkt …«

»Aber es steht doch im Text.«

»Am Anfang, meine ich. Ich wollte mich dahin vorarbeiten.«

»Es gibt viel zu viele Text-Schauspieler auf der Welt! Das ist etwas für Repertoirebühnen! In New Hampshire! Während der Sommerferien! Wir reden hier von Schauspielen! Was sind das für Figuren? Eine Frau, die den Skandal fürchtet wegen dem, was ihre Tochter getan hat. Eine Tochter, die an dem Skandal um ihre Tat zerbrechen wird! Versteht ihr?«

»Ja.«

»Und habt ihr auch verstanden, was ich meine, wenn ich sage: ›*Das* ist die Szene‹?«

»*So* voll muss die Vorbereitung also sein?«, fragt Sarah.

»Ja! Wenn ihr probt, bereitet euch vor, spielt es frei, ohne Textbuch, und brecht dann ab. Redet über den Präsidenten, trinkt einen Tee, und dann probt ihr noch einmal.«

»Ich bin immer noch etwas verwirrt«, sagt Lila. »Ich verstehe schon, was Sie meinen, und Sie wollen es offenbar von Anfang an so haben. Ich hatte mich darauf vorbereitet, mich emotional zu bewegen. Am Anfang der Szene wollte ich es noch vor ihr verstecken …«

»Du hast es aber nicht versteckt. Wenn es um Emotionen geht, machst du mir nichts vor.«

»Ich habe es zumindest versucht.«

»Erzähl mir nichts. Wie ich schon sagte, *das* ist die Szene. Und wenn es so weit ist, kommt der Text dazu. Redet miteinander. Das ist alles keine Hexerei! Versteht ihr das nicht?«

»Dann sollen wir also so weitermachen?«, fragt Lila.

»Absolut! Darum geht es hier schließlich.«

»Ich dachte, ich bewege mich in die Richtung …«

»Du *bewegst* dich nicht in die Richtung. Du *bist* sofort *da*.«

»Aber was macht man«, fragt Lila, »wenn die emotionale Vorbereitung für etwas gilt, was nicht am Anfang der Szene liegt?«

»So etwas gibt es nicht. Eine Vorbereitung gilt nur für den *Anfang* der Szene, und jeder einzelne Moment füttert und verändert sie. Das bekommst du nicht aus dem Text!«

»Dann habe ich das falsch verstanden«, sagt Lila. »Es war eine sehr harte und schmerzhafte Probe für uns.«

»Und ich behaupte, es sollte ganz einfach sein. Bereite dich auf den hysterischen Anfall vor, dann lernst du nach und nach den Text und setzt beides zusammen. Wenn du vorbereitet bist und dann von Moment zu Moment aus und mit ihr arbeitest, bist du immer auf einem sehr stürmischen Fluss unterwegs. Verstehst du, was ich meine? Was weißt du am Anfang der Szene?«

»Ich weiß, dass meine Tochter schwanger ist.«

»Mehr brauchst du nicht. Das heißt, deine Tochter ist so gut wie tot! Weine! Was könnte leichter sein? Wer ist diese Mutter Schmidtin aus der Gartenstraße?«

»Aus der Szene heraus hatte ich angenommen«, sagt Lila, »dass sie eine alte Freundin ist ...«

»Nein! Sie macht Abtreibungen!«

»Oh mein Gott«, sagt Lila.

»Weint, alle beide, *dann* redet ihr. Das ist meine Schauspieltechnik: erst weinen, dann reden. Fangt nicht erst an zu reden, weil ihr glaubt, danach noch weinen zu können, denn das funktioniert nicht! Als ihr angefangen habt, hattet ihr gar nichts. Diesmal hattet ihr es! Und beim nächsten Mal habt ihr es mit Sicherheit auch!«

11. Oktober

Lila und Sarah wiederholen zum letzten Mal ihre Szene aus Wedekinds *Frühlings Erwachen*. Die Szene ist tränenreich und emotional sehr bewegend, doch die Stärke der Emotionen und die Unerfahrenheit der beiden im Umgang damit machen es dem Publikum schwer, den Text zu verstehen.

»Gut, putzt euch die Nase. Rein emotional ...« Die beiden Frauen weinen immer noch, und Meisner bricht ab. »Lila, lach mal! Sing die Nationalhymne!«

Lila fängt mit zittriger, tränenerstickter Stimme an zu singen, dann muss sie lachen.

»So ist es richtig. Sarah, kitzle dich!«

Sarah muss lachen, und die anderen Schüler lachen mit.

»Rein emotional ist das die Szene. Seht ihr den Unterschied vom letzten Mal zu heute?«

»Ja«, sagt Lila.

»Wirklich? Mein Hauptanliegen ist, dass ihr – und überhaupt alle – die Szene so zum Leben erweckt, wie der Autor es wollte. Technisch gab es noch Mängel, weil es nicht sehr klar gesprochen war, aber das interessiert mich nicht. Das Problem besteht darin, verständlich zu bleiben, ohne die emotionale Lebendigkeit der Szene zu verlieren, die ihr jetzt habt. Es hilft sehr, wenn man sich erst einmal an die Emotion gewöhnt hat, dann kommt die Klarheit von ganz allein. Das Kanu wird nicht kentern. Versteht ihr?«

»Ich glaube schon«, sagt Sarah. »Sie wollen sagen, je öfter wir proben …«

»Desto verständlicher sprecht ihr, auch ohne die Lebendigkeit der Szene zu verlieren. Vorausgesetzt, ihr macht es genauso wie heute.«

»Wollen Sie damit sagen, die Emotion soll nicht die ganze Szene über auf diesem Level bleiben?«, fragt Lila.

»Genau, nicht die ganze Zeit über.«

»Aber Sie wollten doch, dass wir gleich loslegen …«

»Dass ihr so *anfangt*.«

»Okay.«

»Das *ist* die Szene, so wie der Autor sie geschrieben hat. Ich weise nur darauf hin, dass sie emotional genau dort war, wo sie sein soll, technisch allerdings noch recht schwach. Das ist aber ganz normal.

»Im Theater oder im Leben?«, fragt Lila.

»Im Theater, nicht im Leben. Das Leben muss man ja schließlich nicht leben.«

18. Oktober

A Palm Tree in a Rose Garden von Meade Roberts, III. Akt, 1. Szene*

Charlie *und* Barbara *treten auf.* ~~*Beide sind betrunken, vor allem Barbara, die sofort auf einen der beiden Liegestühle zustürzt und sich hineinfallen lässt.*~~

Barbara ~~*(seufzt erleichtert auf)*~~: Ach! ~~*(Sie stupst mit dem Fuß leicht an den anderen Liegestuhl.)*~~ Setz dich.
Charlie: Ich kann nicht lange bleiben. Ich habe morgen früh eine Verabredung mit Victor.
Barbara: Victor, Victor, Victor! Wo waren wir heute Abend?
Charlie ~~*(setzt sich)*~~: Bei Victor.
Barbara: Ich weiß, dass wir bei Victor waren. Und wo wohnt Victor?
Charlie: Am North Rodeo Drive.
Barbara: Alberner Name. North Rodeo. La Cienega ist auch ein alberner Name. Und Las Palmas!
Charlie: Ist ja gut, Barbara!
Barbara: Wie kann jemand, der halbwegs bei Verstand ist, in einer Straße namens Las Palmas wohnen? Ich ziehe nie in die Las Palmas. Nie, nie, nie!
Charlie: Dann ziehst du eben nicht in die Las Palmas!
Barbara: Dich interessiert sowieso nicht, wo ich wohne, was?
Charlie: Nein, interessiert mich nicht!
Barbara: Du würdest am liebsten ganz vergessen, wo ich wohne. So, wie du den Nachmittag fast vergessen hast! Wenn

* © 1957 by Meade Roberts. Übersetzung von Tanja Handels.

ich nur ein bisschen Stolz hätte, wäre ich heute Abend gar nicht mitgekommen! Hätte ich's mal gelassen! Besonders lustig war es nicht!
CHARLIE: Weil du unbedingt schmollen wolltest! Sonst hat kein Mensch geschmollt. Alle haben sich bestens amüsiert! Alle haben gescherzt und gesungen! Alle haben sich bestens amüsiert!
BARBARA: Du auch?
CHARLIE: Na klar!
BARBARA: Du hast aber nicht gescherzt und gesungen. Du hast mit Victor in einer Ecke gehockt – und geredet! Rhabarber-Rhabarber, den ganzen Abend über. Alle hatten Mitleid mit mir!
CHARLIE: Kein Mensch hatte Mitleid mit dir! ~~*(Er will aufstehen.)*~~ Ich muss nach Hause.
BARBARA: Setz dich hin! – Ich muss dich noch etwas fragen! Hast du heute Abend mit Victor geredet?
CHARLIE ~~*(lauter)*~~: Du weißt doch, dass ich mit Victor geredet habe! Was ist eigentlich los mit dir? Spinnst du?
BARBARA: – Ich meinte, ob du mit Victor über mich geredet hast?
CHARLIE ~~*(ausweichend)*~~: Klar, klar habe ich mit ihm über dich geredet. ~~*(Er steht auf und geht ein Stück weg.)*~~
BARBARA: Und?
CHARLIE ~~*(nach einer Pause)*~~: Er macht den Film nicht.
BARBARA: Er macht ...! Was zum Teufel meinst du damit?
CHARLIE: Was zum Teufel glaubst du, was ich damit meine? Er macht den Film nicht.
BARBARA ~~*(immer lauter)*~~: Dann habe ich also keine Rolle in dem Film! Ich bin draußen? Dann bin ich also wieder die Gelackmeierte.
CHARLIE: Hör mal, du ...

Barbara ~~*(brüllt jetzt beinahe)*~~: Ich bin wieder die Gelackmeierte!

Charlie: Sei still!

Barbara: Du bist ein Lügner! Ein gottverdammter Lügner! Er macht den Film! Du hast mich gar nicht erwähnt!

Charlie ~~*(wütend)*~~: Ruf ihn doch an, wenn du mir nicht glaubst!

Barbara ~~*(springt auf)*~~: Ich muss ihn gar nicht anrufen! Ich gehe zu ihm! *Jetzt gleich!* Für wen hält der sich eigentlich?

Charlie: Warte! ~~*(Barbara beginnt zu schluchzen, und Charlies Zorn lässt nach. Er nimmt sie in die Arme.)*~~

Barbara ~~*(sinkt in sich zusammen)*~~: Charlie … Charlie … Charlie …

Charlie: So wichtig ist es doch auch wieder nicht …

Barbara ~~*(schluchzend)*~~: Doch, doch …

Charlie ~~*(leise)*~~: Warum gehst du nicht ins Haus und legst dich hin?

Barbara ~~*(wie ein kleines Mädchen)*~~: Kommst du mit rein?

Charlie: Es ist schon spät …

Barbara ~~*(brüllt erneut)*~~: Schon gut, dann kommst du eben nicht mit rein! Das will ich auch gar nicht! So toll bist du auch wieder nicht. Ich dachte nur, du willst! ~~*([…] Barbara läuft auf das Haus zu, bleibt dann stehen und sieht ihn an, einen seltsamen Ausdruck im Gesicht.)*~~ Charlie?

Charlie: Ja?

Barbara ~~*(langsam und leise)*~~: Charlie … wenn der Film nicht gemacht wird … warum triffst du dich dann morgen früh mit Victor? Du verschweigst mir doch etwas. Was ist es?

Charlie: Ich verschweige dir gar nichts.

Barbara ~~*(so sachlich wie möglich)*~~: O doch. Das merke ich. Was verschweigst du mir?

Charlie: Ich …

BARBARA: Raus mit der Sprache. ~~*(Muss wider Willen lachen.)*~~ Mama will es wissen! ~~*(Charlie wendet für einen endlosen Moment den Blick ab.)*~~ Komm schon.
CHARLIE: Ich … gehe fort, Barbara.
BARBARA: Du gehst fort? Wie meinst du das?
CHARLIE: Ich gehe mit Victor nach Rom.
BARBARA: Nach Rom?
CHARLIE: Victor dreht dort einen Film.
BARBARA: Und seit wann weißt du das?
CHARLIE: Seit heute Abend.
BARBARA: Du meinst, das wurde alles heute Abend geplant und beschlossen?
CHARLIE: Mehr oder weniger.
BARBARA: Aha. ~~*(Sie explodiert.)*~~ Wie kannst du mir so ins Gesicht lügen? Wie kannst du dastehen und erwarten, dass ich dir glaube?
CHARLIE: Barbara!
BARBARA: Und sag mir jetzt nicht, ich soll mich beruhigen! Ich werde mich nämlich nicht beruhigen! Sollen es doch alle hören! Ich will, dass sie es hören! – Für wie blöd hältst du mich eigentlich?
CHARLIE: Ich werde das nicht mit dir diskutieren, wenn du so hysterisch bist!
BARBARA: Ich bin so hysterisch, wie ich will! So einfach serviert man mich nicht ab, mein Freund.
CHARLIE ~~*(hochfahrend)*~~: Was erwartest du denn von mir? Soll ich das Angebot ablehnen? – Läuft es vielleicht so gut bei mir, dass ich so etwas einfach ablehnen kann? Was erwartest du von mir?
BARBARA ~~*(bockig)*~~: Nimm mich mit nach Rom. Das erwarte ich von dir! Nimm mich mit nach Rom!
CHARLIE: Das geht nicht.

Barbara: Und ob das geht!
Charlie: Es geht nicht!
Barbara: Du musst! Du hast mich doch auch hergebracht!
Charlie: … Ich kann das nicht mit dir besprechen, wenn du dich nicht beruhigst!
Barbara: Ich werde mich aber nicht beruhigen. Was soll denn aus mir werden? Wo soll ich hin? Soll ich vielleicht zurück nach Cleveland?
Charlie ~~*(wittert einen Ausweg)*~~: Du hast doch deine Familie …
Barbara: Zum Teufel mit meiner Familie! Die interessiert doch nicht mal, ob ich noch am Leben bin! … Warum sollte ich zu denen zurück?
Charlie: Dann gehst du eben nicht zurück!
Barbara: Aber was soll ich dann machen?
Charlie ~~*(nach einer Pause, leiser)*~~: Es wird Zeit, dass du dir das selbst überlegst. Gute Nacht. ~~*(Er geht auf die Straße hinaus.)*~~
Barbara *(entsetzlich ~~in Rage~~)*: So einfach ist das nicht, hörst du! ~~*([…] Sie brüllt Charlie hinterher.)*~~ So einfach ist das nicht! Das wird dir noch leidtun, Charlie! Ich werde dafür sorgen, dass es dir leidtut! Du wirst schon sehen, wie ich dafür sorgen werde! ~~*(Verzweifelt schluchzend rennt Barbara wild und kopflos umher, hebt in blinder Zerstörungswut einen kleinen Stein auf und schleudert ihn von sich …)*~~

»Emotional gesehen ist das eine Hollywood-Szene. Was so viel heißt wie: Jeder, der darin vorkommt, lügt. Warum bist du zu der Party gegangen, Wendy?«

»Ich glaube, ich bin hingegangen, weil ich ein Engagement will, ein Engagement als Schauspielerin«, sagt Wendy.

»Ralph hat dich mitgenommen, um dich einem Regisseur vorzustellen, der dir eine Rolle geben sollte. Hat er mit dem Regisseur gesprochen?«

»Ja. Er hat mit Victor geredet.«

»Und hast du die Rolle bekommen?«

»Nein.«

»Warum bekommst du sie nicht?«

»Weil er mit dem Regisseur nur über sich geredet hat.«

»Klar. So ist das in Hollywood. Erst erzählt er dir, sie würden den Film gar nicht machen. Dann gibt er zu, dass sie ihn doch machen und er dafür nach Rom geht, richtig?«

»Ja.«

»Was ist er also?«

»Ein Lügner.«

»Und was macht das aus dir?«

»Ein Nichts«, sagt Wendy.

»Du bist also ein Nichts? Wie ist es dir auf der Party ergangen?«

»Nicht besonders gut.«

»Und warum nicht?«

»Weil er die ganze Zeit mit diesem Regisseur geredet hat und nicht mit mir, und da habe ich geschmollt, und alle hatten Mitleid mit mir.«

»*Wer* genau hatte Mitleid mit dir?«

»*Ich.* Ich hatte Mitleid mit mir.«

»Und was haben die anderen Leute gemacht?«

»Gelacht.«

»Sie haben sich amüsiert?«

»Ja«, sagt Wendy.

»Und einer der ganz großen Stars hat zu dir gesagt: ›Hol mir was zu trinken, Mädchen.‹ Wie hast du dich da gefühlt?«

»Ich wäre am liebsten gestorben.«

»›Ich wäre am liebsten *gestorben* wegen dem, was da passiert ist‹ – das ist die Vorbereitung für diese Szene. Kannst du das nachvollziehen?«

»Ja.«

»Aber wenn du in einer Verfassung bist, in der *du wirklich ernsthaft sterben willst*, dann hält das nicht nur eine Minute an. Es geht immer weiter. Verstehst du?«

»Ja.«

»Charlie hat dich dem Regisseur nicht vorgestellt. Er hat dich nicht einmal erwähnt. ›Ich will sterben‹ ist ein gutes emotionales Sprungbrett für diese Übung.« Meisner wendet sich Ralph zu. »Hast du ein Engagement bekommen?«

»Ja.«

»Hat sie ein Engagement bekommen?«

»Nein.«

»Wie geht es dir damit?«

»Ich will nichts davon hören.«

»Warum nicht?«

»Weil es mich runterzieht. Es ist so negativ. Ich habe Besseres zu tun.«

»Zum Teufel mit ihr! Soll sie doch zurück nach Topeka gehen!«

»Genau. Ist ja nicht meine Verantwortung.«

»Eben! Es ist also eine Szene über eine junge Frau, die, ob nun berechtigt oder unberechtigt, total verzweifelt ist, weil jemand gestorben ist oder sie etwas verloren hat, was dir, Wendy, sehr viel bedeutet, dich, Ralph, aber nicht die Bohne interessiert. Habt ihr das verstanden? Was hast du dir gerade aufgeschrieben?«

»Ich habe geschrieben«, sagt Ralph, der die ganze Zeit Stichpunkte in ein kleines Notizbuch schreibt: »›Sie ist verzweifelt, und mich interessiert das nicht.‹«

»Statt ›Mich interessiert das nicht‹ schreibst du lieber: ›Ich bin gleichgültig‹ – *g-l-e-i-c-h-g-ü-l-t-i-g*. Bereitet euch vor und arbeitet mit dem Text. Dann sehen wir uns an, was ihr macht.«

25. Oktober

»Moment, Moment, Moment. Habt ihr den Text weitgehend im Kopf?«

»Teilweise ja, teilweise nein«, sagt Wendy.

»In Ordnung. Wirf dich aufs Bett. Wirf dich richtig drauf!«

Wendy geht ans Fußende des Bettes und setzt sich hin.

»Das nennst du werfen?«, fragt Meisner, und die Schüler lachen. »Und jetzt – das ist die schlechteste Regieanweisung aller Zeiten – werd hysterisch! Ich höre nichts. Mehr!« Wendy fängt lauthals an zu schluchzen. »Noch mehr. Schlag auf das Bett ein! Bring das Bett um!« Sie schreit laut auf, wie unter Schmerzen. »Sehr gut! Und jetzt sag deinen Text!«

»Setz dich«, sagt Wendy zu Ralph.

»Kümmere dich gar nicht um ihn. Bleib einfach hysterisch.«

»Ich kann nicht lange bleiben«, sagt Ralph. »Ich habe morgen früh eine Verabredung mit Victor.«

»Victor! Victor! Victor! Wo waren wir heute Abend?«

»Bei Victor.«

»Ich weiß, dass wir bei Victor waren. Und wo wohnt Victor?«

»Am North Rodeo Drive.«

»Das kenne ich. North Rodeo – so ein alberner Name! Und La Cienega ist auch ein alberner Name, und Las Palmas erst recht! Ich ziehe nie«, ruft Wendy mit manischer Intensität, »in die Las Palmas! Nie! Nie! Nie!«

»Dann ziehst du eben nicht in die Las Palmas«, sagt Ralph, mit so viel Gleichgültigkeit angesichts ihres Leids, dass die anderen überrascht auflachen.

»Dich interessiert sowieso nicht, wo ich wohne, was?«, erwidert Wendy kalt.

»Nein, das interessiert mich nicht.«

»Schau ihn nicht an«, sagt Meisner. »Bleib hysterisch!«

»Dich interessiert sowieso nicht, wo ich wohne, was?«, ruft Wendy lauter.

»Leg dich hin, Wendy!«, sagt Meisner.

Sie lässt sich auf das Bett sinken und schluchzt. »Dich interessiert ... nicht ... wo ich wohne ... was?«

»Nein, das interessiert mich nicht«, wiederholt Ralph ungerührt.

»Schlag auf das Bett ein!«, sagt Meisner.

»Heute Abend! Das war nicht besonders lustig!«

»Weil du unbedingt schmollen wolltest. Alle haben sich bestens amüsiert. Alle haben gescherzt und gesungen.«

»Du auch?«

»Na klar.«

»Ja, du hast dich bestens amüsiert! Du hast den ganzen Abend mit Victor in einer Ecke gehockt! Rhabarber-Rhabarber! Alle hatten Mitleid mit mir«, heult Wendy.

»Kein Mensch hatte Mitleid mit dir, Barbara. Ich werde jetzt gehen!«, sagt Ralph. Als er sich zur Tür wendet, ruft das einen unklaren Gefühlsausbruch bei Wendy hervor. Schließlich fragt sie: »Hast du heute Abend mit Victor geredet?«

»Natürlich habe ich mit Victor geredet.«

»Ich habe aber nicht gesehen, dass du mit Victor über mich geredet hättest!«

Meisner unterbricht. »Du darfst ihn überhaupt nicht anschauen!«

»Hast du mit Victor über mich geredet?«

»Klar doch, klar.«

»Und?«

»Er macht den Film nicht.«

»Ah! Und warum zum Teufel macht er den Film nicht?«

»Was zum Teufel glaubst du eigentlich, was ich meine?«, erwidert Ralph. »Er macht den Film nicht.«

»Ah! Ah! Ah!«, schreit Wendy und schlägt bei jedem Schrei den Kopf gegen die Wand. Sie ist völlig hysterisch vor lauter

Frust und Zorn, und ihre Emotion wirkt gleichzeitig echt und komisch. »Und ich bin wieder die Gelackmeierte!«, ruft sie, und die anderen lachen. »Du bist ein Lügner. Er *macht* den Film!«

»Ruf ihn doch an, wenn du mir nicht glaubst!«

»Ich rufe ihn auch an! Für wen hält der sich eigentlich?« Sie schluchzt lauthals. »Oh, Charlie, Charlie, Charlie!«

»So wichtig ist es doch auch wieder nicht«, sagt Ralph mit Nachdruck.

»Doch!«, ruft sie, dann ballt sie beide Fäuste und stößt einen Schrei machtloser Wut aus. Die anderen Schüler lachen.

»Leg dich doch hin«, sagt Ralph.

»Legst du dich dann mit mir hin?«

»Nein, es ist schon spät. Ich muss los.«

»Gut, dann geh!«, ruft sie und richtet ihren Zorn mit einem Mal auf Ralph. »So toll bist du gar nicht. Ich dachte nur, du willst es. Charlie?«

»Ja?«

»Wenn er den Film nicht macht, warum triffst du dich dann morgen früh mit ihm? Du verschweigst mir doch etwas! Ich weiß, du verschweigst mir etwas!« Wieder schlägt sie den Hinterkopf an die Wand. »Du verschweigst mir etwas. Ich weiß es! Mama will es wissen. Sag's mir!«

»Ich gehe fort, Barbara. Morgen früh fahre ich mit Victor nach Rom.«

»Ah«, keucht sie, als hätte er sie niedergestochen. »Nach Rom? Und seit wann weißt du das?«

»Seit heute Abend.«

»Das wurde alles heute Abend beschlossen?«

»Mehr oder weniger.«

»Aha«, sagt sie gefasst, um dann gleich wieder die Kontrolle zu verlieren. »Du stehst einfach da und lügst mich so an! Für wie blöd hältst du mich eigentlich? Und sag mir jetzt nicht, ich soll ruhig bleiben, ich werde nämlich nicht ruhig bleiben! Ich bin so hysterisch, wie ich will! Ahh! Ahh! Ahh!«

»Ich werde erst wieder mit dir reden, wenn du dich beruhigst!«

»Ich werde mich aber nicht beruhigen! Ich will nicht ruhig sein! Nimm mich mit! Nimm mich mit nach Rom!« Dieser plötzliche Umschwung wirkt komisch, und die Schüler lachen. »Du musst, du musst, du musst! Was soll denn aus mir werden? Was zum Teufel soll aus mir werden? Wo soll ich hin? Was soll ich tun? Lieber sterbe ich, als zurück nach Cleveland zu gehen!«

»Dann gehst du eben nicht dorthin zurück«, sagt Ralph, dreht sich auf dem Absatz um und geht zur Tür hinaus.

»Das wird dir noch leidtun. Das wird dir noch leidtun, Charlie!«, ruft Wendy, und alle lachen.

»Das hat mir sehr gut gefallen«, sagt Meisner. »Es war der Inbegriff einer Hollywood-Schauspielerin, die eine Rolle nicht bekommen hat. In Beverly Hills passiert so etwas circa dreitausend Mal am Tag«, fährt er fort. »Und *das ist* die Szene! Ein Mädchen aus Cleveland kommt nach Hollywood, verbringt fünf Jahre dort und hat es nicht einmal zu einem Produzenten ins Büro geschafft. Ihr Freund hat ihr versprochen, ihr eine Rolle zu besorgen, und jetzt hat er sie nicht einmal erwähnt! Sie macht sich über all die Straßen in Beverly Hills lustig. Das ist, als ob man so wütend auf New York wäre, dass man nur noch sagt ...« Meisner ballt die Faust. »›Fifth Avenue, Fourth Avenue, Third Avenue, Lexington – ich habe sie alle satt!‹ Das ist keine Geographiestunde.« Die Schüler lachen. »Pass auf, Ralph, du siehst dich in dieser Szene mit jemandem konfrontiert, der völlig neben sich steht wegen einer Sache, die du ganz unwichtig findest. Das ist, *als ob* du sagst: ›Ich gehe morgen Abend mit einer anderen Frau ins Kino‹ und sie einen ihrer Wutanfälle kriegt. Aber du gehst natürlich trotzdem.«

Ralph nickt.

»Wie fandst du es, Ray?«, fragt Meisner.

»Es war großartig.«

»Sag es ihnen.«

»Was soll ich sagen? Es war zum Brüllen.«

»Warum?«

»Weil zwei völlig verschiedene Dinge stattfanden«, antwortet Ray, »und sie trotzdem miteinander gearbeitet haben. Sie war total frustriert, er war gleichgültig, das macht eine echte Komödie aus. Für das dritte Mal war es richtig großartig.«

»Wir haben viel Zeit – ich weiß gar nicht mehr, wie viel – mit dem Problem verbracht, wie ihr euch selbst wahrhaftig einsetzen könnt. Jetzt nähern wir uns langsam dem Problem, die Rolle zu spielen. Bisher lag der Akzent hauptsächlich darauf: ›So handele ich, und ich handele wahrhaftig.‹ Jetzt kommt allmählich die Frage hinzu: ›*Wie* führe ich meine Handlung aus?‹ Ist euch das allen klar? Wurde die Verschiebung deutlich?«

»Wir befassen uns also mit dem Problem, nicht nur wahrhaftig zu sein, sondern auch unsere Rolle zu spielen«, sagt Ralph.

»Die Rolle zu spielen, genau. Wendy, habe ich dich gezwungen, die Rolle dieser beschwipsten Hollywood-Schauspielerin zu spielen?«

»Ja.«

»Wir bringen nicht nur Wahrhaftigkeit ein. Wir handeln auch so, wie es uns von den Figuren und den gegebenen Umständen diktiert wird«, sagt Ralph.

»Worum geht es also in der heutigen Stunde?«, fragt Meisner Bette.

»Wir sollen uns auch die Figur anschauen und nicht nur …«

»Nicht *nur* die Wahrhaftigkeit«, beendet Meisner den Satz und wendet sich an alle Schüler. »Wie viele von euch wollen diese Arbeit angehen?«

Sämtliche Hände schießen in die Höhe.

1. November

Golden Boy von Clifford Odets, I. Akt, 4. Szene*

Ein paar Abende später.
Joe *und* Lorna *sitzen auf einer Bank im Park. Es ist dunkel. In der Ferne hört man Jahrmarktmusik. Vor dem jungen Paar fahren Autos durch die Frühsommernacht. Im weiteren Verlauf der Szene springt außer Sichtweite eine Ampel von Rot auf Grün und wieder zurück und wirft ihren farbigen Widerschein auf die Gesichter der beiden.*

Lorna: Erfolg und Ruhm! Oder einfach nur ein lausiges Leben. Sie können froh sein, dass Sie sich über solche Dinge keine Gedanken machen müssen …
Joe: Muss ich das nicht?
Lorna: Wenn Tom Moody kein Lügner ist.
Joe: Sie haben ihn gern, oder?
Lorna ~~*(nach einer Pause)*~~: Ja, ich habe ihn gern.
Joe: Und ich hab's gern, wie Sie sich anziehen. Mädchen sehen im Sommer immer so hübsch aus. Haben Sie schon mal vor der Bibliothek an der Fifth Avenue gestanden und sich die Mädchen angeschaut?
Lorna: Nein, noch nie. ~~*(Sie wechselt das Thema.)*~~ Die Musik kommt vom Karussell. Sind Sie mal Karussell gefahren?
Joe: Das ist doch was für Kinder.
Lorna: Mein Gott, waren Sie denn nicht auch mal ein Kind?
Joe: Kein glückliches.
Lorna: Warum nicht?
Joe: Ach, ich habe mich irgendwie immer anders gefühlt.

Übersetzung von Tanja Handels.

Sogar mein Name war ungewöhnlich – Bonaparte – und meine Augen …

Lorna: Ich hätte das nicht so ernst genommen. … ~~*(Sie schweigen eine Zeit lang. Joe blickt starr geradeaus.)*~~

Joe: Mensch, die ganzen Autos …

Lorna: Hier laufen auch viele Pferde herum. Die Reichen verstehen zu leben. Sie werden auch einmal reich sein …

Joe: Mein Bruder Frank ist bei der Gewerkschaft.

Lorna: Was heißt das?

Joe: Das wüssten Sie, wenn Sie in einer Fabrik arbeiten würden. Haben Sie überhaupt je gearbeitet?

Lorna ~~*(lächelt)*~~: Nein, ich bin schon als Schmetterling aus meinem Kokon gekrochen, und Schmetterlinge arbeiten nicht.

Joe: Diese ganzen Autos … wrumm, wrumm. ~~*(Jetzt weniger beiläufig.)*~~ Wo ist Mr. Moody denn heute Abend?

Lorna: Dienstagsabends besucht er immer sein Kind. Es ist ein Mädchen, und es ist krank. Seine Frau lässt es immer bei ihrer Mutter.

Joe: Dann sind Sie also frei, oder?

Lorna: Warum fragen Sie?

Joe: Ich denke über Sie und Mr. Moody nach.

Lorna: Was gibt es da nachzudenken? Ich denke nicht darüber nach. Warum dann Sie?

Joe: Wenn Sie mir gehörten, würde ich auch nicht darüber nachdenken.

Lorna: Haben Sie keine Freundin?

Joe: Nein.

Lorna: Warum nicht?

Joe ~~*(ausweichend)*~~: Ach …

Lorna: Tokio sagt, Sie könnten es im Boxring weit bringen.

Joe: Die Musik bedeutet mir mehr. Darf ich Ihnen etwas anvertrauen?

LORNA: Aber ja.
JOE: Wenn Sie lachen, rede ich kein Wort mehr mit Ihnen.
LORNA: Ich lache nicht sehr viel.
JOE: Mit der Musik bin ich nie allein, auch wenn ich allein bin – Wenn ich spiele ... dann ist es, als würde ich sagen: ›Ich bin ein Mann, und hier gehöre ich hin. Guten Abend, Welt – wie geht's denn so?‹ Wenn ich spiele, steht mir alles offen. Ich habe keine Angst mehr vor den Leuten und vor dem, was sie sagen. In der Musik gibt es keinen Krieg. Es ist nicht wie auf der Straße. Klingt das komisch?
LORNA: Nein.
JOE: Aber wenn man rausgeht ... runter auf die Straße ... da ist Krieg! Da kann mir die Musik nicht helfen. Verstehen Sie?
LORNA: Ja.
JOE: Jahrelang haben die Leute meine Gefühle verletzt. Ich vergesse so was nicht. Und mit der Geige kann man den Leuten nichts heimzahlen. Mir würde es besser gefallen, wenn man mit Musik schießen könnte – Künstler und solche Leute gelten heutzutage doch als Spinner. Die Welt dreht sich immer schneller, und sie hocken da wie halb vergessene Trottel.
LORNA: Sie sind so voller Sprengkraft. Warum kämpfen Sie nicht?
JOE: Man muss der sein, der man ist ...!
LORNA: Kämpfen Sie! Und warten Sie ab, was passiert ...
JOE: Oder ich lande in der Klapsmühle!
LORNA: Liebe Güte! Wer sagt denn, dass man nur eines sein kann?
JOE: Kämpfen liegt nicht in meiner Natur!
LORNA: Dann weiß Tokio also nicht, wovon er redet? Und Tom auch nicht? Hören Sie, Joe: Sie müssen ein Kämpfer sein! Sie müssen es der ganzen Welt zeigen! Wenn Sie zu Ruhm und Glück gekommen sind – und das schaffen Sie –,

dann können Sie alles sein, was Sie wollen. Tun Sie es! Schlagen Sie sich durch bis zur Krone im Leichtgewicht. Besorgen Sie sich ein Bankkonto. Nehmen Sie sich einen guten Arzt mit Vollbart – lassen Sie sich die Augen richten …

Joe: Was stimmt denn nicht mit meinen Augen?

Lorna: Entschuldigung, das nehme ich zurück. ~~*(Nach einer Pause.)*~~ Immer werden Sie gleich zornig.

Joe: Das kommt, weil ich zu viel über mich nachdenke.

Lorna: Wie alt sind Sie, Joe?

Joe: Einundzwanzigeinhalb, und die Monate rasen nur so dahin.

Lorna: Sie sind ganz schön klug für einundzwanzigeinhalb »und die Monate rasen nur so dahin«.

Joe: Warum auch nicht? Ich habe jede einzelne Seite der *Encyclopaedia Britannica* gelesen. Mr. Carp, ein Freund meines Vaters, hatte sie zu Hause. Eine halbe Portion mit Brille braucht schließlich was zu tun.

Lorna: Ich würde Ihren Vater gern kennenlernen. Ist Ihre Mutter tot?

Joe: Ja.

Lorna: Meine auch.

Joe: Wo kommen Sie her? In dieser Stadt wimmelt es von Mädchen, die alle aussehen, als hätten sie nie Eltern gehabt.

Lorna: Ich bin von der anderen Seite des Flusses. Mein Vater lebt noch – er hockt irgendwo in der Wildnis von New Jersey, öffnet Austern und schnorrt Drinks. Und ich verrate Ihnen ein Geheimnis: Ich mag Sie nicht.

Joe ~~*(überrascht)*~~: Warum denn nicht?

Lorna: Sie sind viel zu selbstgenügsam … zu sehr in sich verstrickt.

Joe: Das kann man mögen, muss man aber nicht.

Lorna: Sie sitzen allein auf einer Insel …

Joe: Wie Robinson Crusoe …

Lorna: Genau – ganz allein mit sich. Warum kommen Sie nicht endlich heraus und sehen sich die Welt an?

Joe: Wirkt das wirklich so?

Lorna: Sehen Sie sich denn selber nicht?

Joe: Nein …

Lorna: Nehmen Sie die Vogelperspektive ein: Sie wissen nicht, was falsch oder richtig ist. Sie wissen nicht, wofür Sie sich entscheiden sollen, aber Sie wollen es nicht zugeben.

Joe: Wissen Sie es denn?

Lorna: Lassen Sie mich da raus. Wir analysieren gerade Joe Bonaparte.

Joe: Sie tanzen mir ganz schön auf der Nase herum.

Lorna: Soll ich aufhören?

Joe: Nein.

Lorna: Sie sind eine jämmerliche Figur. Am liebsten würden Sie sich die Boxhandschuhe bis zum Ellbogen hochziehen. Sie nehmen den Ruhm in Kauf, damit die Leute Sie nicht mehr verspotten und auslachen. Für all das würden Sie Ihre Seele verkaufen. Aber jedes Mal, wenn Sie ihm den Rücken zudrehen, schlägt Ihr kleines Seelchen Ihnen die Zähne ein. Es gibt nämlich nicht so leicht auf.

Joe: Und was treibt Ihre Seele so in ihrem parfümierten Schminkköfferchen?

Lorna: Es geht nicht um mich.

Joe: Wollen Sie denn nicht …?

Lorna ~~*(mit einem Mal sehr giftig)*~~: Ich sagte, es geht nicht um mich!

Joe ~~*(leise)*~~: Moody hat Sie zu mir geschickt – als Köder! Aber Sie haben einen Fehler gemacht, Lorna, und zwar aus zwei Gründen. Ich entscheide selbst, ob ich kämpfen will. Und zweitens weiß er nicht, dass Sie ihn nicht lieben …

Lorna: Sie frecher Bengel.
Joe: In Wahrheit weiß er überhaupt nichts von Ihnen.
Lorna ~~*(herausfordernd)*~~: Aber Sie schon?
Joe: Wir analysieren gerade Lorna Moon: Sie ist ein verlorenes Kind. Sie weiß nicht, was richtig oder falsch ist. Sie ist eine jämmerliche Figur, die nie gewusst hat, wofür sie sich entscheiden soll. Aber sie will es nicht zugeben. Und ich werde Ihnen sagen, warum Sie sich für Moody entschieden haben!
Lorna: Sie wissen gar nichts.
Joe: Gehen Sie nach Hause, Lorna. Denn wenn Sie bleiben, werde ich etwas über Sie wissen …
Lorna: Sie wissen gar nichts.
Joe: Das ist Ihre Chance – gehen Sie nach Hause!
Lorna: Tom liebt mich.
Joe ~~*(nach langem Schweigen, den Blick geradeaus)*~~: Ich werde mir ein Auto kaufen.
Lorna: Heutzutage werden wirklich wunderbare Autos hergestellt. Selbst die letzten Rostbeulen …
Joe: Gary Cooper hat ein Auto, wie ich es will. Ich habe es in der Zeitung gesehen, aber es kostet viel zu viel – vierzehntausend. Wenn ich eines aus zweiter Hand fände …
Lorna: Und wenn Sie das nötige Kleingeld hätten…
Joe: Das kriege ich …
Lorna: Klar, wenn Sie nur endlich richtig kämpfen würden!
Joe ~~*(in einem plötzlichen Ausbruch)*~~: Sagen Sie Ihrem Mr. Moody, ihm wird noch Hören und Sehen vergehen!
Lorna: Meinen Sie das ernst?
Joe ~~*(blickt wieder nach vorn)*~~: Diese Autos sind wie Gift in meinem Blut. Wenn man im Auto sitzt und schnell fährt, schaut man auf die ganze Welt hinunter. Tempo, Tempo, alles ist nur Tempo – mir kann keiner was!

Lorna: Im Ring, meinen Sie?
Joe: Im Ring oder draußen, mir kann keiner was! Mann, ich lass die Kupplung gern kommen!
Lorna: Sie hören sich an wie Jack the Ripper.
Joe ~~*(steht unvermittelt auf)*~~: Ich bringe Sie jetzt nach Hause – besser gesagt, ins Hotel. ~~*(Lorna steht auf, und Joe fährt fort.)*~~ Haben Sie ein gemeinsames Zimmer?
Lorna ~~*(mit heimlicher Bewunderung)*~~: Sie sind wirklich ein frecher Bengel!
Joe: Wenn Sie heute Nacht in seinen Armen liegen, richten Sie ihm von mir aus, der neue Weltmeister steht schon in seinem Stall.
Lorna: Haben Sie die *Britannica* wirklich ganz gelesen?
Joe: Von A bis Z.
Lorna: Und Sie sind wirklich erst einundzwanzig?
Joe: Einundzwanzigeinhalb.
Lorna: Da kann doch was nicht stimmen.
Joe: Ich weiß … ~~*(Sie gehen langsam ab.)*~~

»Ein bestimmter Mensch kann viele charakterliche Seiten haben, oder er ist ganz einfach gestrickt. Aus dem Stück wissen wir, Rachael, dass du hergeschickt wurdest, um ihn zum Kämpfen zu überreden.«

»Richtig.«

»Was weißt du über ihn?«

»Ich weiß, dass er definitiv zwei Seiten hat. Einerseits will er boxen. Andererseits ist er sehr feinsinnig, ein Musiker, und er muss eine Entscheidung treffen, die den Rest seines Lebens beeinflussen wird.«

»Warum bist du hier?«

»Weil Tom Moody möchte, dass ich ihn zu einem Boxkampf überrede.«

»Und wie geht es dir damit?«

»Ich habe das Gefühl, dass ich es Tom schulde. Er war immer gut zu mir, ich tue es also für ihn.«

»Würdest du sagen, du machst es, um eine Schuld zu begleichen?«

»Ja.«

»Und wie empfindest du für Joe?«

»Ich spüre, dass er sehr verletzlich ist, aber ich weiß auch, was für eine wunderbare Möglichkeit das für ihn ist. Er hat eine Wahl, deswegen kann ich nicht allzu viel Verständnis für ihn aufbringen. Ich habe mehr Verständnis für Tom, der keine Wahl hat. Er ist ein Verlierer.«

»Macht Joe dich nervös?«

»Ja.«

»Warum?«

»Weil ich mich zu ihm hingezogen fühle, obwohl ich das gar nicht will.«

»Was empfindest du ihm gegenüber noch?«

»Er ist sehr anders als die Menschen, die ich sonst gewöhnt bin.«

»Inwiefern?«

»Ich glaube, es ist vor allem seine Empfindsamkeit. Ein empfindsamer, intelligenter junger Mann. Nicht gerade der Typ, der sich gemeinhin im Boxring herumtreibt.«

»Ist das sein vorherrschender Charakterzug?«

»Nein, das Vorherrschende ist sein Zorn. Er will sich an der Welt rächen, weil er es nicht mehr erträgt, dass ihm immer alle das Gefühl geben, anders zu sein.«

»Warum willst du dich an der Welt rächen?«, fragt Meisner Ray.

»Weil ich anders bin. Weil sich die Leute über mich lustig gemacht haben. Weil ich nicht vorankomme. Weil ich nicht weiß, in welche Richtung ich gehen soll.« Ray hält kurz inne und fügt dann hinzu: »Und weil ich einen komischen Namen habe und komische Augen.«

»Wenn du in eine Metzgerei kommst und zwei Pfund Lammkoteletts bestellst, und der Metzger hat dich offensichtlich gehört, bedient aber erst zwei andere Kunden – wie fühlst du dich dann?«

»Ich würde am liebsten über die Theke springen, ihn am Kragen packen und ihn anschreien, er soll mich gefälligst nicht ignorieren!«

»Und woher kommt diese seltsame Reaktion?«

»Weil die Leute das ständig mit mir machen. Sie tun so, als wäre ich gar nicht da.«

»Das Wesen der Neurosen ist sehr eigentümlich. Inwiefern machen dich deine Neurosen zu einem guten Boxer?«

»Das ist pure Macht. Es facht meinen Zorn an, und das ermöglicht mir, zu kämpfen.« Ray hält erneut inne. »Denn jeder meiner Gegner steht für den Rest der Welt.«

»Wie heißt noch gleich der Schwergewichtsboxer, der jetzt aufgehört hat?«

»Muhammad Ali?«

»Genau. Glaubst du, seine Neurosen hatten auch einen Anteil daran, ihn zum Weltmeister zu machen?«

»Ja.«

»Joe Bonaparte ist also so etwas wie ein unerkannter Muhammad Ali. Verstehst du?«

»Ja.«

»Rachael, wie würde es dir gefallen, mit Muhammad Ali darüber zu streiten, dass Weiße Farbigen überlegen sind?«

»Ich glaube nicht, dass mir das gefallen würde.«

»Angenommen, du musst.«

»Ich wäre sehr nervös.«

»Um es mal milde auszudrücken.«

»Ja.«

»Wir haben es hier also im Grunde mit zwei Neurotikern zu tun, jeder auf seine Weise, richtig?«

Ray und Rachael nicken.

»Gut«, sagt Meisner. »Bereitet euch vor, dann probieren wir es.«

Die beiden gehen nach draußen, um sich vorzubereiten, und nach Abschluss der Szene sagt Meisner: »Ich würde das jetzt gern besprechen. Du kommst der Figur schon recht nahe.«

»Meinen Sie mich?«, fragt Ray.

»Ja. Rachael, warum sagt sie: ›Ich mag Sie nicht‹?«

»Sie kann ihn nicht lenken. Er hat sich in sich selbst verschlossen, und sie erreicht ihn nicht.«

»Ich werde dir helfen«, sagt Meisner. »Er hat dir doch gerade von sich erzählt?«

»Ja.«

»Was hast du ihr erzählt, Ray?«

»Ich habe ihr gesagt, dass die Leute sich immer über mich lustig gemacht haben und ich das nicht vergessen kann. Dass ich mir wünschen würde, man könnte mit Musik schießen, damit ich mich an diesen Leuten rächen kann. Dass die Musik mir das Gefühl gibt, ein Mann zu sein. Ich kann sagen: ›Hier bin ich, und das ist gut so.‹ Aber gleichzeitig habe ich das Gefühl, dass die Leute, die Musik machen, einfach nur rumhocken wie halb vergessene Trottel, während die Welt an ihnen vorbeizieht.«

»Und wann sagt sie: ›Ich mag Sie nicht‹?«

»Das kommt ein bisschen später.«

»Nachdem er gefragt hat, wie es mit ihr aussieht«, sagt Rachael.

»Genau. Wie geht es ihr denn mit sich selbst?«

»Sie ist überhaupt nicht mit sich im Reinen.«

»Ihre Vergangenheit ist sehr traurig, aber sie erzählt ihm trotzdem davon, und anschließend sagt sie: ›Ich mag Sie nicht.‹ Warum sagt sie das?«

»Um das Thema zu wechseln?«

»Nein, weil er dir überhaupt nicht zugehört hat. Er kreist ja nur um sich selbst.«

»Verstehe«, sagt Rachael.

»Und wieso weiß ich das nicht?«, sagt Ray.

»Weil ich klüger bin als du!«, antwortet Meisner, und die Schüler lachen. »Ray, warum liebt er Autos so sehr?«

»Sie geben ihm das Gefühl, ganz oben an der Spitze zu stehen. Wenn er schnell Auto fährt, entspricht das Gefühl der Energie, die sich in ihm aufstaut, und er fühlt sich mehr mit sich im Reinen. Das habe ich mir jetzt ausgedacht«, fügt Ray hinzu.

»Sicher«, sagt Meisner, »wo solltest du es auch sonst herhaben? Autos verleihen Macht.« Nach kurzem Schweigen fährt er fort: »Siehst du nicht, Rachael, wie dich das alles anstachelt? Er ist ein Jammerlappen, und trotzdem geht eine gewisse Tragik, eine Gefahr von ihm aus.«

»Ja.«

»Der Schlüssel liegt in dem Satz: ›Ich mag Sie nicht.‹ Du hast es verstanden, habe ich recht, Ray?«

»Ja. In einem Moment will er einem am liebsten in die Fresse hauen, und im nächsten Moment entschuldigt er sich ganz treuherzig.«

»Ist dir klar, wie viel Sadismus aus ihm spricht, wenn er sagt: ›Wenn man mit der Geige bloß schießen könnte‹?«

»Ich hatte so ein Gefühl, aber mir ist vielleicht nicht klar geworden, wie viel da ist.«

»So ein Mensch muss einen doch nervös machen, Rachael.«

»Ja.«

»Der Weg mit ihm von Moodys Büro bis in den Park war nervenaufreibend für dich, verstehst du? Du benutzt deine Puderquaste nicht, weil du testen willst, ob der Puder noch gut ist. Warum benutzt du sie?«

»Weil ich schwitze?«, fragt Rachael.

»Weil du schwitzt! Ist es jetzt klarer?«

»Ja«, sagt Ray. »Sehr viel klarer.«

»Dann arbeitet daran.«

8. November

»Das war sehr viel besser, aber noch nicht leidenschaftlich genug, Rachael. Lornas Gefühle wurden stark verletzt, und ich glaube, das macht dich wütend.«

»Sie meinen, es müsste trauriger sein?«

»Nein, energischer! Warum sagt sie: ›Tom liebt mich‹? Warum sagt sie nicht: ›Ich liebe Tom‹?«

»Weil sie Tom nicht liebt.«

»Und warum lebt sie dann mit ihm zusammen?«

»Sie fühlt sich ihm verpflichtet. Er ist gut zu ihr, und er liebt sie.«

»Also sagt sie es, weil er sie liebt?«

»Ja.«

»Nein, sie sagt es, weil sie es satt hat, wie eine Hure behandelt zu werden!«

»Verstehe.«

»Wenn du anfängst, woher weißt du, dass Joe sich nicht an dich heranmachen wird?«

»Das weiß ich nicht.«

»Macht dich das nicht nervös?«

»Doch, aber ich will ihm natürlich auch nicht zeigen, dass ich nervös bin, weil ich ihn ja überreden muss …«

»Das ist zu wörtlich! Sei, was du bist! Wenn du eine Vertreterin wärst und vor einem schicken Bürohaus stündest und wüsstest, wenn du Glück hast, kommst du dort mit einem Riesenauftrag wieder heraus, wärst du dann nervös?«

»Ja.«

»Aber du würdest trotzdem versuchen, ruhig zu bleiben.«

»Klar. Also, in der Situation, meinen Sie?«

»In *dieser* Situation!«

»Ich soll versuchen, ruhig zu bleiben? Das verstehe ich nicht.«

»Du könntest einen Riesenauftrag bekommen. Das macht dich sehr nervös. *Versuch*, dich zu beherrschen!«

»Okay.«

»Ray, was bedeutet es, ein schnelles Auto zu fahren? Nur Macht? Du fährst mit hundertdreißig Stundenkilometern. Ist das dann nur Macht?«

»Nein, auch Freiheit. Außerdem bringt es Ruhe. Als Sie mich letztes Mal danach gefragt haben, habe ich gesagt, es wäre, als ob er selbst mit hundertdreißig Sachen unterwegs ist, und wenn er dann in ein Auto steigt, das hundertdreißig fährt, ist das fast schon friedlich. Er *braucht* das.«

»Es hat etwas Sexuelles.«

»Sie haben einfach einen größeren Wortschatz als ich«, sagt Ray, und die anderen lachen. »Nein, ich verstehe schon, was Sie meinen.«

»Wie denkst du über die Straße?«

»Ich denke, dort herrscht Krieg. Es ist ein Ort, an dem ich kämpfen muss.«

»Und wie geht es dir damit?«

»Ich finde es furchtbar. Ich bin zwar bereit zurückzuschlagen, aber es macht mich trotzdem wild.«

»Du findest es furchtbar.«

»Aber ich lasse mich davon nicht unterkriegen. Ich schlage zurück.«

»Es gibt dir das Gefühl, ein Niemand zu sein. So ein Gefühl ist schrecklich.«

»Dann eben ein anderes Gefühl. Sich wie ein Niemand zu fühlen ist ja etwas anderes, als wild zu werden, oder? Wenn ich mich wie ein Niemand fühle, wäre die ganze Szene dann nicht eher eine Art Innenschau? Das ist es zumindest, was ich damit verbinde, sich wie ein Niemand zu fühlen. Aber die Straße macht mich wild, das ist dann das Gegenteil von Innenschau.«

»›Wenn man mit der Geige bloß schießen könnte!‹ Das ist doch mal brennender Ehrgeiz! Ein Jammer, dass du kein Jude bist!«

»Wieso? Muss man Jude sein, um diese Szene spielen zu können?«

»Zumindest brauchst du diese Art von Intensität.«

»Er ist doch Italiener!«, sagt Ray.

»Das ist das Gleiche.«

»Ich kriege das hin.«

»Diesmal hattest du ein paar gute Momente. Und sie auch, sie war nur nicht forsch genug. Schüchterst du sie ein?«

»In Wirklichkeit, meinen Sie? Wenn wir proben? Nein, ich glaube nicht. Aber es würde der Szene helfen, oder?«

Meisner nickt.

Die Möwe von Anton Tschechow, aus dem III. Akt*

> Arkadina *und* Trepljow *mit Kopfverband.*
> *(Sorin und Medwedenko gehen ab.)*
>
> Arkadina: Ich bin so erschrocken!
>
> Trepljow: Das Landleben tut ihm nicht gut, macht ihn ganz melancholisch. Mama, nimm dir ein Herz und leih ihm zweitausend Rubel, dann kann er für ein ganzes Jahr in die Stadt.
>
> Arkadina: Ich habe kein Geld. Ich bin Schauspielerin, kein Bankier. ~~*(Pause.)*~~

* Anton Tschechow, *Die Möwe,* in: Anton Tschechow, *Der Kirschgarten. Dramen*, a. a. O., S. 277–280. Übersetzt von Ilma Rakusa. (Anm. d. Ü.)

TREPLJOW: Mach mir bitte einen neuen Verband, Mama. Du kannst das so gut.

ARKADINA *(holt aus dem Arzneischrank Jod und ein Kästchen mit Verbandsmaterial)*: Wo bleibt denn der Doktor?

TREPLJOW: Er wollte um zehn hier sein, jetzt ist schon Mittag.

ARKADINA: Setz dich. *(Nimmt ihm den Verband ab.)* Sieht aus wie ein Turban. Gestern hat einer in der Küche gefragt, woher du stammst. Die Wunde ist ja schon fast verheilt. Kaum noch etwas zu sehen. ~~*(Küsst ihn auf den Kopf.)*~~ Aber du machst nicht wieder piff-paff, wenn ich weg bin?

TREPLJOW: Nein, Mama. Ich war außer mir vor Verzweiflung, wusste nicht, was ich tat. Das wird sich nicht wiederholen. ~~*(Küsst ihr die Hand.)*~~ Du hast goldene Hände. Weißt du, was mir einfällt? Als du damals am Stadttheater warst, ich war noch klein, da haben sie auf unserm Hof die Wäscherin verprügelt. Weißt du noch? Sie war bewusstlos, man hat sie weggetragen … und du hast sie jeden Tag besucht, hast ihr Medikamente gebracht und die Kinder im Waschtrog gebadet. Weißt du das nicht mehr?

ARKADINA: Nein. *(Legt ihm einen neuen Verband an.)*

TREPLJOW: Zwei Tänzerinnen wohnten auch im Haus. Sie kamen immer zum Kaffee …

ARKADINA: Daran erinnere ich mich.

TREPLJOW: Fromme Tanten waren das. ~~*(Pause.)*~~ In letzter Zeit liebe ich dich wieder genauso zärtlich und maßlos wie damals, als Kind. Ich habe nur dich. Aber warum steht dieser Mensch zwischen uns? Warum bist du ihm so ausgeliefert?

ARKADINA: Du willst ihn nicht verstehen, Konstantin. Er ist wirklich ein besonderer Charakter …

TREPLJOW: Aber kaum fordere ich ihn zum Duell, lässt ihn sein besonderer Charakter im Stich. Abhauen will er, wie ein Feigling. Eine Schande!

ARKADINA: Unsinn! Ich bin es, die ihn gebeten hat, von hier wegzufahren. [...]

TREPLJOW: Ein besonderer Charakter! Wir streiten uns seinetwegen herum, er aber sitzt im Salon oder im Garten und lacht sich halb tot über uns ... Oder hätschelt Nina, indem er ihr einzureden versucht, dass er ein Genie ist.

ARKADINA: Dir macht es offensichtlich Spaß, mir weh zu tun. Ich verehre diesen Mann und verbitte mir solche Grobheiten.

TREPLJOW: Und ich verehre ihn nicht. Du möchtest, dass ich ihn auch für ein Genie halte, aber ehrlich gesagt finde ich seine Bücher zum Kotzen.

ARKADINA: Purer Neid. Wer kein Talent hat, nur hohe Ansprüche, weiß nichts Besseres, als über die wirklichen Talente herzufallen. Ein schäbiger Trost!

TREPLJOW ~~*(ironisch)*~~: Wirkliche Talente! ~~*(Zornig.)*~~ Ich bin begabter als ihr alle zusammen, wenn's drauf ankommt! *(Reißt sich den Verband vom Kopf.)* Ihr mit eurer Routine, ihr habt den Kunstbetrieb gepachtet und lasst nur gelten, was ihr selber macht, alles andere wird unterdrückt und abgewürgt! Ich akzeptiere euch nicht! Weder dich noch ihn!

ARKADINA: Und du bist dekadent!

TREPLJOW: Zieh los in dein nettes Theater und spiel deinen elenden, talentlosen Kram!

ARKADINA: Ich habe noch nie talentlosen Kram gespielt. Lass mich in Ruhe! Du bist ja nicht einmal fähig, ein jämmerliches Vaudeville zu schreiben. Kiewer Spießbürger! Parasit!

TREPLJOW: Geizkragen!

ARKADINA: Versager! ~~*(Trepljow setzt sich und weint leise.)*~~ Du Null! ~~*(Geht erregt auf und ab.)*~~ Hör auf, weine nicht ... ~~*(Weint.)*~~ Bitte hör auf ... ~~*(Küsst ihn auf Stirn, Wangen, Kopf.)*~~ Verzeih, mein Kind, du Liebes ... Verzeih deiner unglücklichen Mutter.

Trepljow ~~*(umarmt sie)*~~: Wenn du wüsstest! Ich habe alles verloren. Sie liebt mich nicht, ich kann nicht mehr schreiben … es ist hoffnungslos …

Arkadina: Du darfst nicht verzweifeln … Alles wird gut. Er reist ab, und sie liebt dich wieder ~~*(Wischt ihm die Tränen ab.)*~~ Glaube mir. Wir sind wieder versöhnt, ja?

Trepljow ~~*(küsst ihr die Hände)*~~: Ja, Mama.

Arkadina ~~*(zärtlich)*~~: Versöhn dich auch mit ihm. Was soll dieses Duell …

Trepljow: Gut, Mama. Aber sehen will ich ihn nicht mehr. Das geht über meine Kräfte. *(Auftritt Trigorin.)* Ich … gehe jetzt … *(Räumt die Sachen rasch in den Arzneischrank.)* Den Verband macht mir dann der Doktor …

»Mary, was hältst du von deinem Sohn? Hast du darüber nachgedacht?«

»Ja. Ich fühle mich seinetwegen schuldig, aber ich fühle mich auch von ihm bedroht. Er ist mir furchtbar lästig und auch unangenehm.«

»Warum?«

»Er kritisiert mich und meine Arbeit. Er kann meine Freunde nicht leiden und ist unhöflich zu ihnen. Außerdem möchte ich nicht die ganze Zeit diesen großen, rüpelhaften Sohn um mich haben. Er steht meinem Leben im Weg.«

»Also duldest du ihn einfach nur.«

»Ich sorge dafür, dass er auf dem Gut bleibt, draußen auf dem Land.«

»Und warum?«

»Also, vor allem kann ich kein Geld ausgeben. Das kann ich einfach nicht. Dazu bin ich körperlich nicht in der Lage. Und es würde Geld kosten, etwas anderes mit ihm anzufangen. Er bräuchte eine bessere Ausbildung, bessere Kleidung. Außerdem macht mir sein Alter bewusst, wie alt ich selbst bin, und andere Leute merken das sicher auch. Ich habe die Befürchtung, dass es meiner Karriere schaden könnte. Ich glaube, sie will sich ihr Leben einfach so erhalten, wie es ist, und möchte niemanden um sich haben, für den sie etwas tun muss. Aber sie kann es auch nicht ertragen, jemanden um sich zu haben, der sie nicht anbetet.«

»Das stimmt alles, was du sagst. John, wie ist es mit dir, mit deiner Mutter, mit der Frau, die du liebst und mit diesem Schriftsteller, der sowohl mit deiner Geliebten als auch mit deiner Mutter flirtet? Das ist doch alles ein großes Durcheinander. Tschechow ist wirklich ein *entsetzlicher* Autor!« Die Schüler lachen. »Also, was willst *du*?«

»Ich will, dass sie sich um mich sorgt. Ich habe das Gefühl, dass sie mich nicht sonderlich beachtet …«

»Und das ist noch milde ausgedrückt! Du willst Liebe von deiner Mutter, die Art von Liebe, die man von einer Mutter bekommt. Wieso hast du diesen Verband um den Kopf?«

»Weil ich versucht habe, mich zu erschießen.«

»Da musst du aber sehr unglücklich gewesen sein. Warum bittest du sie, dir den Verband zu wechseln?«

»Um ein bisschen Zuwendung von ihr zu kriegen.«

»Aber es kommt anders.«

»Ja.«

»Sie sagt dir die Wahrheit, vermutlich zum ersten Mal überhaupt, und du sagst ihr, wie du über sie denkst. Bringt die Szene nächstes Mal wieder mit. Lest sie ganz leicht. Und wenn ich ›leicht‹ sage, meine ich, macht keine Inszenierung daraus. Wisst einfach nur, warum ihr sagt, was ihr sagt. Mary, wie geht es dir damit, wenn er dich bittet, ihm den Verband zu wechseln?«

»Darüber habe ich noch gar nicht nachgedacht, aber ich glaube, es macht ihr nichts weiter aus.«

»Ich glaube schon.«

»Sie glauben, es macht ihr etwas aus? Warum denn? Weil sie ihm übel nimmt, dass er sich umbringen wollte, dass er diesen ganzen Aufstand gemacht und so viel Aufmerksamkeit bekommen hat und sie jetzt die Drecksarbeit machen muss?« Meisner nickt. »Verstehe.«

»Sie ist wie eine Krankenschwester, die sich um einen Patienten kümmern muss, mit dem sie keinerlei Mitleid hat. Darum fällt ihr der letzte Teil der Szene auch so leicht. So denkt sie ohnehin schon über ihn.«

»Ich verstehe«, sagt Mary.

»John, warum wartest du nicht, bis der Arzt da ist?«

»Weil ich eine Geste der Fürsorge und Liebe von meiner Mutter will.«

»Nächstes Mal geht ihr ganz leicht durch den Text. Stellt euch alle Fragen, die ihr euch stellen müsst. Warum mache ich das? Warum sage ich das? Versucht, die Szene zu begreifen. Tschechow ist entsetzlich. Er ist wirklich entsetzlich.«

»Er packt zu viel Menschlichkeit in seine Stücke«, sagt Ray.

»Warum mochten Sie Baron Tusenbach eigentlich nicht?«, fragt Scott Roberts.

»Weil ich ihn nicht verstanden habe. *Diese* Szene hier verstehe ich. Es ist eine der leichteren Szenen. Vorausgesetzt, man weiß, dass jeder Moment etwa neunzig gegebene Umstände enthält.«

19. November

»Stellt euch einen empfindsamen, ängstlichen jungen Mann vor – man sieht ihm die Nervosität praktisch an der Nasenspitze an –, der glaubt, Talent zu haben wäre gleichbedeutend damit, geliebt zu werden. Und dann sagt ihm seine Mutter, er habe kein Talent, was im Grunde bedeutet, dass sie ihn nicht liebt. Das ist schwer zu verkraften, stimmt's? Im Grunde heißt talentiert sein auch geliebt werden. Wenn ich die Fähigkeit, die Macht, den Einfluss hätte, dir zu sagen: ›John, du solltest lieber in der Firma deines Vaters bleiben, weil …‹, dann würde ich gern Mäuschen spielen, wenn du allein zu Hause bist und daran zurückdenkst. So stark muss das sein, mit dem Unterschied, dass du es hier mit uns erlebst. Verstanden?«

»Ja.«

»Du versuchst, Künstler zu sein, und sie sagt dir: ›Du hast kein Talent.‹ Was machst du dann?«

»Ich glaube, ich würde mich umbringen«, sagt John.

»Ja. Und du, Mary, du erkennst, dass du etwas zu weit gegangen bist. Du hast dein Gegenüber verletzt. Was sagst du also?«

»›Es tut mir leid, verzeih mir.‹ Aber mit diesem Text habe ich wirklich Schwierigkeiten. Ihr bleibt in dieser Szene ja praktisch nichts anderes mehr übrig. Er rührt sie doch wirklich, oder nicht? Oder ist das alles nur Fassade?«

»Er ist eine *Plage!* Von Anfang an. Sie ist die Krankenschwester, und wenn der Patient sagt: ›Kann ich ein Glas Wasser haben?‹, dann bringt sie es ihm, aber im Stillen denkt sie: ›Warum verschwindet er nicht endlich von hier!‹ Kannst du das nachvollziehen?«

»Schon, es ist nur … Warum ist sie so furchtbar?«, platzt Mary heraus und lacht dann befangen. »Sie ist so egoistisch und …«

»Sie ist Mutter!«

»Ja.«

»Und Schauspielerin!«

»Ja.«

»Sie hat einen Liebhaber!«

»Ja.«

»Der mit der Freundin ihres Sohnes herummacht!«

»Ja.«

»Ihr Sohn ist älter als diese Freundin!«

»Ja.«

»Das reicht doch, um sie wahnsinnig zu machen!«

»Ja.«

»Verstehst du?«

»Ja.«

»Der Rest ist unterschwellig, kommt aber dann sehr rasch an die Oberfläche.«

»Ja. Ich verstehe.«

»Und jetzt mach ihn fertig!«, sagt Meisner.

»Okay. Eigentlich ist ja alles *seine* Schuld. Wenn er nur Manns genug wäre, seine Freundin zu halten, würden wir alle nicht in diesem Schlamassel stecken.«

»Wenn er nur Manns genug wäre, wenigstens in eine andere Stadt zu ziehen!«, sagt Meisner, und die Schüler lachen.

Mary sagt: »Darüber habe ich auch nachgedacht, Sandy, und mein Gefühl war, dass sie ihn eigentlich gar nicht hasst; sie bringt einfach nur nicht mehr über sich ... Das nehmen Sie mir nicht ab, oder? Ich finde, es liegt eine gewisse Tapferkeit darin, dass sie alles versucht, was sie kann, um ihr eigenes Leben zu leben.«

»Aber er ist nun mal da!«

»Das ist die Kränkung?«

»Schau dir doch an, was sie ihm an den Kopf wirft!«

»Ja.«

»Das ist schon sehr destruktiv, nicht?«

»Ja.«

»Warum sagt sie das? Meint sie das wirklich ernst?«

»Ja, ich glaube schon.«

»Dann musst du es auch ernst meinen!«

»Okay.«

»Zerstöre ihn! Es geht in dieser Szene nicht um den Verband! In dieser Szene geht es um die Liebe einer Mutter – oder das Fehlen dieser Liebe! Auf den Verband könntest du warten, aber du kannst nicht eine Sekunde länger auf die Liebe deiner Mutter warten. Verstehst du, John?«

»Ja.«

»Sie gibt dir zwei *Ohrfeigen*, etwas anderes spürst du nicht! Das hat nichts mit dem Verband zu tun. Es geht hier ums Überleben!«

»Ja«, sagt Mary.

»Ihr müsst euch viel mehr vorbereiten – *viel mehr*. Mary, konzentrier dich auf die Eifersucht und die Verzweiflung. Ich könnte noch endlos weiterreden, aber das müsst ihr selbst machen. Versteht ihr?«

»Ja. Sollen wir das Buch weglegen, oder sollen wir die Szene noch einmal lesen?«

»Die kommt dann schon von selbst.«

»Okay.«

8. November

Sommer und Rauch von Tennessee Williams, 1. Teil, 6. Szene*

Eine nur leicht angedeutete Gartenlaube mit einem Tisch und zwei Stühlen. Über dem Tisch hängt eine zerrissene Papierlaterne. Man hört JOHNS *Stimme, bevor er und* ALMA *auftreten.*

JOHN *(aus dem Dunkel)*: Ich verstehe nicht, warum wir nicht ins Kasino gehen können.
ALMA: Und ob Sie es verstehen. Sie tun nur so, als ob Sie es nicht verstehen.
JOHN: Nennen Sie mir einen Grund.

Alma *(betritt die Laube)*: Ich bin die Tochter eines Pfarrers.
John: Das ist kein Grund. *(Er kommt hinter ihr herein, im weißen Leinenanzug mit dem Jackett über dem Arm.)*
Alma: Sie sind Arzt. Das ist ein besserer Grund. Sie können es sich genauso wenig leisten, hier gesehen zu werden wie ich – noch weniger!
~~John *(brüllt)*: Dusty!~~
~~Dusty *(aus dem Dunkel)*: Komme schon!~~
John: Nach was kramen Sie da in Ihrer Tasche?
Alma: Nichts!
John: Was haben Sie da?
Alma: Lassen Sie los!
John: Die Schlaftabletten, die ich Ihnen gegeben habe?
Alma: Ja.
John: Und warum?
Alma: Ich brauche eine.
John: *Jetzt?*
Alma: Ja.
John: Warum?
Alma: Warum? Weil mich in Ihrem Auto fast der Schlag getroffen hätte. Was hat Sie dazu gebracht, derart zu fahren? Ein Dämon?
~~*(Dusty kommt.)*~~
~~John: Eine Flasche Vino Rosso.~~
~~Dusty: Klar doch. *(Er geht ab.)*~~
~~John: Hey! Sag Shorty, ich will die »Yellow Dog Blues« hören.~~
Alma: Bitte geben Sie mir meine Tabletten zurück.
John: Wollen Sie süchtig nach diesem Zeug werden? Ich habe gesagt, nehmen Sie eine, wenn Sie eine brauchen.
Alma: Ich brauche jetzt eine.
John: Setzen Sie sich und hören Sie auf, Luft zu schlucken!

~~*(Dusty kommt mit einer großen Flasche Wein und zwei Weingläsern zurück.)* Wann fängt der Hahnenkampf an?~~
~~DUSTY: Gegen zehn, Dr. Johnny.~~
~~ALMA: Wann fängt *was* an?~~
JOHN: Es gibt hier jeden Samstagabend einen Hahnenkampf. Schon mal einen gesehen?
ALMA: Vielleicht in einer früheren Inkarnation.
JOHN: Als Sie einen Messingring durch die Nase trugen?
ALMA: Vielleicht bin ich damals zu derartigen Veranstaltungen gegangen.
JOHN: Sie werden heute Abend so eine sehen.
ALMA: Oh nein, das werde ich nicht.
JOHN: Deswegen sind wir hierhergekommen.
ALMA: Ich dachte, solche Veranstaltungen wären illegal.
JOHN: Wir sind hier im Moon-Lake-Kasino, und da ist alles erlaubt.
ALMA: Sind Sie häufig hier zu Gast?
JOHN: Ich würde sagen, ständig.
ALMA: Dann haben Sie also ernsthaft vor, den Arztberuf aufzugeben.
JOHN: Das habe ich allerdings! Im Leben eines Arztes dreht sich alles um Krankheit, Elend und Tod.
ALMA: Erlauben Sie mir die unverschämte Frage, was Sie dann machen wollen?
JOHN: Ich erlaube Ihnen die unverschämte Frage.
ALMA: Aber Sie werden mir nicht antworten?
JOHN: Ich habe noch keine Entscheidung getroffen, aber ich denke seit einiger Zeit an Südamerika.
ALMA ~~*(traurig)*~~: Oh …
JOHN: Ich habe gehört, die Cantinas sind viel amüsanter als unsere Kneipen. Und die Señoritas sind die Perlen unter den Frauen.

Alma: Der Bruder von Dorothy Sykes ist nach Südamerika gegangen – und man hat nie wieder etwas von ihm gehört. Man braucht einen starken Charakter, um in den Tropen zu überleben. Sonst versumpft man.
John: Glauben Sie, ich habe einen schwachen Charakter?
Alma: Ich glaube, Sie sind verwirrt, einfach schrecklich verwirrt, so verwirrt wie ich selbst – aber auf andere Weise …
John ~~*(streckt die Beine aus)*~~: Und wenn schon!
Alma: Das haben Sie als Kind immer gesagt – um Ihre Empörung auszudrücken.
John ~~*(grinst)*~~: Ach ja?
Alma ~~*(scharf)*~~: Sitzen Sie nicht so da!
John: Warum nicht?
Alma: Sie sehen so träge und nutzlos aus.
John: Vielleicht bin ich das.
Alma: Wenn Sie schon irgendwohin gehen müssen, warum suchen Sie sich nicht einen Ort mit einem erfrischenden Klima aus?
John: In manchen Teilen von Südamerika weht ein sehr frischer Wind.
Alma: Das wusste ich nicht.
John: Jetzt wissen Sie es.
Alma: Diese Lateinamerikaner träumen alle in der Sonne – und geben sich der Sinneslust hin.
John: Es wird sich noch erweisen, dass *der* Mensch die Krönung der Schöpfung ist, der seine Sinne dazu benutzt, jede nur mögliche – Zufriedenheit zu erreichen.
Alma: Selbstzufriedenheit?
John: Gibt es noch eine andere?
Alma: Ich werde Ihre Frage mit einer Gegenfrage beantworten. Haben Sie jemals eine gotische Kathedrale oder ein Bild davon gesehen?

John: Gotische Kathedrale? Was ist damit?

Alma: Wie alles in die Höhe strebt, wie alles nach oben zu langen scheint nach etwas, das außer Reichweite der steinernen – oder menschlichen – Finger ist? ... Die riesigen farbigen Fenster, die hohen gewölbten Türen, die fünf- oder sechsmal höher sind als der größte Mensch – die Gewölbedecken und die zarten Pfeiler – die alle zu etwas Unerreichbarem emporstreben! Für mich – für mich ist das das Geheimnis, das Prinzip hinter dem Sein – das ewige Bemühen und Verlangen nach etwas, das außerhalb der menschlichen Grenzen liegt. Wer hat den, oh so wunderbaren, Satz gesagt: »Wir liegen alle in der Gosse, aber einige von uns betrachten die Sterne«?

John: Oscar Wilde.

Alma ~~*(verblüfft)*~~: Egal, wer das gesagt hat, es stimmt. Einige von uns betrachten die Sterne! ~~*(Sie sieht entzückt hoch und legt ihre Hand auf seine.)*~~

John: Mit Handschuhen macht Händchenhalten keinen Spaß, Miss Alma.

Alma: Dagegen lässt sich leicht etwas tun. Ich ziehe die Handschuhe einfach aus.

(Man hört Musik.)

John: Herrgott! ~~*(Er steht abrupt auf und zündet sich eine Zigarette an.)*~~ Rosa Gonzales tanzt im Kasino.

Alma: Sie *sind* unzufrieden. Sie hassen mich, weil ich Sie daran hindere, da hineinzugehen. Gut, Sie werden mich bald los sein. Sie fahren mich nach Hause und kommen alleine wieder hierher ... Ich bin nur mit drei jungen Männern ausgegangen, die für mich in Frage kamen, und von jedem trennte mich eine Wüste.

John: Was meinen Sie mit Wüste?

Alma: Oh – weite, weite Strecken unbewohnbaren Landes.

John: Vielleicht war Ihre Unnahbarkeit daran schuld.

Alma: Bei einem oder zweien habe ich mir ziemliche Mühe gegeben.
John: Was für eine Art von Mühe?
Alma: Oh, ich – ich habe zuerst versucht, sie zu unterhalten. Ich habe im Wohnzimmer des Pfarrhauses für sie gesungen und gespielt.
John: Und Ihr Vater war im Nebenzimmer und die Tür halb offen?
Alma: Ich glaube, daran lag es nicht.
John: Woran lag es dann?
Alma: Ich – ich war nicht mit dem Herzen dabei. ~~*(Sie lacht unsicher.)*~~ Zwischen uns trat ein Schweigen. Kennen Sie so ein Schweigen?
John: Ja, ich kenne so ein Schweigen.
Alma: Ich habe versucht zu reden, und er hat versucht zu reden, und keiner von uns hat es geschafft.
John: Das Schweigen trat dazwischen?
Alma: Ja, das ungeheure Schweigen.
John: Und dann haben Sie sich wieder ans Klavier gesetzt?
Alma: Ich habe meinen Ring hin und her gedreht, manchmal so fest, dass ich mir in den Finger geschnitten habe! Und dann guckte er immer auf die Uhr, und wir wussten beide, dass das sinnlose Unterfangen zu Ende war …
John: Und dann haben Sie kapituliert?
Alma: Kapituliert ist – das richtige Wort … Ein- oder zweimal tat es mir leid.
John: Aber Ihr Herz war nicht dabei?
Alma: Keiner von ihnen hat tiefe Gefühle in mir ausgelöst.
John: Haben Sie denn tiefe Gefühle – dieser Art?
Alma: Hat die nicht jeder – manchmal?
John: Manche Frauen sind kalt. Manche sind das, was man frigide nennt.

Alma: Wirke ich so?
John: Unter der Oberfläche verbirgt sich bei Ihnen eine große Erregtheit, mehr als bei jeder anderen Frau, der ich begegnet bin. So groß, dass Sie diese Schlaftabletten immer mit sich herumtragen müssen. Die Frage ist: warum? *(Er beugt sich über sie und hebt ihren Schleier hoch.)*
Alma: Wozu tun Sie das?
John: Damit ich nicht Ihren Schleier im Mund habe, wenn ich Sie küsse.
Alma ~~*(schwach)*~~: Wollen Sie das?
John ~~*(sanft)*~~: Miss Alma. *(Er zieht sie an den Armen hoch.)* Oh, Miss Alma, Miss Alma! *(Er küsst sie.)*
Alma: ~~*(leise und erschüttert)*~~: Kein »Miss« mehr. Einfach Alma.
John ~~*(grinst zärtlich)*~~: »Miss« passt besser zu Ihnen, Miss Alma. *(Er küsst sie wieder. Sie berührt zögernd seine Schultern, aber nicht fest genug, um ihn wegzuschieben.* ~~*John spricht leise weiter.)*~~ Lässt es sich so schwer vergessen, dass Sie ein Pastorinchen sind?
Alma: Warum soll ich vergessen, dass ich eine Pfarrerstochter bin. Eine Pfarrerstochter unterscheidet sich nicht von anderen jungen Damen, die daran denken, dass sie *Damen* sind.
John: Dieses Damengerede, ist das so wichtig?
Alma: Nicht für die Art Mädchen, die Sie sonst ins Moon-Lake-Kasino bringen. Aber angenommen, dass Sie eines Tages … ~~*(Sie verlässt die Laube und sieht von ihm weg.)*~~ … angenommen, dass Sie eines Tages – *heiraten* … Die Frau, die Sie sich zur Ehefrau erwählt haben, nicht nur zur Ehefrau, sondern – zur Mutter Ihrer Kinder! ~~*(Sie erschrickt bei dem Gedanken.)*~~ Würden Sie nicht wollen, dass sie eine Dame ist? Würden Sie nicht wollen, dass sie jemand ist, zu der Sie als Ihr Ehemann, wie auch Ihre geliebten Kinder, mit Hochachtung aufblicken können?

~~*(Pause.)*~~

JOHN: Es gibt andere Dinge zwischen Mann und Frau als Hochachtung. Wussten Sie das, Miss Alma?

ALMA: Ja …

JOHN: Es gibt so etwas wie intime Beziehungen.

ALMA: Vielen Dank, dass Sie davon sprechen. So direkt.

JOHN: Es kommt Ihnen vielleicht unangenehm vor. Aber es hat sehr viel zu tun mit – ehelichem Glück, wie Sie es nennen würden. Manche Frauen geben sich einem Mann hin als eine Art Pflicht, die ihnen auferlegt worden ist von einer – grausamen Natur! ~~*(Er trinkt sein Glas aus und schenkt sich neu ein.)*~~ So ist das mit ihnen.

ALMA: Meinen Sie mich?

JOHN: Ich spreche im Allgemeinen.

ALMA: Oh.

~~*(Heisere Schreie aus dem Kasino.)*~~

~~JOHN: Der Hahnenkampf hat angefangen!~~

ALMA: Da Sie so direkt gesprochen haben, tue ich das auch. Manche Frauen machen aus einer möglicherweise schönen Sache etwas, das nicht besser ist als die Paarung von Tieren! – aber es gehört doch Liebe dazu.

JOHN: Damit haben Sie recht.

ALMA: Manche Menschen sind nur mit dem Körper dabei. Aber manche Menschen, manche Frauen, John – sind auch mit dem Herzen dabei – und auch mit der Seele!

JOHN ~~*(spöttisch)*~~: Mal wieder die Seele, hm? – diese gotischen Kathedralen, von denen Sie träumen!

~~*(Wieder langes, heiseres Geschrei aus dem Kasino.)*~~

Sie heißen Alma, und Alma ist das spanische Wort für Seele. Ich würde Ihnen gern irgendwann einmal eine Karte von der menschlichen Anatomie zeigen, die in meinem Sprechzimmer hängt. Auf ihr sieht man, wie wir innen drin aussehen, und vielleicht können Sie mir dann zeigen, wo sich diese wunderschöne Seele auf der Karte befindet. ~~*(Er trinkt die Weinflasche aus.)*~~ Und jetzt sehen wir uns den Hahnenkampf an.

Alma: Nein! ~~*(Eine Pause.)*~~

John: Wir können auch etwas anderes tun. Es gibt Zimmer über dem Kasino …

Alma ~~*(steif)*~~: Ich habe gehört, dass Sie den Mädchen, mit denen Sie ausgehen, solche Vorschläge machen, aber ich wollte es nicht glauben. Was hat Sie auf den Gedanken gebracht, ich könnte für einen solchen Vorschlag empfänglich sein?

John: Ich habe Ihren Puls gemessen, damals, als Sie in der Nacht hinausgelaufen sind, weil Sie nicht schlafen konnten.

Alma: In der Nacht war ich krank und wollte mir Hilfe bei Ihrem Vater holen.

John: Sie sind zu mir gekommen.

Alma: Zu Ihrem Vater, und Sie wollten Ihren Vater nicht holen.

John: Ihre Finger waren steif gefroren, als ich …

Alma *(steht auf)*: Oh! Ich will nach Hause. Aber ich will nicht mit Ihnen fahren. Ich nehme ein Taxi! ~~*(Sie dreht sich hysterisch im Kreis.)*~~ Kellner! Kellner! Rufen Sie ein Taxi!

John: Ich rufe Ihnen eins, Miss Alma. – Taxi! *(Er verlässt die Laube.)*

Alma ~~*(heftig)*~~: Sie sind kein Gentleman!

John ~~*(aus dem Dunkeln)*~~: Taxi!

Alma: Sie sind kein Gentleman!

~~*(Als er verschwindet, gibt sie einen Ton wie ein verletztes Tier von sich. Das Licht auf die Laube erlischt. Volles Licht auf den steinernen Brunnenengel.)*~~

»In mancher Hinsicht hat mir diese Darbietung sehr gut gefallen. Ich finde, ihr habt beide ein gutes Gespür für die Figuren. Joseph, der Hedonismus, den du ausgestrahlt hast, war gut als Kontrast zu Annas Verzweiflung, in dieser Situation zu sein. Es haben eigentlich nur Kleinigkeiten gefehlt. Beispielsweise warst du, Joseph, ein wenig zu glatt. Zumindest teilweise handelst du so, wie du handelst, um sie zu erregen, in Versuchung zu führen und dich daran zu freuen, wie leicht sie zu schockieren ist – und sie reagiert darauf. Anna, du hast dir ganz am Anfang nicht genug Zeit gelassen, wenn du wie aus einer Ohnmacht erwachst. Aber die Grundstimmung war im Wesentlichen korrekt.«

Joseph lächelt Anna kurz zu.

»Ich habe euch beiden einen vorbildlichen Grad an Realität beigebracht – oder ihn aus euch herausgeholt, wenn euch das lieber ist. Jeder Moment braucht einen Grund, der seine Existenz rechtfertigt. Du sagst nicht einfach so zu ihr: ›Da oben gibt es Zimmer‹, sondern du weißt verdammt gut, was das bedeutet und welche Wirkung es auf sie haben wird. Du kennst die Wirkung, aber du willst sie auch erleben. In gewisser Weise ist dieser John ein Sadist. Du musst ihr mehr Zeit geben, sich von dem Schock über deinen Fahrstil zu erholen. Normalerweise braucht man fünfundzwanzig Minuten für diese Fahrt aus der Stadt hierher – ihr habt es in zehn Minuten geschafft! Aber das ist zweitrangig. Du hast die Nach-mir-die-Sintflut-Mentalität dieses Mannes erfasst, und das ist das eigentlich Wichtige. Alles in allem war das Gesamtbild in seiner Essenz korrekt: Es ist eine Szene zwischen einem sorglosen Typen und einer neurotischen Frau. Aber die Details sind noch nicht scharf genug umrissen, und ihr müsst euch fragen, was sie für euch bedeuten. Versteht ihr das?«

»Ja«, sagt Joseph.

»Anna, dieses Mädchen will so viel von dem, was sie mit Leben verbindet, aber sie steht ständig im Konflikt zwischen ihren realen Wünschen und ihrer Erziehung. Ich glaube, sie lebt in einer ständigen *Nostalgie* – ich kann dieses Wort nicht leiden – nach dem Glücklichsein. Verstehst du das?«

»Nein«, sagt Anna.

»Wenn sie aus dem Wohnzimmerfenster schaut und draußen auf der Straße einen jungen Mann und eine junge Frau Hand in Hand vorbeigehen sieht, löst das einen großen Schmerz in ihr aus. Kannst du das nachvollziehen? Sie fühlt sich des Lebens beraubt. Sie hat auch Angst vor dem Leben, aber gleichzeitig schmerzt es sie, kein Leben zu haben. Dass er sie ins Kasino mitnimmt, dass er ihr vorschlägt, mit ihm nach oben zu gehen – alles, was er tut, widerspricht ihrer Erziehung. Das Entscheidende ist: Sie *will*, aber sie hat *Angst*. Das ist tragisch.«

Anna nickt, und Meisner wendet sich wieder Joseph zu.

»Das war nicht übel. Die Lebendigkeit darin, die bereitwillige Anerkennung der Dinge des Lebens – Mädchen, Hahnenkämpfe und so weiter. Emotional warst du sehr viel entspannter, Joseph. Du bist wirklich ein ganz anderer Schauspieler als noch vor sechs Monaten.«

»Im Ernst? Ich weiß nicht.«

»Du bist viel freier.«

Joseph lacht. »Das will ich hoffen. Ich meine, ich arbeite ja auch dafür.«

»Emotional freier, aber trotzdem weißt du noch nicht in jedem einzelnen Moment, warum du das sagst, was du sagst. Du solltest beides haben.«

»Ja, ich weiß. An manchen Momenten konnte ich arbeiten. Bei anderen ist die Erkenntnis einfach noch nicht da.«

»Dann macht es doch noch einmal.«

15. November

Joseph stellt zwei Metallstühle nebeneinander an den rechten Rand der Spielfläche, sodass sie eine Bank bilden. Dann gehen Anna und er nach draußen, um sich auf die Szene vorzubereiten, und schließen die Tür hinter sich.

»Der Verstärker ist nicht an, oder?«, fragt Meisner.

»Nein«, antworten ein paar Schüler.

»Aber ihr hört mich trotzdem?«

»Ja.«

»Krebs ist schon eine tolle Sache.«

»Haben Sie gerade gesagt, Krebs ist eine tolle Sache?«, fragt Ray. »Wieso das denn?«

»Ich kann sprechen, obwohl ich keinen Kehlkopf mehr habe«, sagt Meisner. Die Schüler kichern unbehaglich. »Habt ihr keinen Sinn für Humor?«

»Ich habe Sinn für Humor«, sagt Ray. »Mir hat nur das Wörtchen ›schwarz‹ dabei gefehlt.«

Wenig später geht die Tür auf, Joseph und Anna kommen herein, und die Szene beginnt. »Ich verstehe nicht, warum wir nicht ins Kasino gehen können«, sagt Joseph mit vergnügtem Lachen, als wollte er sagen, dass es lustig wäre, aber trotzdem nicht weiter wichtig ist. »Und ob Sie es verstehen ... Sie tun nur so, als ob Sie es nicht verstehen«, erwidert Anna mit leiser, angespannter, kurzatmiger Stimme, als fiele es ihr schwer, Luft zu bekommen. Sie hat sich einen weißen Baumwollschal um die Schultern geschlungen, den sie fest um sich zieht, ebenso sehr zum Schutz wie um der Kälte willen. Ihre rechte Hand umklammert eine schwarze Lederhandtasche.

»Nennen Sie mir einen Grund«, sagt Joseph freundlich. »Ich bin die Tochter eines Pfarrers«, antwortet Anna leise, fast so, als würde sie sich für diese Tatsache schämen. »Das ist kein Grund«, sagt Joseph. »Sie sind *Arzt*«, fährt Anna stolz fort, »da haben Sie einen besseren Grund. Sie können es sich genau so wenig leisten, hier gesehen zu werden wie ich – noch weniger!« Sie holt tief und angestrengt Luft, dann geht sie zur Bank hinüber, setzt sich, öffnet ihre Handtasche und fasst hinein.

Die darauffolgende Auseinandersetzung um die Tabletten ist erstaunlich heftig: Ihre Verzweiflung ist ebenso stark wie seine Sorge, und die Art, wie er den Satz »Wollen Sie süchtig nach diesem Zeug werden?« sagt, lässt ahnen, dass ihm wirklich etwas an ihr liegt. Der zittrige, atemlose Zustand, mit dem Anna nach der Vorbereitung hereingekommen ist, bietet die perfekte Rechtfertigung der Zeile: »Setzen Sie sich und hören Sie auf, Luft zu schlucken!«

Auf einmal ist der Themenwechsel hin zum Hahnenkampf für John die Möglichkeit, seine Sorgen um Alma zu verbergen. Sein Ton wird wieder lockerer, leicht spöttisch, er lässt auf ein sorgloses Wesen schließen. In dieser Stimmung führen sie das Gespräch über seinen Plan, sich nach Südamerika abzusetzen. Die Fragen, die Alma stellt, bringen ihren Hunger nach noch dem kleinsten bisschen Information über ihn ebenso zur Geltung wie ihre irrationale Angst vor allem Fremden.

Der Satz, mit dem John die Sinnesfreuden verteidigt – das Wort »Zufriedenheit« flüstert er verführerisch –, bringt Alma dazu, sich mit der lyrischen Ansprache über die gotischen Kathedralen zu verteidigen. Am Ende wirkt es fast wie Zufall, dass sie die behandschuhte Hand auf seine legt, bis sie, von ihm provoziert, mit leiser, gespielt beiläufiger Stimme sagt: »Dagegen lässt sich leicht etwas tun. Ich ziehe die Handschuhe einfach aus«, und ihr Bedürfnis nach Körperkontakt mit ihm schmerzlich sichtbar wird.

Als John sie daraufhin zurückweist, entsteht daraus das Gespräch über die Wüste, die »weiten, weiten Strecken unbewohnbaren Landes«, die sie in ihrer Wahrnehmung von anderen trennt.

Vielleicht ist es das schlechte Gewissen, vielleicht auch die zurückgekehrte Sorge, doch John stellt seine Fragen behutsam, mit Vorsicht, wie vielleicht ein Psychiater eine stark verstörte Patientin behandelt, bis er sie schließlich mit eindringlicher Zärtlichkeit küsst. Sie zögert, mit Tränen in den Augen, und diese beiden anrührenden und höchst menschlichen Charaktere spielen die Szene Moment für Moment zu Ende, bis hin zu ihrem irritierenden Schluss.

»Ist das das Ende?«, fragt Meisner, nachdem Alma zum zweiten Mal »Sie sind kein Gentleman!« gerufen hat.

Anna nickt und Joseph, der hinausgegangen ist, kommt wieder herein.

»Setzt euch. Das war gut. Ich habe da eine Idee. Am Ende des Stücks gibt es eine Szene, in der sie ganz verzweifelt ist vor lauter Einsamkeit und Unglücklichsein und den Entschluss fasst, zu ihm zu gehen und ihm vorzuschlagen, dass sie miteinander leben. Wisst ihr, welche Szene ich meine?«

»Die in meiner Praxis?«, fragt John.

»Ja. Da musst du ihr endlich die Wahrheit sagen. Sie ist gekommen, weil sie es nicht mehr aushält, und da erfährt sie, dass du heiraten wirst. Und in ihrem Schmerz geht sie hin – das ist sehr bewegend –, geht sie hin und reißt einfach jemanden auf der Straße auf, einen Handlungsreisenden. Das ist tragisch, Joseph. Du kannst nichts für sie tun, obwohl du sie sehr gern hast.«

»Ja.«

»Aber *es hätte sein können.* Es hätte sein können. Das bricht einem fast das Herz. Und sie unternimmt einen letzten, verzweifelten Versuch, sich zu beweisen, dass ihr keine Tragödie geschieht. Lest die Szene einmal. Wenn sie euch nicht gefällt, macht ihr etwas anderes. Aber wenn doch, dann macht ihr sie. In Ordnung?«

»In Ordnung«, sagt Joseph.

»Ihr werdet sehen, er ist gar nicht grausam. Er ist ein kerngesunder Mann im besten Alter, und sie ...«, Meisner sieht Anna an, die vor Glück darüber strahlt, so gut gespielt zu haben, »... sie ist eine erbärmliche alte Jungfer.«

Anna lacht fröhlich.

»So was nennt man Typecasting«, sagt Meisner, und die Schüler lachen. »Wollt ihr es versuchen?«

»Ja«, sagt Joseph.

»Klar«, sagt Anna, holt einmal tief Luft und atmet dann ganz langsam aus.

19. November

Sommer und Rauch, 2. Teil, 11. Szene (Auszug)

In Johns Praxis. [...] John *sitzt an einem weißen emaillierten Tisch und studiert einen Objektträger durch ein Mikroskop. (Eine Glocke schlägt fünf Uhr, als* Alma *zögernd hereinkommt. [...])*

Alma: Na? Begrüßen Sie mich gar nicht?
John: Guten Tag, Miss Alma.
Alma ~~*(spricht lebhaft, um ihre Panik zu beherrschen)*~~: Es ist so weiß hier drin, ein frostiger Glanz! ~~*(Sie hält lachend die Hand über die Augen.)*~~
John: Neue Einrichtung.
Alma: Alles neu bis auf die Karte.
John: Die menschliche Anatomie bleibt sich immer und ewig gleich.
Alma: Und ist noch dazu lästig! Ich leide ständig an Halsschmerzen.

John: Das tun hier alle in letzter Zeit. Die Häuser in den Südstaaten lassen sich so schlecht heizen. Offene Kaminfeuer reichen nicht aus.
Alma: Von vorn wird man geröstet, während man von hinten erfriert!
John: Und wenn man dann in ein anderes Zimmer geht, ist man gleich völlig durchgefroren.
Alma: Ja, ja, bis auf die Knochen.
John: Aber es wird nie kalt genug, um diese verdammten Trottel davon zu überzeugen, dass eine Heizung nötig ist, also bauen sie weiter Häuser ohne Heizung.
~~*(Man hört den Wind.)*~~
Alma: Was für ein seltsamer Nachmittag.
John: Ach? Ich war noch nicht draußen.
Alma: Der Wind vom Golf weht große, weiße – wie nennt man sie? Kumulus-Wolken herüber! Ha-ha! Er wollte mir unbedingt die Feder vom Hut reißen, wie der Foxterrier Jacob, den wir einmal hatten, der hat die Feder von einem Hut geschnappt, und ist damit im Hof herumgesprungen wie mit einer Trophäe!
John: Ich erinnere mich an Jacob. Was ist aus ihm geworden?
Alma: Oh, Jacob. Jacob war ein hinterhältiger Dieb. Wir mussten ihn zu Freunden aufs Land geben. Ja, er hat seine Zeit als – als Landjunker beendet! Die Geschichte seiner Heldentaten …
John: Setzen Sie sich, Miss Alma.
Alma: Wenn ich Sie störe …?
John: Nein – ich habe mich im Pfarrhaus erkundigt, als ich hörte, dass Sie krank waren. Ihr Vater hat mir gesagt, Sie wollten keinen Arzt haben.
Alma: Ich brauchte Ruhe, weiter nichts … Sie waren meistens nicht in der Stadt …

JOHN: Ich war meistens in Lyon und habe Vaters Arbeit in der Fieberklinik zu Ende geführt.
ALMA: Und haben sich dabei mit unerwartetem Ruhm bedeckt!
JOHN: Und somit durch gute Werke meine Sünden gebüßt.
ALMA: Es ist ein bisschen spät, um Ihnen zu sagen, wie glücklich es mich macht, und wie stolz. Ich fühle mich beinahe so, wie Ihr Vater sich gefühlt hätte – wenn ... Und Sie – sind Sie jetzt glücklich, John?
JOHN ~~*(verlegen, sieht sie nicht an)*~~: Ich habe zu halbwegs annehmbaren Bedingungen einen Vergleich mit dem Leben geschlossen. Kann ein vernünftiger Mensch mehr verlangen?
ALMA: Er kann weit mehr verlangen. Er kann verlangen, dass seine kühnsten Träume wahr werden.
JOHN: Es ist am besten, wenn man nicht zu viel verlangt.
ALMA: Da bin ich anderer Meinung. Ich finde, man sollte alles verlangen, aber darauf gefasst sein, nichts zu bekommen! ~~*(Sie springt auf und geht zum Fenster.)*~~ Nein, es ging mir nicht gut. Ich habe oft an etwas gedacht, das Sie mir im letzten Sommer gesagt haben, nämlich dass ich einen *Doppelgänger* hätte. Ich habe das Wort nachgelesen und erfahren, es bedeutet, in mir ist ein anderer Mensch, ein anderes Selbst, und ich weiß nicht, ob ich dafür dankbar sein soll oder nicht, dass Sie mir das bewusst gemacht haben! – Es ging mir nicht gut ... Eine Zeitlang habe ich geglaubt, ich würde sterben, dass das die bevorstehende Veränderung wäre.
JOHN: Wann hatten Sie dieses Gefühl?
ALMA: Im August. September. Aber jetzt hat der Wind vom Golf dieses Gefühl weggeblasen wie eine Rauchwolke, und ich weiß jetzt, dass ich nicht sterben werde, dass alles so einfach nicht sein wird ...

John: Hatten Sie wieder Sorgen wegen Ihres Herzens? *(Er ~~wird wieder beruflich,~~ zieht eine silberne Uhr hervor und legt seine Finger auf ihr Handgelenk.)*
Alma: Und jetzt das Stethoskop? *(Er holt das Stethoskop vom Tisch und knöpft ihr die Kostümjacke auf. Sie sieht auf seinen gebeugten Kopf hinunter. Langsam und unwillkürlich heben sich ihre behandschuhten Hände und legen sich auf seinen Scheitel. Er richtet sich verlegen auf. Sie beugt sich plötzlich vor und presst ihren Mund auf seinen.)* Warum sagen Sie nichts? Hat es Ihnen die Sprache verschlagen?
John: Miss Alma, was soll ich sagen?
Alma: Jetzt greifen Sie wieder auf »Miss Alma« zurück.
John: Wir beide sind eigentlich nie über diesen Punkt hinausgekommen.
Alma: Oh doch, sind wir. Wir waren einander so nahe, dass wir beinahe miteinander geatmet haben.
John ~~*(verlegen)*~~: Das wusste ich nicht.
Alma: Nein? Ich ja, ich wusste es. ~~*(Sie berührt zärtlich sein Gesicht.)*~~ Sie sind jetzt vorsichtiger beim Rasieren? Sie haben nicht diese kleinen Schnitte vom Rasiermesser auf dem Kinn, das Sie sogar mit Gardenien-Puder bestäubt haben …
John: Ich bin jetzt vorsichtiger beim Rasieren.
Alma: Das erklärt alles! ~~*(Sie streicht mit den Fingern über sein Gesicht wie eine Blinde, die Brailleschrift liest. Er ist sehr verlegen und nimmt ihre Hände sanft weg.)*~~ Ist es – jetzt unmöglich?
John: Ich glaube, ich weiß nicht, was Sie meinen.
Alma: Sie wissen genau, was ich meine! Also seien Sie ehrlich zu mir. Ich habe einmal »nein« zu etwas gesagt. Sie erinnern sich vielleicht an den Moment und an das wilde Gebrüll vom Hahnenkampf? Aber jetzt habe ich meine Meinung geändert. Oder das Mädchen, das »nein« gesagt hat, existiert nicht mehr, sie starb letzten Sommer – erstickt im

Rauch eines Feuers, das in ihr brannte. Nein, sie lebt nicht mehr, aber sie hat mir ihren Ring hinterlassen – sehen Sie? Sie haben ihn bewundert, den Topasring mit der Perlenfassung… Und als sie mir diesen Ring über den Finger streifte, hat sie zu mir gesagt – »Denk dran, ich starb mit leeren Händen, sorge also dafür, dass du etwas in deinen Händen hältst!« ~~*(Sie lässt ihre Handschuhe fallen und nimmt seinen Kopf wieder in ihre Hände.)*~~ Ich habe gefragt: »Und was ist mit meinem Stolz?« Und sie hat gesagt: »Vergiss deinen Stolz, wenn er zwischen dir und dem steht, was du haben musst!« ~~*(Er fasst sie an den Handgelenken.)*~~ Und dann habe ich gefragt: »Aber was ist, wenn er mich nicht haben will?« Ich weiß nicht, was sie darauf geantwortet hat. Ich bin nicht sicher, ob sie noch etwas gesagt hat oder nicht – ihre Lippen hörten auf, sich zu bewegen –, ja, ich glaube, sie hatte aufgehört zu atmen! ~~*(Er nimmt ihre Hände sanft von seinem Gesicht.)*~~ Nein? ~~*(Er schüttelt stumm leidend den Kopf.)*~~ Dann ist die Antwort »nein«!

John ~~*(zwingt sich zu sprechen)*~~: Ich habe Respekt vor der Wahrheit, und ich habe Respekt vor Ihnen – also spreche ich lieber aufrichtig, wenn Sie wollen, dass ich spreche. ~~*(Alma nickt leicht.)*~~ Sie haben recht behalten in unserem Streit.

Alma: Welchem – Streit?

John: Über die Karte.

Alma: Oh – die Karte!

~~*(Sie wendet sich von ihm weg und geht zu der Karte. Sie sieht mit geschlossenen Augen und vor sich gefalteten Händen hoch.)*~~

John: Sie zeigt, dass wir nicht mit Rosenblättern ausgestopft sind, sondern dass jeder Zentimeter unseres Inneren mit etwas Hässlichem und Maschinellem besetzt ist, und dass kein Raum mehr für etwas anderes da zu sein scheint.

Alma: Nein…

John: Aber ich habe mir Ihre Art zu denken angeeignet, nämlich – dass noch etwas anderes dort ist, ein immaterielles Etwas – so dünn wie Rauch – das all diese hässlichen Maschinen gemeinsam hervorbringen und dass das ihr einziger Zweck ist. Man kann es nicht sehen, also kann man es auch nicht auf der Karte einzeichnen. Aber es ist trotzdem da, und wenn man das weiß – also dann bekommt das Ganze – unsere ganze unfassbare Erfahrung – eine neue Bedeutung, wie eine – eine wildromantische Studie in einem Laboratorium! Verstehen Sie?

~~*(Der Wind wird sehr laut, fast wie ein Chor von Stimmen. Beide drehen sich etwas um. Alma hebt eine Hand zu ihrem Federhut, als wäre sie im Freien.)*~~

Alma: Ja, ich verstehe es! Jetzt, wo Sie es nicht mehr anders haben wollen, sind Sie bereit zu glauben, dass es zwischen uns ein geistiges Band geben kann!

John: Können Sie nicht glauben, dass ich das ehrlich meine?

Alma: Vielleicht meinen Sie das. Aber ich will nicht, dass man mit mir spricht wie mit einem unheilbar kranken Patienten, den Sie trösten müssen. ~~*(Ihre Stimme wird rau und hart.)*~~ Oh, ich nehme an, ich bin krank, einer dieser schwachen, in sich gespaltenen Menschen, die sich wie Schatten zwischen euch Starken und Kräftigen bewegen. Aber manchmal gewinnen wir Schattenmenschen aus purer Notwendigkeit eine eigene Kraft. Die habe ich jetzt. Sie müssen nicht versuchen, mich zu beschwindeln.

John: Das habe ich nicht.

Alma: Sie müssen nicht versuchen, mich zu trösten. Wenn ich hierhergekommen bin, dann nur, weil ich auf Augenhöhe mit Ihnen bin. Sie haben gesagt, wir wollen ehrlich miteinander reden. Dann tun wir es doch! Schonungslos, aufrichtig, ja, sogar schamlos! Es ist kein Geheimnis mehr, dass ich Sie liebe. Das war es auch nie. Ich habe Sie geliebt seit der Zeit, als ich Sie gebeten habe, den Namen des steinernen Engels mit den Fingern zu lesen. Ja, ich erinnere mich an die langen Nachmittage in unserer Kindheit, als ich im Haus bleiben musste, um Klavier zu üben – und hörte, wie Ihre Spielkameraden nach Ihnen riefen: »Johnny, Johnny!« Es ging mir durch und durch, wenn ich nur Ihren Namen hörte! Und wie ich – wie ich dann zum Fenster lief, um zu sehen, wie Sie über das Verandageländer sprangen! Ich stand da, ein Stück die Straße herunter, nur, um aus einiger Entfernung Ihren zerrissenen roten Pullover zu sehen, in dem Sie auf dem freien Stück Land hin und her rannten. Ja. So früh hat es angefangen, dieses Liebesleid, und es hat mich nie losgelassen, sondern ist immer stärker geworden. Ich habe mein Leben lang im Haus neben Ihnen gewohnt, ein schwaches und in sich gespaltenes Wesen, voller anbetender Ehrfurcht vor Ihrer Einzigartigkeit, Ihrer Kraft. Und das ist meine Geschichte! Und jetzt möchte ich, dass *Sie* mir sagen – warum ist nichts zwischen uns gewesen? Warum habe ich versagt? Warum sind Sie mir fast nahe genug gekommen – aber nicht näher?

JOHN: Immer, wenn wir zusammen waren, diese drei oder vier Mal …

ALMA: So selten?

JOHN: Wir haben uns nur drei oder vier Mal Auge in Auge gegenübergestanden. Und jedes Mal – schien es so, als suchten wir etwas ineinander, ohne zu wissen, was wir finden wollten. Es war kein körperliches Verlangen, obwohl – ich den Eindruck erweckte in der Nacht, als ich mich nicht wie ein Gentleman benommen habe – im Kasino – ich wollte nicht unbedingt Ihr physisches Ich!

ALMA: Ich weiß, das haben Sie schon …

John: Das hätten Sie mir nicht geben können.
Alma: Damals nicht.
John: Sie hatten etwas anderes, das Sie mir hätten geben können.
Alma: Und was war das?
~~*(John zündet ein Streichholz an. Unbewusst hält er seine gewölbte Handfläche zum Wärmen über das Streichholz. Es ist ein langes Küchenstreichholz mit einer schönen Flamme. Beide starren es mit traurigem Verstehen an, aber immer noch verwirrt. Das Streichholz verbrennt ihm beinahe die Finger. Sie beugt sich vor, bläst es aus und zieht dann ihre Handschuhe an.)*~~
John: Sie konnten es nicht beim Namen nennen, und ich konnte es nicht erkennen. Ich dachte, es wäre puritanisches Eis, das bloß funkelte wie eine Flamme. Aber jetzt glaube ich, es *war* eine Flamme, die ich irrtümlich für Eis gehalten habe. Ich verstehe es noch immer nicht, aber ich weiß, dass sie da war, genauso wie ich weiß, dass Ihre Augen und Ihre Stimme die beiden schönsten Dinge sind, die ich kenne – und ebenso die wärmsten, obwohl sie überhaupt nicht zu Ihrem Körper zu gehören scheinen …
Alma: Sie reden, als hätte mein Körper für Sie aufgehört zu existieren, John, obwohl Sie doch gerade meinen Puls gemessen haben. Ja, genau so ist es! Sie haben versucht, darum herumzureden, aber Sie haben es mir klipp und klar gesagt. Wir haben die Rollen vertauscht, ja, wir haben völlig die Rollen vertauscht! Sie haben sich zu meiner alten Denkweise bekehrt und ich zu Ihrer, wie zwei Leute, die zur selben Zeit beschließen, einander zu besuchen, und feststellen, dass der andre ausgegangen ist, die Tür verschlossen ist und niemand auf das Läuten hin öffnet. ~~*(Sie lacht.)*~~ Ich bin hergekommen, um Ihnen zu sagen, dass es mir nicht mehr wichtig ist, ob Sie ein Gentleman sind, aber Sie sagen mir, dass ich eine

Dame bleiben soll. ~~*(Sie lacht heftig.)*~~ Wir haben völlig die Rollen getauscht! – Hier drin riecht es nach Äther – Mir wird schwindlig…

John: Ich mache ein Fenster auf.

Alma: Bitte.

John: So.

Alma: Danke, so ist es besser. Erinnern Sie sich an die kleinen weißen Tabletten, die Sie mir gegeben haben? Ich habe alle aufgebraucht und hätte gern ein paar neue.

John: Ich schreibe Ihnen ein Rezept. *(Er beugt sich vor und schreibt.)…*

Joseph und Anna spielen. Annas Vorbereitung geht sehr tief, sie weint zu Beginn und während der ganzen Szene hemmungslos. Ein sehr bewegender Auftritt. Joseph verhält sich steif und förmlich und lässt sich emotional nicht allzu weit auf das Material ein, doch seine Darbietung hat offensichtlich großes Potenzial.

»Worum geht es in dieser Szene, Joseph?«

»Ich bin in meiner Praxis, und sie kommt herein, um mir zu sagen, dass sie ihre Meinung darüber geändert hat, immer eine Dame zu bleiben, und dass sie doch mit mir ins Bett will, und ich sage ihr, dass die menschliche Seele doch existiert und es mehr gibt im Leben als körperliches Verlangen.«

»Was empfindest du für sie?«

»Ich habe Mitleid mit ihr.«

»Ist es eine schmerzliche Szene?«

»Aus Johns Sicht eigentlich nicht. Der Punkt ist noch nicht erreicht. Es ist natürlich hart – aber so ganz habe ich die Szene noch nicht geknackt.«

»Nachdem du weißt, wie du für sie empfindest und dass du eine andere heiraten wirst, bist du emotional nicht auf einer Stufe mit ihr?«

»Nein, eigentlich nicht. John hat ein wahnsinnig schlechtes Gewissen, und er ist sehr traurig, aber das, was sie in die Arbeit einbringt – die Tränen und das alles ... für mich hat die Szene keine so emotionale Kraft.«

»Für dich hat sie keine emotionale Kraft?«

»Nein. Es ist natürlich schon sehr anrührend. Was fast gewesen wäre, aber dann doch nicht gewesen ist. Was fast passiert wäre, aber dann doch nicht passiert ist.«

»Und wann wirst du dich damit auseinandersetzen?«

»Wann? Ich weiß nicht.« Joseph hält kurz inne. »Ich will ehrlich mit Ihnen sein. Es fällt mir wirklich schwer, mit ihr zu arbeiten, wenn sie so weint.«

»Moment mal«, sagt Meisner. »Wir sind hier im Unterricht.«

»Das ist mir klar.«

»Hier kann alles passieren, was nicht unbedingt passieren würde, wenn ihr auf einer echten Bühne steht.«

»Sie meinen, ich soll es mehr als Übung betrachten.«

»Genau.«

»Das ist mir ja auch klar, aber wenn ich wirklich mit *ihrem* Verhalten arbeiten würde, dann wäre auch *mein* Verhalten ganz anders. Es wäre das Gegenteil von dem, worum es meiner Ansicht nach in der Szene geht. Was ich ihr zu sagen habe – dass ich verlobt bin –, das ist sehr schmerzlich, und wenn sie schon weinend hereinkommt, ist mein erster Impuls, sie in den Arm zu nehmen.«

»Aber wenn du dich zurückhältst und nur das Gefühl hast, ohne tatsächlich danach zu handeln, hilft dir das nicht als Schauspieler?«

»Es würde schon etwas mit mir machen, ja.«

»Das will ich sehen.«

»Okay.«

»Sie macht ja, was ich ihr gesagt habe, oder?«

»Das weiß ich gar nicht mehr. Okay.«

»Sie macht, was ich ihr gesagt habe. Und ich sage dir, dass du den empfindsamen Menschen, der in dir steckt, darauf reagieren lassen solltest.«

»Okay.«

»Nehmen wir ein beliebiges Beispiel. Wenn dein bester Freund einen schweren Unfall hatte, und du willst seine Mutter trösten, die am Boden zerstört ist, dann bist du doch auch selbst am Boden zerstört, aber etwas in dir würde trotzdem sagen: ›Ich muss stark bleiben!‹ Verstehst du?«

»Ja.«

»Wenn wir das Ganze als Übung betrachten, ist sie die am Boden zerstörte Mutter, und du bist emotional gar nicht so weit von ihr weg, aber du *darfst es nicht zeigen!* Kannst du damit etwas anfangen?«

»Ja.«

»Es ist, als ob du weißt, warum sie dich sprechen will, und es bringt dich fast um, du musst dich aber beherrschen. Siehst du das auch so?«

»Absolut.«

»Ich will nicht, dass ihr die Szene so spielt, wie sie *theoretisch* gespielt werden sollte. Sie ist nur ein Vehikel, um euch emotional zu stimulieren. Du weißt, warum sie da ist, und das ergreift dich beinahe genauso sehr, wie es sie ergreift, aber während sie sich gehen lässt, versuchst du, dich zu beherrschen. Es geht nicht darum, die Szene zu *spielen.* Es geht darum, sie als Übung für einen bestimmten Zweck zu nutzen. Verstehst du?«

»Ja, ich verstehe.«

»Wir sind Schauspieler. Wir haben mehr als nur eine Färbung in unserer Persönlichkeit. Ihr könnt lachen, weinen, sarkastisch, verzweifelt sein – was immer ihr wollt. Wir sind hier im Unterricht. Man kann die Szene vielleicht nicht so spielen, wie Anna es getan hat, aber für sie als Schauspielerin hat es trotzdem einen Wert. Du erlaubst dir etwas zu viel an Selbst-Beobachtung. Das ist aber nicht der Nutzen, den du aus dem Unterricht ziehen solltest. Verstehst du?«

»Ja.«

»Der Unterschied zwischen der letzten Darbietung und der von heute ist ganz enorm. Was spielt es da für eine Rolle, dass es der Szene nicht ganz entspricht? Ein Preisboxer drückt ständig einen Gummiball, aber er boxt natürlich nicht damit! Das dient nur dazu, die Muskeln zu trainieren. Habe ich mich klar ausgedrückt?«

»Ja«, sagt Anna.

»Ihr könnt auch zu einem Pianisten sagen: ›Die Interpretation des Stücks war voll daneben, aber die Oktaven waren großartig.‹ Nach und nach fügt sich alles zu einem Ganzen. Drücke ich mich klar aus?«

»Ja«, sagt Joseph.

»Gut. Fühlt euch frei, es einfach rauszulassen, ohne Textbuch, fast wie bei einer Improvisation. Und tut alles, was euch zu emotionaler Freiheit verhilft.«

29. November

Joseph und Anna sitzen an dem grauen Tisch. Sie sitzt genau in der Mitte der Spielfläche, er ein wenig abseits, um sie besser zur Geltung kommen zu lassen. Die Darbietung ist zurückgenommen und doch voll eindrücklicher Emotionen. Die ganze Szene hat etwas Konzentriertes, kontrolliert Zielgerichtetes. Das Spiel ist absolut fesselnd. Die Zuschauer vergessen, wie hart die Metallstühle sind, auf denen sie sitzen, und wie spät es bereits ist. Anna ist verhaltener als in der Woche zuvor, ihre Emotion wirkt kontrollierter und bricht sich erst gegen Ende der Szene richtig Bahn. Joseph wirkt ruhiger, nüchterner und nachdenklicher, sein Gefühl geht tiefer.

»Das entwickelt sich sehr gut«, sagt Meisner.

»Sollen wir beim nächsten Mal ein paar von den Handlungen einbauen, die der Text nahelegt, dass er mir den Puls fühlt zum Beispiel?«, fragt Anna.

Meisner nickt. »Der schuldbewusste Arzt. Fangt gleich damit an.«

»Okay«, sagt Joseph.

»Kaum zu glauben, dass ein Autor, der so ein wunderbares, lyrisches Stück wie dieses geschrieben hat, so derart vor die Hunde gehen kann. Tja, so ist das *Leben!* Aber über solche Finessen werde ich noch reden, und … Na, wir werden sehen.«

6. Dezember

Joseph sitzt an dem grauen Tisch und schreibt in sein Notizbuch. Nach ein paar Minuten kommt Anna herein. »Na? Begrüßen Sie mich gar nicht?«, sagt sie. Die Szene beginnt. Joseph ist sehr liebevoll, seine dunkle Stimme beruhigend und fürsorglich. Anna wirkt ernst und zutiefst verzweifelt. Bei dem Satz »… und ich weiß jetzt, dass ich nicht sterben werde, dass alles so einfach nicht sein wird …« fängt sie an zu weinen. Die Wirkung ist herzzerreißend.

»Ist es – jetzt unmöglich?«, fragt sie leise. Und in der langen Rede, die darauf folgt, der Rede mit dem Topasring, in der sie vom Tod ihres stolzen früheren Ichs erzählt, gewinnt ihre Stimme an emotionaler Intensität bis hin zu dem schrecklichen Schluss: »Nein? Dann ist die Antwort ›nein‹!«

Josephs Erwiderung, er wisse jetzt, dass »noch etwas anderes« im Inneren des Körpers ist, »ein immaterielles Etwas«, erfolgt ganz direkt, als wäre es eine schlichte Wahrheit. Doch Anna lässt sich nicht beruhigen. »Sie müssen nicht versuchen, mich zu trösten«, ruft sie aus und nähert sich dann dem schmerzlichsten Moment der ganzen Szene. »Es ist kein Geheimnis mehr, dass ich Sie liebe. Das war es auch nie.« Dann folgen die schrecklichen Fragen nach dem Warum, mit denen die Rede endet: »Warum ist nichts zwischen uns gewesen? Warum habe ich versagt? Warum sind Sie mir fast nahe genug gekommen – aber nicht näher?«

Das Spiel beider Schüler ist voll, klar, klug, schlicht und tief empfunden, es hat etwas von großartiger Musik. Einerseits wirkt es mühelos, andererseits ist es emotional so erschütternd, als hätte sich gerade eine große Tragödie zugetragen. Unterstrichen wird das von der Ironie am Ende der Szene. »Wir haben völlig die Rollen getauscht!« In dem Bewusstsein, verloren zu haben, zieht sich Alma zurück, mit der fast schon beiläufigen Bitte: »Erinnern Sie sich an die kleinen weißen Tabletten, die Sie mir gegeben haben? Ich habe alle aufgebraucht und hätte gern ein paar neue.« »Ich schreibe Ihnen ein Rezept«, sagt Joseph, und damit endet die Szene.

»Seid ihr fertig?«, fragt Meisner. »Das entwickelt sich sehr, *sehr* gut!«

»Vielen Dank«, sagt Joseph.

»Wenn es vollständig steht, habe ich noch ein paar technische Dinge zu sagen – aber wollt ihr überhaupt damit weitermachen?«

Die beiden nicken.

13. Dezember

Joseph und Anna spielen zum letzten Mal ihre Szene aus *Sommer und Rauch.* Sie machen es gut, doch Annas Vorbereitung hat weniger Fülle als beim letzten Mal, und das Ergebnis ist weniger herzzerreißend. Joseph hat seine Figur und seine Gefühle Anna gegenüber klarer herausgearbeitet, und seine Darbietung ist komplex und anrührend.

Als die Szene zu Ende ist, bleibt es lange still. »Habt ihr etwas daraus gelernt?«, fragt Meisner schließlich.

»Ich glaube schon«, sagt Joseph.

»Du willst sie also nicht noch einmal spielen?«

»In gewisser Weise schon, weil ich der Meinung bin, dass es letztes Mal besser war. Da haben wir die einzelnen Momente besser voneinander …«, er schnippt drei Mal mit dem Finger, »… aufgenommen.«

»Ja, letztes Mal war es besser.«

»Es war emotional voller«, sagt Joseph.

»Das ist wie eine Antiklimax«, sagt Anna.

»Wie was?«, fragt Meisner.

»Es ist irgendwie … ich weiß auch nicht … unbefriedigend.«

»So ist das Leben«, sagt Meisner, und die Schüler lachen.

»Manchmal hat man es und manchmal nicht«, sagt Joseph.

»Richtig. Ich frage mich, warum es letztes Mal besser war. Aber spekuliert nicht herum. Wir wissen es nicht. Das ist eine so heikle Geschichte.« Meisner hält kurz inne. »In Eugene O'Neills Stück *Mourning Becomes Electra (Trauer muss Elektra tragen)* gibt es eine Szene, die damit beginnt, dass der Sohn mit seinem ermordeten Vater redet, der aufgebahrt vor ihm liegt, und seine Schwester erwischt ihn dabei. Die Szene unterscheidet sich grundlegend von dieser hier. Wollt ihr sie vielleicht beim nächsten Mal versuchen?«

»Gut«, sagt Joseph.

»Und mit John und Alma ist es vorbei?«, fragt Anna. »Sie beißen ins Gras?« Sie wirkt ein wenig traurig, als müsste sie sich von jemandem verabschieden, der ihr ans Herz gewachsen ist.

»Vorläufig«, sagt Meisner, und damit ist der Unterricht zu Ende.

***

»Zeit zum Abschiednehmen«, sagt Meisner am letzten Unterrichtstag.

»Zuallererst, vergesst nicht, dass ihr alle junge Schauspieler seid und das Material, das ihr hier spielen solltet, oft noch zu anspruchsvoll für euch war. Sehr viel öfter war es allerdings durchaus im Rahmen eurer Fähigkeiten – das meiste zumindest. Wenn das der Fall war, habt ihr euch gut geschlagen. Fehler habt ihr nur gemacht, wenn die emotionalen Probleme tiefer gingen, als ihr es mit eurer Vorbereitung durch das Leben begreifen konntet. Aber wisst ihr, das spielt keine Rolle; dafür wird die *Zeit* schon sorgen.«

Ray Stanton sitzt jetzt auf dem Platz, wo früher Scott Roberts saß. Er dreht den Verstärker lauter, der Meisners Stimme überträgt.

»Es ist immer leicht, gute Ratschläge zu geben, und deshalb sage ich euch jetzt etwas, das eigentlich unmöglich ist. Arbeitet immer weiter; spielt alle möglichen Stücke, ob sie nun zu euch passen oder nicht, denn irgendwann habt ihr die Zeit eingeholt. Und noch etwas: Bewahrt euch das Fundament eurer Technik. Darauf ist Verlass.«

Meisner steht auf und hebt die rechte Hand zum Gruß. »Macht's gut! Eines Tages werden wir uns wiedersehen!«, sagt er, und seine Schüler stehen auf und applaudieren.

Bücher für Schauspieler im Alexander Verlag Berlin

WILLIAM ESPER/DAMON DIMARCO
Kunst und Handwerk des Schauspielers – William Esper lehrt die Meisner-Technik

SUSAN BATSON
TRUTH. Wahrhaftigkeit im Schauspiel

IVANA CHUBBUCK
Die Chubbuck-Technik. The Power of the Actor

MICHAEL SHURTLEFF
Erfolgreich Vorsprechen

LEE STRASBERG
Schauspielen & Das Training des Schauspielers

KEITH JOHNSTONE
Improvisation und Theater

*

Theaterspiele

DECLAN DONNELLAN
Der Schauspieler und das Ziel
Ängste und Blockaden überwinden

STANISLAWSKI/NEMIROWITSCH-DANTSCHENKO
Tschechow oder Die Geburt des modernen Theaters

MICHAEL CAINE

Die verdammten Türen sprengen und andere Lebenslektionen

*

Weniger ist mehr

Kleines Handbuch für Filmschauspieler

PETER BROOK

Das offene Geheimnis

*

Der leere Raum

ANNE BOGART

Die Arbeit an sich selbst

Sieben Essays über Kunst und Theater

ANNE BOGART/TINA LANDAU

Viewpoints

Ein praktisches Handbuch für Schauspieler, Regisseure und Choreographen

JENS ROSELT (HG.)

Seelen mit Methode

Schauspieltheorien

*

Regie im Theater

Geschichte – Theorie – Praxis

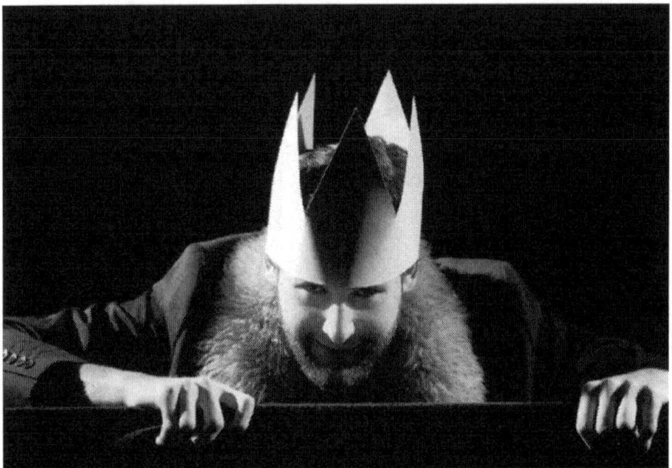

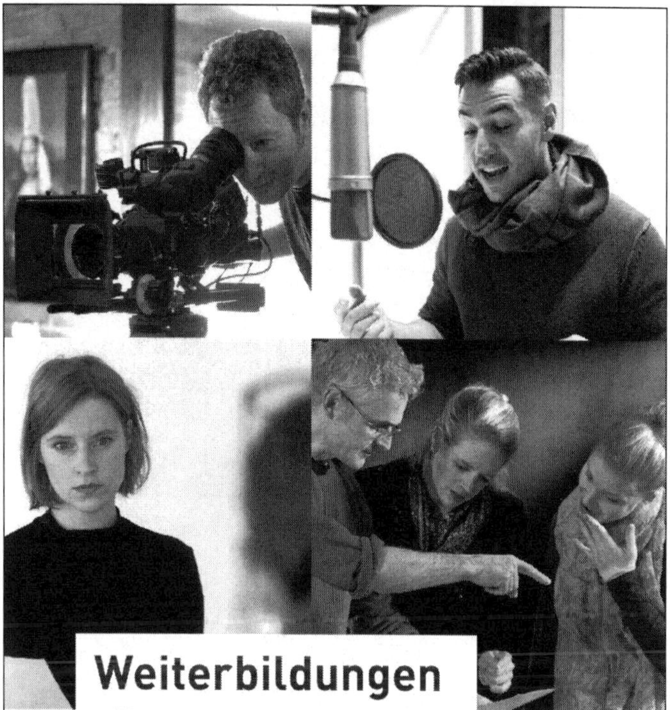

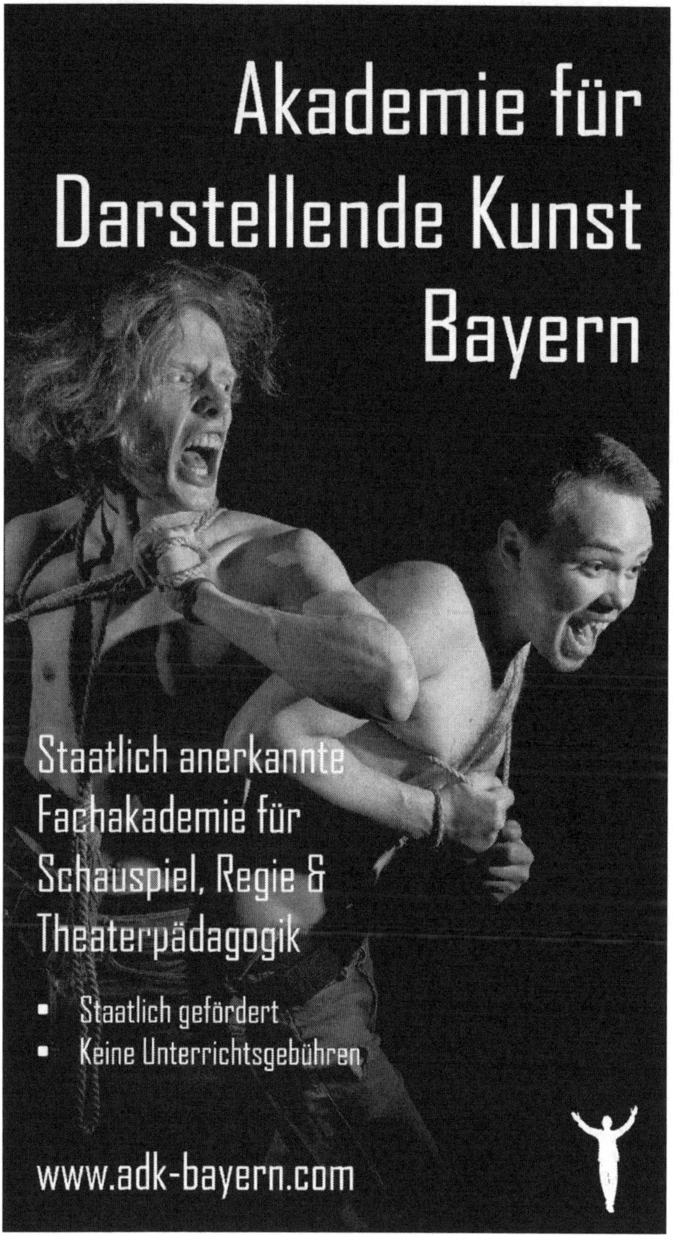
Akademie für
Darstellende Kunst
Bayern
Staatlich anerkannte
Fachakademie für
Schauspiel, Regie &
Theaterpädagogik
Staatlich gefördert
Keine Unterrichtsgebühren
www.adk-bayern.com

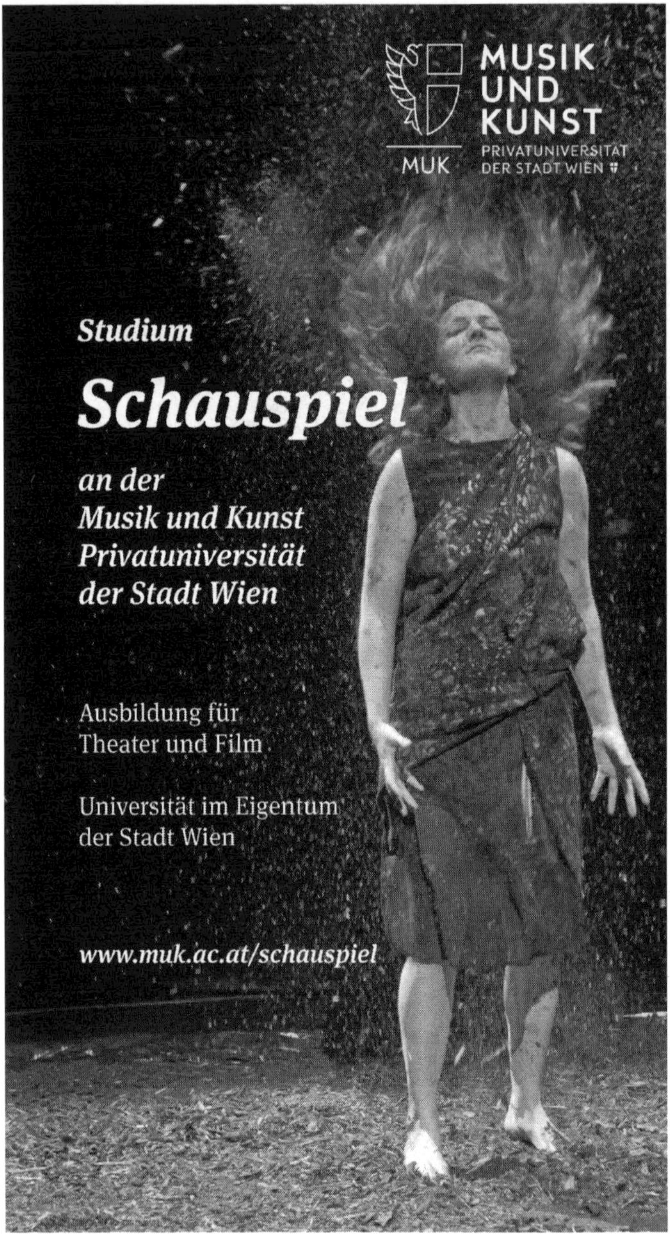
MUSIK
UND
KUNST
MUK
PRIVATUNIVERSITÄT
DER STADT WIEN
Studium
Schauspiel
an der
Musik und Kunst
Privatuniversität
der Stadt Wien
Ausbildung für
Theater und Film
Universität im Eigentum
der Stadt Wien
www.muk.ac.at/schauspiel